H. Shmuel Erlich, Mira Erlich-Ginor, Hermann Beland
Gestillt mit Tränen – Vergiftet mit Milch

Das Anliegen der Buchreihe BIBLIOTHEK DER PSYCHOANALYSE besteht darin, ein Forum der Auseinandersetzung zu schaffen, das der Psychoanalyse als Grundlagenwissenschaft, als Human- und Kulturwissenschaft und als klinische Theorie und Praxis neue Impulse verleiht. Die verschiedenen Strömungen innerhalb der Psychoanalyse sollen zu Wort kommen, und der kritische Dialog mit den Nachbarwissenschaften soll intensiviert werden. Bislang haben sich folgende Themenschwerpunkte herauskristallisiert:

Die Wiederentdeckung lange vergriffener Klassiker der Psychoanalyse – wie beispielsweise der Werke von Otto Fenichel, Karl Abraham, W. R. D. Fairbairn, Sándor Ferenczi und Otto Rank – soll die gemeinsamen Wurzeln der von Zersplitterung bedrohten psychoanalytischen Bewegung stärken. Einen weiteren Baustein psychoanalytischer Identität bildet die Beschäftigung mit dem Werk und der Person Sigmund Freuds und den Diskussionen und Konflikten in der Frühgeschichte der psychoanalytischen Bewegung.

Im Zuge ihrer Etablierung als medizinisch-psychologisches Heilverfahren hat die Psychoanalyse ihre geisteswissenschaftlichen, kulturanalytischen und politischen Ansätze vernachlässigt. Indem der Dialog mit den Nachbarwissenschaften wiederaufgenommen wird, soll das kultur- und gesellschaftskritische Erbe der Psychoanalyse wiederbelebt und weiterentwickelt werden.

Stärker als früher steht die Psychoanalyse in Konkurrenz zu benachbarten Psychotherapieverfahren und der biologischen Psychiatrie. Als das anspruchsvollste unter den psychotherapeutischen Verfahren sollte sich die Psychoanalyse der Überprüfung ihrer Verfahrensweisen und ihrer Therapie-Erfolge durch die empirischen Wissenschaften stellen, aber auch eigene Kriterien und Konzepte zur Erfolgskontrolle entwickeln. In diesen Zusammenhang gehört auch die Wiederaufnahme der Diskussion über den besonderen wissenschaftstheoretischen Status der Psychoanalyse.

Hundert Jahre nach ihrer Schöpfung durch Sigmund Freud sieht sich die Psychoanalyse vor neue Herausforderungen gestellt, die sie nur bewältigen kann, wenn sie sich auf ihr kritisches Potenzial besinnt.

BIBLIOTHEK DER PSYCHOANALYSE
HERAUSGEGEBEN VON HANS-JÜRGEN WIRTH

H. Shmuel Erlich, Mira Erlich-Ginor,
Hermann Beland

Gestillt mit Tränen – Vergiftet mit Milch

Die Nazareth-Gruppenkonferenzen

Deutsche und Israelis –
Die Vergangenheit ist gegenwärtig

Mit einem Vorwort von Erzbischof Desmond M. Tutu
Gewidmet Rafael Moses († 2002) und Eric Miller († 2002)

Psychosozial-Verlag

Bibliografische Information der Deutschen Nationalbibliothek
Die Deutsche Nationalbibliothek verzeichnet diese Publikation in der Deutschen
Nationalbibliografie; detaillierte bibliografische Daten sind im Internet über
<http://dnb.d-nb.de> abrufbar.

Deutsche Erstveröffentlichung
© 2009 Psychosozial-Verlag
E-Mail: info@psychosozial-verlag.de
www.psychosozial-verlag.de
Alle Rechte vorbehalten. Kein Teil des Werkes darf in irgendeiner Form (durch
Fotografie, Mikrofilm oder andere Verfahren) ohne schriftliche Genehmigung des
Verlages reproduziert oder unter Verwendung elektronischer Systeme verarbeitet,
vervielfältigt oder verbreitet werden.
Umschlagabbildung: »Die Treppe der Kontinuität im Jüdischen Museum Berlin«
© Jüdisches Museum Berlin, Foto: Sönke Tollkühn
Umschlaggestaltung & Satz: Hanspeter Ludwig, Wetzlar
www.imaginary-world.net
Printed in Germany
ISBN 978-3-8379-2048-2

Auf jeder Seite dieses Buches ist die Weisheit von Eric J. Miller und Rafael Moses lebendig gegenwärtig. Ihnen, den Mentoren, Kollegen und Freunden, ist dieses Buch gewidmet.

Inhalt

Vorwort   11

*Desmond M. Tutu, Erzbischof Emeritus,
Anglican Church of Southern Africa*

I   Einführung   17
H. Shmuel Erlich

II   Die Geschichte des Projektes   21

II.1   Die Israelische Psychoanalytische Gesellschaft
und das Sigmund Freud Center   21
H. Shmuel Erlich

II.2   Die Stationen der deutschen Psychoanalytiker
auf dem Weg zur ersten Nazarethkonferenz   24
Hermann Beland

II.3   Ereignisse und Erfahrungen auf dem Weg
zur Gruppenkonferenz von Deutschen und Israelis   34
H. Shmuel Erlich

| III | Design und Struktur | 39 |

| III.1 | Die Erarbeitung des Konferenzdesigns
Eric Miller | 39 |

| III.2 | Ergänzende Anmerkungen zum Design und zur Struktur
H. Shmuel Erlich | 49 |

| IV | Die Konferenzerfahrung
Mira Erlich-Ginor | 53 |

IV.1	Die Konferenzerfahrung als Collage – Ein Konzept und seine Probleme – Eine Einführung	53
IV.2	Teilnehmer – Anwesende und Fehlende	60
IV.3	Die Konferenzerfahrung	75
IV.4	Die Gefahr falscher Versöhnung und die Angst davor	155
IV.5	Als Staff in diesen Konferenzen	174

| V | Zentrale Themen
H. Shmuel Erlich | 185 |

V.1	Identitätsaspekte von Deutschen und Israelis, die auf den Holocaust bezogen sind	185
V.2	Besonderes Trauma – Besondere Beziehungen	193
V.3	Veränderung und Transformation – die Last des Verrats	196

| VI | Nach der Konferenz
H. Shmuel Erlich | 203 |

| VI.1 | Vorträge, Diskussionen, Wirkungen | 203 |

VII	Nachwort	207
	H. Shmuel Erlich	
VII.1	Wohin führt der weitere Weg?	207
VII.2	Wer braucht solche Konferenzen?	208

Literatur 211

Vorwort

*Desmond M. Tutu, Erzbischof Emeritus,
Anglican Church of Southern Africa*

Als unsere Politiker bei ihren Verhandlungen einen friedlichen Übergang von den Schrecken der Apartheid-Ära hin zu dem wahrhaft freien Südafrika vereinbarten, für das so viele von uns lange Jahre hindurch argumentiert, gebetet, gerungen, gekämpft und ihr Leben hingegeben hatten, kannte die Freude in unserem Herzen keine Grenzen. Nun endlich wäre unser schönes Land – ein Land, von Gott so reich bedacht mit wunderbaren Bodenschätzen, weiten Ebenen, sanft ansteigenden Bergen, singenden Vögeln, hell leuchtenden Sternen und einem blauen Himmel voll strahlend goldenem Sonnenschein – für alle seine Kinder da, damit sie es miteinander teilen und sich gemeinsam daran erfreuen könnten. Uns hatte dieser Traum so unendlich viel bedeutet, dass wir kaum auf seine Erfüllung zu hoffen gewagt hatten, und doch war nun, zu unseren eigenen Lebzeiten, dieser Moment endlich gekommen. Jahrelanger Schmerz, Leid und Not wichen Freude, Freiheit und Gerechtigkeit. Nelson Mandela, so lange ein lebendes Symbol für die Ketten, in denen unser Land gefesselt gelegen hatte, war endlich frei, und seine persönliche Befreiung ging, wie er gelobt hatte, mit der Befreiung unseres Landes Hand in Hand. Die ungeheure Freude in unserem Herzen über die Gnade, diesen Moment erleben zu dürfen, konnte nur eine Gabe Gottes sein.

Unser Glück wurde jedoch von einer zwar kleinen, aber quälenden Sorge getrübt: Was, wenn die Gräuel der Apartheid-Zeit in den Köpfen der Menschen unbewusst weiterlebten? Was, wenn sie sich wie ein Schwelbrand immer weiterfräßen, mit der Zeit zu Forderungen nach Rache und Vergeltung führten und dabei einmal mehr die mit der Apartheid-Ära verbundenen finsteren und destruktiven Kräfte entfesselten, diesmal jedoch gerichtet gegen die einstigen Herren des Apartheid-Regimes und ihre Nachkommen bzw. ihre vermeintlichen Kollaborateure oder Nutznießer? Ein Blick auf vergleichbare vorangegangene Ereignisse in anderen Teilen der Welt brachte uns zu der Erkenntnis, dass wir die Gefahr einer solch schwerwiegenden und besorgniserregenden Entwicklung ernst zu nehmen hatten, auch wenn sie so gar nicht zu dem Geist der Offenheit und Toleranz zu passen schien, von dem der Anbruch unseres neuen Zeitalters geprägt war, und dass wir versuchen mussten, einer solchen Entwicklung entgegenzuwirken.

Die Kommission für Wahrheit und Versöhnung (Truth and Reconciliation Commission, TRC), der vorzusitzen ich die Ehre hatte, wurde eingesetzt, um diese Aufgabe wahrzunehmen. Ihr lag die Hoffnung zugrunde, dass es durch eine offene, direkte und ehrliche Auseinandersetzung mit der Wahrheit gelingen könnte, die Wunden der Vergangenheit zu heilen und so zur Verarbeitung vergangener Schreckenstaten beizutragen. Bei den Sitzungen der Kommission wurden wir wieder und wieder Zeuge, welch kraftvolles Instrument die ehrliche Konfrontation mit der Wahrheit darstellt. Sie erweckte bei den Opfern von Grausamkeiten, die seitens des Apartheid-Regimes (und manchmal auch von Mitgliedern der Freiheitsbewegung) verübt worden waren, ihren Schmerz und ihre Qualen mit unvorstellbarer Macht zu neuem Leben, und dank unserer Anwesenheit konnten wir, die Kommissions- und Ausschussmitglieder, ein Stück weit daran teilhaben, welch grausame und unerträgliche Last unsere Mitbürger getragen hatten. Und wir schöpften Mut daraus, dass in vielen Fällen – selbst wenn es um so entsetzliche Gräueltaten ging, dass der Wunsch nach Rache vollkommen verständlich gewesen wäre – bei den Opfern durch die Erfahrung, dass ihre Geschichte gehört und uneingeschränkt anerkannt wurde, ein Prozess in Gang kam, durch den Wut und Hass besänftigt und zum Verstummen gebracht werden konnten. Dies half vielen der Betroffenen bei der Verarbeitung ihrer entsetzlichen Erlebnisse, was häufig auch beinhaltete, dass sie den Tätern vergaben und sich der Zukunft zuwenden konnten. Auch aufseiten der Täter war gelegentlich zu beobachten, dass durch die schonungslose Auseinandersetzung mit der Wahrheit über ihre Handlungen furchtbar schmerzhafte Schuld- und Reuegefühle freigesetzt wurden. Angesichts solch aufwühlender, umwälzender emotionaler Erlebnisse fühlte ich mich privilegiert und beschämt zugleich.

Das vorliegende Buch berichtet von den Anfangsphasen eines Projekts, das meiner Ansicht nach viele Gemeinsamkeiten mit der Arbeit der Kommission für Wahrheit und Versöhnung aufweist. Es begann, als eine Gruppe deutscher und israelischer Psychoanalytiker und Psychotherapeuten erkannte, dass hinter ihrer taktvollen und höflichen Fassade tiefes Unbehagen und Misstrauen beim Umgang miteinander lauerten. Diese Gefühle waren nicht durch die persönlichen Eigenschaften der Einzelnen als Individuen bedingt, sondern Resultat einer allgemeinen stereotypen Haltung, die mit dem Holocaust zusammenhing: Von Juden konnte ganz einfach nicht erwartet werden, dass sie Deutschen vertrauen würden etc. Es entbehrt nicht einer gewissen Ironie, dass ausgerechnet Psychoanalytiker – und noch dazu deutsche – von diesem Stereotyp betroffen waren, da Hitler ihr Metier als »jüdische Wissenschaft« gebrandmarkt hatte, die auszurotten er sich vornahm, weshalb er psychoanalytische Texte verbrennen und Freud sowie die meisten seiner zeitgenössischen Kollegen aus Kontinentaleuropa vertreiben ließ. Konnten schon die deutschen Psychoanalytiker von damals nicht durch die Bank als Nazikollaborateure oder -sympathisanten abgestempelt werden, so war die Anschuldigung gegen die heutige Analytikergeneration sogar noch irrationaler. Sie war ein echtes Erbe der Vergangenheit. Da Psychoanalytiker und Psychotherapeuten im Rahmen ihrer Ausbildung ihre unbewussten Kräfte genau analysieren müssen, um der Beeinflussung durch irrationale Gefühle zu begegnen, legte die Existenz solcher Stereotypen gegen diese und in dieser Gruppe den Schluss nahe, dass sie ausgesprochen hartnäckig im Unbewussten verankert sind.

Das Buch schildert den systematischen Versuch dieser beherzten Gruppe, sich mit dem oben beschriebenen Vermächtnis des Holocaust auseinanderzusetzen. Dafür verfeinerte die Gruppe eine psychoanalytische Methode, die nicht auf rationales Argumentieren und Diskutieren setzt, sondern auf den Versuch, die irrationalen Gefühle hinter den Vorurteilen positiv zu nutzen. Zu diesem Zweck schufen sich die Teilnehmer einen speziellen Konferenzrahmen, in dem sich, weit entfernt von den Zwängen des Alltagslebens, jede Gruppe *in Gegenwart der anderen* ihren eigenen tiefsten Vorurteilen, Annahmen und Überzeugungen stellen kann. In der TRC war ich stets tief davon beeindruckt, mit welcher Macht die in den Köpfen verankerte Realität der vergangenen Gräueltaten vor unseren Augen zum Leben erwachte, wenn sich Täter und Opfer von Angesicht zu Angesicht gegenüberstanden, sodass wir an Emotionen teilhatten, die häufig absolut überwältigend waren. Ein schriftlicher Bericht, wie getreu und genau er auch sein mag, kann nicht annähernd einen Eindruck von der fast mit Händen zu greifenden emotionalen Wucht vermitteln, die diese Ereignisse entfalten, und ich glaube, es ist die Bereitschaft eines

Menschen, sich rückhaltlos auf eine Situation einzulassen, die das Potenzial der Heilung in sich trägt. Wer wüsste beispielsweise nicht die schiere Tiefe an Gefühl und Nachdenklichkeit zu würdigen, die den einfachen Worten »I am the daughter of an ordinary Nazi mother« einer Deutschen zugrunde liegt? Das wurde übrigens voller Bewunderung von einem israelischen Kollegen berichtet. Wie erschütternd ist doch die Fähigkeit anzuerkennen, dass die zärtliche und liebevolle Fürsorge – eben jene Fürsorge, dank der ein Kind zu einem wunderbaren Menschen heranwachsen konnte – mit einer unheilvollen Kraft koexistierte, die selbst vor der Vernichtung anderer Menschen nicht zurückschreckte. Welch unsagbaren Schmerz, Scham und Erniedrigung mag diese Frau gefühlt haben, als sie die Wahrheit erkannte, dass dies tatsächlich Teil ihres inneren Vermächtnisses war? Ich finde es unglaublich beruhigend, dass sich diese Frau im Rahmen dieser Konferenz offenbar so geborgen fühlte, dass dieser wichtige seelische Arbeitsprozess stattfinden konnte, denn, um mit einem anderen Konferenzteilnehmer zu sprechen: »Tränen sind besser als Blut, und Worte sind besser als Tränen.«

Die Teilnahme an diesen Treffen muss ein zutiefst erschütterndes Erlebnis gewesen sein, und aufgrund meiner Erfahrungen in der TRC kann ich mir sehr gut vorstellen, wie durch ein solches Erlebnis das Leben in gänzlich neue Bahnen gelenkt werden kann, was von vielen der Teilnehmer zum Ausdruck gebracht wurde. Der Prozess der Auseinandersetzung mit der Wahrheit darüber, wie die Gräuel der Vergangenheit in den Köpfen weiterleben, hilft, sie zu verarbeiten und mit ihnen abzuschließen. Wenn auch nur einem einzigen Menschen geholfen werden kann, dieses Ziel zu erreichen und seine Beziehungen zu Mitgliedern einer Gruppe, die ihn in der Vergangenheit unterdrückt hat, zu normalisieren, so ist dies eine bedeutende Leistung. Wird dieses Problem vernachlässigt, sind es ebendiese Geister der Vergangenheit, die von skrupellosen Politikern für ihre eigenen zynischen Zwecke ausgenutzt werden können, wie wir in den 1990er Jahren nach dem Auseinanderbrechen Jugoslawiens und genauso nach dem Völkermord in Ruanda sehen konnten. Es gibt einfach zu viele Kriege, die auf von Generation zu Generation weitergereichten Groll und auf Vorurteile setzen, und jede uns bekannte Methode, diese bösen Geister ein für alle Mal zur Ruhe zu bringen, verdient es, weithin bekannt gemacht zu werden. Dies ist ein Grund, das Erscheinen dieses wichtigen Buches zu begrüßen, dem ich eine breite Leserschaft wünsche.

Daneben gibt es noch einen weiteren Grund, weshalb es mir eine ganz besondere Freude ist, mit diesem Werk verbunden zu sein. Seit den drei Konferenzen, von denen in dem Buch berichtet wird, haben bedeutende Entwicklungen stattgefunden, die ich außerordentlich begrüße. Zum einen steht nun außer Deutschen und Israelis auch anderen vom Holocaust betroffenen Gruppen die Mitgliedschaft bei den Konferenzen offen, und während der letzten Konferenz (September 2008) wurde zusätzlich die Arbeit am Verhältnis zwischen Israelis und Palästinensern aufgenommen. Dies erweitert das Betätigungsfeld der Konferenzen nicht nur um die Auseinandersetzung mit den nach wie vor stattfindenden Gewalttaten im israelisch-palästinensischen Konflikt, sondern eröffnet auch die Möglichkeit, in einer Welt, in der Feindschaft zwischen Gruppen so oft die Norm ist, echte Gemeinsamkeiten zu entdecken. Ich denke hier zum Beispiel daran, wie sehr sich inzwischen die Positionen nicht nur im Verhältnis von Arabern und Juden polarisiert haben, sondern auch im Verhältnis zwischen Juden, Christen und Moslems im Allgemeinen, und welch verheerende Sprengkraft dies für unsere heutige Welt in sich birgt. Wäre es nicht wunderbar, wenn wir die Erfahrung machten, dass die Auseinandersetzung mit der Wahrheit über das im Unbewussten Verborgene zu einer Normalisierung dieses gestörten Verhältnisses beitragen und so mithelfen könnte, eine Welt zu erschaffen, in der die Unterschiede zwischen uns ein Grund zum Feiern wären statt für Konflikte?

Die zweite Entwicklung hängt mit der ersten insofern zusammen, als die Gruppe, die diese Konferenzen durchführt, nun mit *Partners in Confronting Collective Atrocities (PCCA)* eine neue Organisation ins Leben gerufen hat, deren erklärtes Ziel es ist, die Erkenntnisse aus der Arbeit an den Folgen des Holocaust auch auf andere Gräueltaten zu übertragen, die in den Köpfen der Menschen weiterleben. Insbesondere begrüße ich die Tatsache, dass die Erkenntnisse aus der Auseinandersetzung mit den Nachwirkungen der am ausführlichsten dokumentierten Grausamkeiten der Menschheitsgeschichte in Zukunft breiter zugänglich gemacht werden sollen, um auch anderen Menschen zu helfen, die – mag ihr Leiden auch weniger bekannt sein – unsere Hilfe nicht weniger verdienen.

Kapstadt, Südafrika
im Oktober 2008

I Einführung
H. Shmuel Erlich

Die deutsch-israelische Beziehung in der Post-Holocaust-Ära und ihre sich ausweitende Literatur werden mit diesem Buch um einen bedeutenden Erkenntnisbeitrag bereichert. Er bezeugt eine neue Entwicklung in dieser Beziehung. Er demonstriert eine lebenswichtige Arbeitsmöglichkeit für Deutsche und Israelis, die augenblicklich Reaktionen hervorrufen kann, die wesentlich sind. Die Kraft der Arbeitsmöglichkeit liegt in der Absicht, weder der Wiederannäherung noch der Schuldentlastung dienen zu wollen. Die Arbeit konzentriert sich auf die beiden nationalen Gruppen und auf ihre speziell ausgebildeten Mitglieder, Psychoanalytiker und Psychotherapeuten. Vor allem aber verwendet sie die einmalige Methode für nachhaltige Verständnisse, die Arbeitskonferenzen der Group-Relations-Methode.

Berechtigterweise lässt sich von diesem Buch sagen, dass es am Schnittpunkt von humanen und sozialen Entwicklungen und von Forschungsentwicklungen liegt, die das 20. Jahrhundert hervorgebracht hat.

Das Buch beweist *die einzigartige Bedeutung des anderen* bei dem Versuch sich zu verändern. Auf den Gruppenkonferenzen wurde immer wieder demonstriert, wie *die aktuelle Gegenwart des anderen* entscheidend für das Erreichen von Identitätsveränderung ist. Sie ist umso wirksamer, wenn dieser andere nicht »neutral«, sondern einer ist, auf den die eigene Identität bezogen war und ist. Dieses Element kann nicht stark genug betont werden. In ihm liegt der größte Beitrag der Konferenzen, und aus ihm kommen die ergreifendsten Ergebnisse dieses Buches.

Deutsche und Juden sind durch die Schrecken des Holocaust gezeichnet, vielleicht für die Ewigkeit. Dieses Wissen ist ein Gemeinplatz wie auch die immer wiederholte und irgendwie banale Versicherung, dass die Beziehung von

Deutschen und Juden weit über die Kreise der Opfer und Täter hinausreicht. Tiefe historische Wurzeln, eine belastend-belastete Gegenwart wie eine nicht vorhersehbare Zukunft kennzeichnen die sehr besondere Beziehung zwischen beiden nationalen Gruppen. Zahlreiche Anstrengungen sind unternommen worden und werden gegenwärtig unternommen, um Einsichten über beide Völker zu gewinnen und Versöhnung zwischen Deutschen und Israelis und/ oder Juden zu erreichen. Keine dieser Bemühungen hat allerdings die Methode der Group-Relations-Konferenzen angewandt und mit dieser besonderen Berufsgruppe gearbeitet.

Die Aufgabe ist in mehr als einer Hinsicht unlösbar. Es ist eine Unmöglichkeit, mit den Schrecken des Holocaust direkt oder indirekt umzugehen. Das Thema Holocaust wird in Teilen der deutschen Gesellschaft tendenziell gemieden, während der Holocaust in der israelischen Gesellschaft institutionalisiert und ritualisiert ist. Die Beziehung zu Deutschland und den Deutschen wird ambivalent gehalten oder sogar ausdrücklich vermieden. Trotz der reichen Literatur über Group-Relations-Konferenzen war es für die Mitglieder dann äußerst schwierig, ihre persönlichen Erfahrungen in den bewegenden Gruppenbegegnungen zu beschreiben. Es kommt hinzu, dass Psychoanalytiker wie Psychotherapeuten entsprechend ihrer individualistischen Ausrichtung wie der persönlichen Einstellung nach fremd bis misstrauisch gegenüber Gruppenarbeit sind.

Obgleich die Schwierigkeiten beträchtlich waren, hat die Gruppenarbeit von deutschen und israelisch-jüdischen Analytikern und Psychotherapeuten in drei Treffen zwischen 1994 und 2000 stattgefunden. Das aktive Interesse und der Einsatz für diese Arbeitskonferenzen haben sich in beiden Ländern intensiviert. Seit ihrer Einrichtung üben sie einen erkennbaren, wenn auch noch kleinen Einfluss auf die Kultur beider Länder aus. Über allen erwähnten Schwierigkeiten steht jedoch die Bereitschaft der Konferenzteilnehmer, Mitglieder wie Staff, ihre Erfahrungen zu beschreiben. Es waren häufig persönlich schmerzhafte Erforschungen eigener Wirklichkeit, die national wie auch die andere Nation einbeziehend aussagekräftig waren.

Hierin liegt der spezifische Beitrag dieses Buches. Direkt oder verdeckt handelt er von Inhalt und Genese persönlicher Identität und den in ihr wirksamen nationalen Identifizierungen. Er legt den Schmerz offen, der während der Veränderung eigener Identität und Gruppenidentität gefühlt wird. Er macht die Intensität und Macht von Vorurteilen überdeutlich wie auch die enorme Anstrengung, sie zu verlernen.

Schließlich liefert der hier veröffentlichte Arbeitsbericht eine gute Beschreibung der bei diesem Unternehmen verwendeten Methode. Sie ist ein Modell für die Arbeit mit Gruppen in extremen Konflikten, Konflikten von Tod-Leben-Gegensätzlichkeit. In nationalen und internationalen Szenarien gibt es derartige Konfliktgruppen in großer Zahl. Faktisch gibt es keinen Tag, an dem wir nicht mit verstörenden Konflikten und ihren blutigen Folgen konfrontiert werden. Dieses Buch bietet weder magische Formeln, noch verspricht es schnelle Abhilfe. Es beschreibt eine Arbeitsmöglichkeit und eine Methode, die für viele weitere Konfliktsituationen unserer Welt verwendet werden könnte.

Jedes neue Vorhaben erzählt Geschichten. Hinter dem in diesem Band beschriebenen Projekt steckt eine Geschichte, die etwas Licht auf die Art und Weise wirft, in der es konzipiert und entwickelt wurde. Im folgenden Kapitel soll diese Geschichte erzählt, einige der führenden Akteure vorgestellt und die Szenerie dargestellt werden, um so den Leser hinter die Kulissen des sich entwickelnden Dramas zu führen.

II Die Geschichte des Projektes

II.1 Die Israelische Psychoanalytische Gesellschaft und das Sigmund Freud Center

H. Shmuel Erlich

Die Israelische Psychoanalytische Gesellschaft ist eine der ältesten Teilorganisationen innerhalb der Internationalen Psychoanalytischen Vereinigung. Im Jahr 1935 schrieb Freud:

> »[Z]u den älteren Ortsgruppen Wien, Berlin, Budapest, London, Holland, Schweiz sind neue hinzugekommen in Paris, Calcutta, zwei in Japan, mehrere in den Vereinigten Staaten, zuletzt je eine in Jerusalem, Südafrika und zwei in Skandinavien. Diese Ortsgruppen unterhalten aus ihren eigenen Mitteln Lehrinstitute, in denen die Unterweisung in der Psychoanalyse nach einem einheitlichen Lehrplan geübt wird, und Ambulatorien, in denen erfahrene Analytiker wie Zöglinge den Bedürftigen unentgeltliche Behandlung geben« (Freud 1935a, S. 34).

Die Palästinensische – heute Israelische – Psychoanalytische Gesellschaft wurde 1934 von Max Eitingon, einem der engsten Schüler und Anhänger Freuds, gegründet, nachdem er vor dem Naziregime in Deutschland nach Palästina (damals noch unter britischem Mandat) geflohen war. Wie von Freud beschrieben, baute die Gesellschaft rasch das Israelische Psychoanalytische Institut auf, das heute nach Eitingon benannt ist. Vorbild für das Institut war seinerzeit das Berliner Psychoanalytische Institut, das 1921 von Eitingon und Karl Abraham gegründet worden war und zum Modell für die Ausbildung an den meisten psychoanalytischen Lehrinstituten wurde.

Aus kleinen und bescheidenen Anfängen ist das Institut in Bezug auf

Mitgliederzahl, öffentliche Wahrnehmung, und Einfluss erheblich gewachsen. Es gibt zurzeit ungefähr 150 Mitglieder und weitere 100 Kandidaten, die eine psychoanalytische Ausbildung am Max Eitingon Israelischen Psychoanalytischen Institut absolvieren. Die Mitglieder und Kandidaten kommen aus verschiedenen Berufen im Gesundheitswesen. Zurzeit sind es vorwiegend klinische Psychologen und in geringerem Maße Psychiater und psychiatrische Sozialarbeiter. Alle Mitglieder und Kandidaten sind therapeutisch tätig, sei es in einer Privatpraxis oder im öffentlichen Bereich. Viele lehren in verschiedenartigen Programmen und Institutionen, einige haben Stellen an der Universität, wo sie lehren und Forschungsinteressen verfolgen können.

Das wissenschaftliche Leben in der Gesellschaft ist vital und farbig, geprägt von den vorherrschenden Kontroversen und unterschiedlichen Lehrmeinungen der zeitgenössischen Psychoanalyse. Im Hinblick auf Schulrichtungen sei festgehalten, dass die Gesellschaft zu Beginn und in den ersten Jahrzehnten zunächst von der zentralen europäischen, vornehmlich der deutschen Psychoanalyse beeinflusst war und diese nachdrücklich vertrat. Hingegen nahm in späteren Jahren der Einfluss der amerikanischen Ich-Psychologie, dann der britischen Objektbeziehungstheorie, dann wieder der amerikanischen Selbstpsychologie und in letzter Zeit der relationalen und intersubjektiven Ansätze zu. Das gesamte Spektrum psychoanalytischen Denkens – vom Neo-Freudianismus zu den Kleinianern, von der Middle Group zu der französischen Psychoanalyse und den heutigen relationalen Perspektiven – spielt hier eine aktive Rolle.

Die Anfänge des Sigmund Freud Center an der Hebrew University of Jerusalem sind eng mit den historischen Wurzeln der Iraelischen Psychoanalytischen Gesellschaft verbunden.

Nach der Ankunft von Max Eitingon in Palästina schrieb Sigmund Freud, der dem Kuratorium der Hebrew University of Jerusalem angehörte, an deren Präsidenten Judah L. Magnes und schlug ihm vor, einen Lehrstuhl für eine Professur in Psychoanalyse zu schaffen und Eitingon zu berufen. Der Vorschlag wurde vom Senat mit der Begründung abgelehnt, die Psychoanalyse sei nicht als Wissenschaft anzusehen. Freud war gekränkt und bezog sich von da an nicht mehr auf die Hebrew University als »unsere Universität«.

Im Jahr 1977 hielt die Internationale Psychoanalytische Vereinigung (IPA) ihren alle zwei Jahre stattfindenden Kongress zum ersten Mal in Jerusalem ab. Um den Anlass zu würdigen und den Bruch zwischen Freud und der Hebrew

University zu kitten, machte die IPA der Universität ein Geschenk in Form der Stiftung des Sigmund Freud Lehrstuhls für Psychoanalyse. Drei Jahre später hatten sich noch weitere Sponsoren gefunden, sodass das Sigmund Freud Center für psychoanalytische Ausbildung und Forschung gegründet werden konnte. Zwischen 1980 und 2005 besetzten mehrere aus Israel und anderen Ländern stammende international renommierte Psychoanalytiker den Lehrstuhl für jeweils unterschiedliche Zeitspannen und waren zugleich Direktoren des Freud Center, darunter Joseph Sandler, Albert Solnit, Rafael Moses, Sidney Blatt, Bennett Simon und H. Shmuel Erlich. Unter ihrer Leitung organisierte das Freud Center internationale Konferenzen deren jeweilige Thematik psychoanalytische Denker unterschiedlicher Provenienz zusammenführte, um sich mit substanziellen Fragen auseinanderzusetzen. Von besonderer Bedeutung ist hier eine dieser Konferenzen, die als Vorläuferin der Konferenzen gelten kann, um die es in diesem Buch geht, und die weiter unten genauer beschrieben werden sollen.

OFEK – »Group Relations Work« in Israel

Im Jahr 1985 wurde eine Arbeitsgruppe gegründet, deren Mitglieder sich in der einen oder anderen Weise für die an der vom Tavistock Institute of Human Relations in London entwickelten Gruppenbeziehungsmethode interessierten. Das Tavistock Institute führte seit 1957 Arbeitskonferenzen meist unter dem Thema »Authority and Leadership« durch – benannt nach ihrem langjährigen Tagungsort, auch als »Leicesterkonferenz« bekannt. Dabei handelt es sich um ein empirisches Experiment über Gruppenbeziehungen, das methodisch auf einer Kombination von psychoanalytischen Konzepten, wie Übertragung, Projektion und Regression, mit Beiträgen aus der Theorie offener Systeme beruht. Diese einzigartige Kombination führte schließlich zu Konferenzen, in denen die freiwillig gekommenen Mitglieder an verschiedenartigen Formen vorgegebener Gruppenzusammensetzungen und Gruppenereignissen teilnehmen. Das sind: kleine Arbeitsgruppe, große Arbeitsgruppe, Plenarsitzungen, je eine Veranstaltung über Beziehungen zwischen den Gruppen und über Organisation wie auch Gruppen für die reflektierende Rückschau und für Anwendungen im Alltag (Small Study Group, Large Study Group, Plenaries, Inter-Group und Organizational Event, Review Group und Application Group). Das Leitungsteam (Staff) bestimmt seine Rolle selbst, interpretiert auf dem Hintergrund seiner Erfahrungen was im Hier und Jetzt vor sich geht, handelt als Konferenz-Management und hat dafür Sorge zu tragen, dass die Grenzen und der zuvor formulierte Bezug zum Leitthema (Primary Task) eingehalten werden. Diese Methode stellt den Teilnehmern viele Möglichkeiten zur Verfügung, durch ihre und von ihren eigenen Erfahrungen zu lernen, wie z. B. über bewusste und unbewusste Gruppenprozesse, über Phänomene wie Führung, Ausübung und Delegation von Autorität usw.

Die israelische Gruppe verfügte über Erfahrungen mit diesen Konferenzen sowohl aus Leicester wie auch aus den USA, wo diese Art des Arbeitens 1960 eingeführt worden war. Sie bildete alsbald selbst eine eingetragene gemeinnützige Organisation mit dem Namen »The Israel Association for the Study of Group and Organizational Processes« (IASGOP). Dieser etwas schwerfällige Name wurde später in OFEK – Organisation, Person, Gruppe (die hebräischen Anfangsbuchstaben) umbenannt. Es entstanden enge Beziehungen zwischen OFEK (IASGOP) und dem Gruppenbeziehungsprogramm des Tavistock Institute, das unter der Leitung von Dr. Eric Miller der israelischen Gruppe beim Aufbau und der Durchführung eigener Gruppenbeziehungskonferenzen beistand. Seit 1987 hat OFEK jährlich internationale Konferenzen in englischer Sprache unter dem Leitthema »Authority and Leadership« durchgeführt. Zusätzlich bot sie Konferenzen über »Authority and Leadership« sowie über speziellere Themen und soziale Phänomene in hebräischer Sprache an. Inzwischen hat die Anzahl der Mitglieder bei OFEK erheblich zugenommen und schließt auch nicht israelische Mitglieder, die in anderen Ländern leben, mit ein.

II.2 Die Stationen der deutschen Psychoanalytiker auf dem Weg zur ersten Nazarethkonferenz

Hermann Beland

Gab es benennbare innere und äußere Stationen auf dem Weg der deutschen Psychoanalytiker zu den Nazarethkonferenzen? Auch die Mentalitätsgeschichte eines so kleinen Kollektivs wie das der deutschen Psychoanalytiker lässt sich nur eingebettet in die Geschichte der Selbstverständnisse der deutschen Nachkriegsgesellschaft denken, die sich auf die Bedeutung der

Nazizeit und vor allem auf die Vergegenwärtigung des Holocaust beziehen. Denn darum musste es den deutschen Psychoanalytikern gehen. Die wichtigste Erfahrung des letzten Jahrzehnts vor der Konferenz lautete: Nur in der Gegenwart und durch die motivierte Hilfe eines israelischen/jüdischen Kollegen konnten die deutschen Analytiker emotional eine weitere Bewusstheit davon gewinnen, auf welche Weise sie teilhaben an dem zurückliegenden Wahnsinn der Vernichtung der europäischen Juden und der Vernichtungsabsichten gegenüber den Juden der Welt.

Die Abwehr gegen eine derartige Bewusstheit ist leider nach wie vor kollektiv wirksam. Nach wie vor fehlt die überzeugende Einsicht in den Wahnsinn, warum die Deutschen dies wollten, wie weit sie es anerkennen und ob sie es kollektiv bedauern. Hier soll beschrieben werden, wie sich die kollektive Abwehr in der Gruppe der deutschen Psychoanalytiker allmählich so weit lockerte, dass die Mitglieder der Deutschen Psychoanalytischen Vereinigung (DPV) und der Deutschen Psychoanalytischen Gesellschaft (DPG) von ihrer Teilnahme an den Gruppenkonferenzen hoffen konnten, mit weiteren Evidenzen ihrer seelischen Wirklichkeit in Berührung zu kommen, die von der Vergangenheit geprägt ist.

Der Historiker Jörn Rüsen hatte drei zeitlich einander folgende Einstellungen der deutschen Gesellschaft zur Vergegenwärtigung des Holocaust unterschieden. Er erfasste als erste Nachkriegseinstellung eine Strategie des »Beschweigens und des Exterritorialisierens«, der in der zweiten Generation eine »moralische Distanzierung« von der Vätergeneration folgte. Über eine negative Abgrenzung zum Nationalsozialismus und durch Gegenidentifizierung sei es zu einem illusionären Zusammengehören dieser Generation mit den Opfern gekommen. Erst in einer dritten Epoche, die Rüsen ungefähr mit dem Datum der deutschen Wiedervereinigung beginnen lässt, sieht er symptomatische Anzeichen für eine »Historisierung und Aneignung« des Holocaust als eine beginnende deutsche Identitätsbestimmung: »Wir selbst sind es gewesen« (Rüsen 2001).

Die ersten Nachkriegsjahrzehnte: Die Unfähigkeit zu trauern

Die Mentalitätsgeschichte der Deutschen Psychoanalytischen Vereinigung in der Vorbereitung auf die erste Nazarethkonferenz soll hier als

Geschichte *kollektiver* emotionaler Erfahrungen dargestellt werden. Das ist notwendigerweise ein hochsubjektiver Versuch. Als Material liegen zugrunde alle historischen Veröffentlichungen über die deutsche Psychoanalyse seit Kriegsende und die interne Teilhabe an den kollektiven Prozessen seit 1960. Diese kleine Gruppe lässt die Dreiteilung von Jörn Rüsen besonders deutlich erkennen, was in diesem Falle etwa so viel heißt wie: von innen her emotional beglaubigen. Das gilt für die ersten 30 Jahre nach dem Krieg in der Weise, dass die DPV, von der im Folgenden vornehmlich die Rede sein soll, *als Gruppe* nach dem Krieg kollektiv nicht in der Lage war, die eigene Verwicklung in die Vertreibung, Entmenschlichung, Ermordung der jüdischen Bevölkerung zu fühlen, die ihr in den Schicksalen der eigenen jüdischen Mitglieder besonders nahe hätten sein können. Die »Unfähigkeit zu trauern«, die Alexander und Margarethe Mitscherlich der deutschen Nachkriegsgesellschaft diagnostizierten, wurde von der psychoanalytischen Gruppe kollektiv noch nicht als eigenes Problem erfasst und angeeignet. Als anerkannte Analytikergruppe gehörten sie irgendwie nicht zu den Deutschen, die nicht trauern konnten. Das ist im Rückblick schwer zu verstehen. Aber man muss berücksichtigen, dass das unglückliche Bewusstsein vieler Einzelner immer etwas anderes gewesen ist als das kollektive. Inhaltlich konnte es dem kollektiven um Jahrzehnte vorausgehen. Als Gruppenmitglieder konnten jedoch auch die erschütterten Deutschen jene kollektive Erstarrung am eigenen Leibe erleben, die sie als Einzelne glauben konnten, lange hinter sich gelassen zu haben. Zur Vorbereitung auf die Nazarethkonferenzen gehörte deshalb als Voraussetzung die vielfach gemachte und geprüfte, durchaus merkwürdige Erfahrung, dass die individuellen Verarbeitungsmöglichkeiten immer auch von kollektiv gehaltenen unbewussten Abwehreinstellungen abhängig waren.

Das kleine Kollektiv der deutschen Analytiker war seit 1949 in die DPV und die DPG gespalten. Die Geschichte dieser Spaltung soll hier nur so weit Erwähnung finden, wie sie zur emotionalen Vorgeschichte der Nazarethkonferenzen gehört. Es war in den ersten beiden Jahrzehnten nach dem Krieg unsicher, welchen Einfluss die Nazizeit und ein *unbewusstes* kollektives Schuldgefühl bei der Spaltung gehabt hatten. Beide Gruppen befanden sich als Gruppen in der kollektiven deutschen Verfassung der Verleugnung einer unglaublichen Bedrückung, aus der die wechselseitigen internen Zuschreibungen von Freudverrat und Anpassung an die Naziideologie in den zwölf Jahren der Diktatur hervorstachen. Aus den paranoiden Feindschaften haben beide Gruppen im Rückblick auf eine unbewusst kollektiv-depressive Belastung beider Gruppen nach dem Krieg geschlossen. Wichtiger allerdings war die nicht wirklich bewusste Bedeutung der Anerkennung der DPV durch die internationale Psychoanalyse (1951 in Amsterdam). Die Nichtanerkennung der DPG wirkte wie eine internationale Verurteilung ihrer Mitglieder und erhöhte die Feindschaft auf den Rivalen. Der DPG schien die deprimierende Last der deutschen Vergangenheit für beide psychoanalytische Gruppen zugewiesen. Die neuen Mitglieder der DPV hingegen konnten sich in der halbbewussten Illusion wiegen, auf die Seite der verfolgten Psychoanalyse und somit fast zu den Verfolgten zu gehören (vgl. die zweite Phase bei Rüsen). Diese Illusion wurde Teil des Identitätsbildungsprozesses der Ausbildungen in den 25 Jahren nach der DPV-Gründung. Sie zerfiel auf dem Internationalen Psychoanalytischen Kongress in Jerusalem 1977, als die deutschen Vorsitzenden für 1981 nach Berlin einluden und erst durch die Zurückweisung ihrer Einladung realisierten, dass der Schatten der »Endlösung« nicht nur auf Berlin lag, sondern auch auf den deutschen Analytikern gesehen wurde.

Seit dem Internationalen Psychoanalytischen Kongress in Hamburg 1985 kann man eine Wiederannäherung beider deutscher Gruppen feststellen. Angesichts der in den 80er Jahren bewusst gewordenen Hauptaufgabe deutscher Analytiker, sich als Einzelne wie als Gruppe ihre Beteiligung an der Ermordung der europäischen Juden anzueignen, waren die Erinnerungen an die wechselseitigen Vorwürfe und die ungerechte Bevorzugung der DPV unwichtiger geworden. Die klinischen und theoretischen Differenzen konnten in zukünftiger Integrationsarbeit irgendwann ausgeglichen gedacht werden. Auf dem Weg zur ersten Nazarethkonferenz, die 1994 schließlich stattgefunden hat, war die Versöhnung der beiden früher verfeindeten Analytikergruppen im Wesentlichen erreicht. Die deutschen Teilnehmer der Konferenz kamen aus beiden Vereinigungen und erfuhren auf der Konferenz, dass ihre Zugehörigkeit zur DPV oder zur DPG bei der Begegnung mit der israelisch-jüdischen Gruppe keine Rolle spielte. Beide Gruppen hatten in dem Jahrzehnt vor der Konferenz dieselbe Erfahrung gemacht, dass es zu emotionalen Aufhebungen kollektiver Abwehrhaltungen nur in der Gegenwart und unter der aktiven Bereitschaft israelischer/jüdischer Kollegen kam, die den deutschen Kollegen begegnen wollten und zur Mitteilung ihrer eigenen Geschichte bereit waren.

Die zweite Phase: Zwischen Projektion und Aneignung

In dem Jahrzehnt zwischen 1977 und 1987 belegen heftige Gruppenspannungen innerhalb der DPV einen veränderten kollektiven Prozess. In mehreren Veröffentlichungen wurden die Entscheidungen der »arischen« Mitglieder des Berliner Psychoanalytischen Instituts in den 30er Jahren, die Nürnberger Gesetze auf die jüdischen Kollegen anzuwenden, als das aufgedeckt, was sie waren (*Psychoanalyse in Hitlerdeutschland*, Lohmann/Rosenkötter 1982; *Psychoanalyse und Nationalsozialismus*, Brainin/Kaminer 1982; *Kapitulation vor der Weltanschauung*, Dahmer 1983). In aufwühlender Weise wurde kollektiv und stufenweise bewusst und fühlbar, wie beschämt und bedrückt wir deutschen Psychoanalytiker uns wegen der Vertreibung unserer jüdischen Kolleginnen und Kollegen und wegen der Erbschaft des »Reichsinstituts« sehen mussten. Eine leidenschaftlich kontroverse Auseinandersetzung mit der teilweisen intellektuellen Kollaboration, der kollektiven Schuldverfassung, mit den antisemitischen Familienerbschaften, mit der beschämenden christlichen Vergangenheit von Antijudaismus begann. Das kollektive Bewusstsein der DPV-Mitglieder schwankte zwischen der moralischen Distanzierung von der angeklagten (psychoanalytischen) Vätergeneration und der enorm widerstrebenden eigenen Aneignung.

Die entscheidende Erleichterung für die Aneignung persönlicher Verantwortung kam für die deutschen Psychoanalytiker, – nach Jahrzehnten der fachlichen Unterstützung durch prominente jüdische Kollegen aus England, Holland und den Vereinigten Staaten, die die deutschen Analytiker nie mit der Nazizeit in Verbindung gebracht hatten – 1983 in einer besonderen Weise von Hillel Klein und Rafael Moses. Als israelische Kollegen wurden sie gehört als die Vertreter aller Juden weltweit. Wenn sie zu den deutschen Kollegen über die Jahrzehnte ihrer eigenen seelischen Arbeit sprachen, mit der sie die verlorenen Objekte und sich selbst versucht hatten aus der inneren Zerstörung zurückzugewinnen, eröffneten sie Wege, die die Deutschen für sich selbst überhaupt nicht für möglich gehalten hatten oder zu denen sie sich nicht berechtigt glaubten (H. Klein 1986). Beide wurden zu einem unvergesslichen guten Objekt, das verinnerlicht werden konnte. Die Begegnung mit ihnen ermöglichte die Anfänge einer veränderten Zukunft.

Beide Kollegen trafen auf eine deutsche Gruppe, die begonnen hatte, die Verantwortung für die Nazizeit anzuerkennen. Das geschah in bewegenden

Gruppenerfahrungen 1980 in Bamberg, 1983 in Wiesbaden und Köln, 1984 (»Psychoanalyse unter Hitler – Psychoanalyse heute«) in Wiesbaden und 1988 (Diskussion über »Guilt Bearable and Unbearable«) in Wiesbaden. Die gewonnenen Erkenntnisse wurden in teils polarisierten, teils bemerkenswert reflexiven Großgruppendiskussionen vertieft, die viele Hundert Mitglieder umfassten. In den emotionalen Erfahrungen während der Diskussion über erträgliche und unerträgliche Verzweiflung (1988), über den Zusammenbruch von Identitätsillusionen (1984) und über die kollektive moralische Belastung (1980) bildete sich allmählich ein neues, unsicheres, erschüttertes Selbstverständnis der Großgruppe der deutschen Psychoanalytiker. In der DPG gab es einen ganz ähnlichen Prozess, der dem in der DPV parallel lief. Es waren kollektive emotionale Erfahrungen, die als Ausdruck der Integration von kollektiv abgespaltenen, überaus belastenden Erinnerungen notwendig waren. Amnesie und Verleugnung begannen sich zu lockern.

Drei Beispiele kollektiv gemachter Erfahrungen

Im Rückblick ist es nur zu deutlich, dass zuvor die emotionale Amnesie bei Einzelnen und die Verleugnung der eigenen Wirklichkeit bei deutschen Gruppen für den Blick von außen etwas geradezu Unvorstellbares und Irreales hatten. Ein älterer holländischer Analytiker drückte dies am Ende der Diskussion in Bamberg (1980) ungefähr so aus: Er sei seit dem Ende des Zweiten Weltkrieges nicht mehr nach Deutschland gekommen, doch nun bereue er nicht, trotz seiner Skepsis zu diesem Kongress gereist zu sein. Es geschehe hier ein Stück kollektiver Verarbeitung, das ihn durch Ehrlichkeit und Offenheit beeindrucke und das er den Deutschen kaum zugetraut hätte (Rossier 1986).

Rolf Vogt ist 1984 in Wiesbaden eine bemerkenswerte Zusammenfassung der von fast allen gemachten Erfahrung gelungen:

> »Als ich zur DPV kam, war das, was mich bei den Tagungen besonders beeindruckte, etwas Atmosphärisches. Ich spürte einen konstanten Hauch von etwas Totem und Starrem, das wie ein feiner und undurchdringlicher Schleier auf allen Äußerungen zu liegen schien. […] Als Hillel Klein vor einem Jahr in diesem Raum zu uns sprach, konnte ich meinen Eindruck plötzlich verstehen: Der

Schleier zerriss, das Tote und Starre kippte um in eine Erregung von ungeheurer emotionaler Brisanz, die das Plenum regelrecht schüttelte. Etwas ganz Zentrales war berührt. Der stumme sprachlose Hintergrund war in Bewegung geraten und enthüllte blitzartig etwas von seiner Bedeutung: [...], dass wir nicht nur in historischer, sondern auch in psychologischer Hinsicht, d. h. in aktuell noch tief in unser Erleben eingreifender Weise die Erben Hitlers sind. *Die Erben Hitlers treten das Erbe Freuds an. Die eine Erbschaft verträgt sich mit der anderen wie Feuer und Wasser*« (Vogt 1986, S. 435).

Ich möchte ein weiteres Diskussionserlebnis einer großen DPV-Gruppe für die Erinnerung bewahren, das wesentlich war für die Wahrnehmung eines paranoiden Gruppenbewusstseins kollektiver Schuld und für eine momentane Umwandlung dieses paranoiden Schuldbewusstseins in ein depressives. Auch diese Diskussion bestätigte wieder das Gesetz, dass wir deutschen Analytiker nur in der Gegenwart jüdischer Kollegen einen weiteren Aspekt unserer Beteiligung am Holocaust emotional realisieren konnten. Diese Diskussion fand spontan statt am Ende der Vortragsdiskussionen mit Ron Britton, John Steiner und Michael Feldman auf der DPV-Arbeitstagung 1988 in Wiesbaden. Die Gäste kamen einem Diskussionsbedürfnis der Deutschen entgegen, das sich auf das Thema der Weekend-Conference in London 1986 über »Guilt Bearable and Unbearable« bezogen hatte. Die deutschen Analytiker hatten diesen Beitrag der englischen Kollegen zum Internationalen Psychoanalytischen Kongress 1985 in Hamburg dankbar als Aufnahme des entscheidenden deutschen Themas empfunden und anerkannt. Nach Meinung von Rafael und Rena Moses hatte nämlich die internationale psychoanalytische Gemeinschaft auf dem Hamburger Kongress den notwendigen emotionalen kollektiven Ausdruck aus Angst vermieden, der zu dem ersten Kongress nach dem Krieg im Land des Holocaust gehört hätte. Die Diskussion in Wiesbaden kreiste um die analytische Aufgabe, verzweifelten Patienten mit Realschuld beizustehen, deren Verzweiflung unerträglich ist, ohne die innere und die äußere Realität zu verringern. Die Erfahrung der drei Gäste beschrieb, dass nur durch die teilnehmende Anwesenheit des Analytikers, der die Intensität des Schmerzes über irreparablen Schaden und Selbstbeschädigung anerkennt, aber den Patienten nicht alleine lässt, der Schmerz vielleicht erträglicher werden kann. Es war eine äußerst meditative Diskussion der mehrere Hundert Mitglieder umfassenden Gruppe, die ihre eigene Situation als Gruppe, aber zugleich je persönlich beschrieben fand.

Auch diese Diskussion war so etwas wie eine kleine Vorwegnahme, eine Anzahlung auf eine vielleicht in der Zukunft einmal möglich werdende kollektive Realität.

Diese Wiesbadener Diskussion von 1988 war vielleicht der wichtigste Schritt im kollektiven Bewusstsein der DPV vor den Nazarethkonferenzen, in denen – so lautete die ausgesprochen-unausgesprochene Hoffnung – die kollektiv gelockerten Möglichkeiten in persönlicher Arbeit individuell realisiert und angeeignet werden konnten, wiederum durch die Gegenwart deutscher und jüdischer Gruppen. Es fehlen jedoch noch zwei weitere notwendige Stationen in der Geschichte der Vorbereitung der Nazarethkonferenzen: erstens der Jerusalemer Kongress von 1988 über »The Meaning of the Holocaust for Those not Directly Affected« sowie zweitens der Plan einer selbstexperimentellen Forschungsgruppe, den Rena und Rafael Moses auf israelischer zusammen mit Wolfgang Loch und Hermann Beland auf deutscher Seite zu realisieren versuchten (das »Projekt«).

Die letzten Stationen der Vorbereitung: Das »Projekt« und die Kleingruppen in Jerusalem 1988

Bald nach dem Hamburger Kongress schlugen Rafael und Rena Moses vor, in einer Forschungsgruppe zu versuchen, was auf dem Kongress bzw. bisher überhaupt noch nicht realisiert worden war: die gruppengehaltenen unbewussten Überzeugungen und Gefühle der deutschen und der jüdischen Kollegen in ihrer je entgegengesetzten Beteiligung am Holocaust erlebbar zu machen und zu erforschen. Als Selbstexperiment gedacht, sollten wenige israelische und deutsche Psychoanalytiker in je einer Gruppe zusammenkommen und für drei Jahre zusammenbleiben. An etwa sechs Wochenenden im Jahr sollten die Teilnehmer in einer deutsch-israelischen Doppelgruppe miteinander diskutieren, und zwar so offen wie es Analytikern möglich wäre. Beide Gruppen würden wechselseitig ihre konflikthaften Vorstellungen und Fantasien hervorrufen, die sich auf die Geschichte beider Völker und vor allem auf den Holocaust beziehen würden, und die dazugehörigen kollektiven Abwehren mobilisieren. Die Diskussionen sollten in alternierenden Phasen von emotionaler Erfahrung und gemeinsamer Deutung vorangetrieben werden, um dann in einem sich vertiefenden Prozess in Metadiskussionen und erneut in Meta-Metadiskussionen untersucht, aufgedeckt und reflektiert zu werden. Alle Gruppengespräche sollten elektronisch aufgezeichnet werden und schriftlich als Teil der Arbeitsgrundlage den nächsten Treffen zur Verfügung stehen. Die Erwartung bestand, dass durch die alternierenden Erfahrungs- und Verständnisphasen bewusst, verstehbar und für die Teilnehmer vielleicht überwindbar gemacht würde, was je beide Völker – verfolgend oder verfolgt – kollektiv unbewusst beherrscht hat. Es bestand die Absicht, die wissenschaftlichen Ergebnisse dieser psychoanalytischen Gruppenforschung zu veröffentlichen. Die weiterreichende Erwartung war darüber hinaus, dass dasselbe Verfahren sich auf andere politische Gruppen und Völker im Konflikt anwenden ließe, wenn es seine Brauchbarkeit als selbstexperimentelle Forschungsmethode zur Konfliktlösung zwischen Deutschen und Juden erwiesen hätte.

Die Realisierung dieses Planes scheiterte daran, dass keine der existierenden Stiftungen in Politik, Wirtschaft, Wissenschaft und Gesellschaft, nicht in Deutschland und nicht in Israel, die erforderlichen Gelder zur Verfügung stellen mochte. Im Sommer 1989 mussten wir die letzte Chance, über den Stifterverband der deutschen Industrie unterstützt zu werden, als gescheitert ansehen. Zu dieser Zeit war die weitere Initiative bereits beschlossene Sache, deutschen und israelischen Psychoanalytikern die Möglichkeit zu geben, in modifizierten Tavistock-/Leicester-Gruppenkonferenzen ihre kollektiven Tiefenkonflikte in Gegenwart der anderen Gruppe persönlich zur Erfahrung zu bringen. Das wissenschaftliche »Projekt« lief also noch eine Zeit mit den Vorbereitungen zur ersten Nazarethkonferenz parallel. Es gehört trotzdem eindeutig zu den Vorbereitungsprozessen auch auf deutscher Seite.

1987 hatten Rafael Moses und Yecheskiel Cohen die internationale Tagung des Sigmund Freud Center Jerusalem über »The Meaning of the Holocaust for Those not Directly Affected« organisiert, auf der auch eine kleine Zahl deutscher Analytiker teilgenommen hatte. Gottfried Appy hielt einen der drei Hauptvorträge. Sein psychoanalytischer Versuch, den innerpsychischen Rang des Holocaust als inneres Objekt (»Metapher«) zu bestimmen, löste eine heftige Kontroverse aus, die sich in der Arbeit der Kleingruppen fortsetzte. In den Diskussionen der Kleingruppen erlebten die deutschen Teilnehmer erstmalig die Funktion der Gegenwart der anderen Seite in beiden Aspekten. Einige von ihnen machten die eindrückliche Erfahrung, dass sie für einige der israelischen/jüdischen Gruppenmitglieder eine katalytische Funktion ausübten und dass insofern auch sie für die Erfahrungen der jüdischen Gruppenmitglieder unverzichtbar waren. So war es folgerichtig, dass am Abend des letzten Kongresstages die Entscheidung fiel, die Nazarethkonferenzen zu wagen. Das Gespräch fand in der Wohnung des Ehepaars Moses statt. Rena und Rafael Moses, Jona Rosenfeld, aber besonders Mira und H. Shmuel Erlich waren die aktiven Gesprächsteilnehmer der israelischen Seite, den deutschen Teilnehmern das Leicester-Gruppenmodell für den Konflikt zwischen beiden Völkern plausibel zu machen und die Deutschen von der Notwendigkeit zu überzeugen, dass sie Leicesterkonferenz-Erfahrungen sammeln müssten, bevor die erste Konferenz organisiert werden könnte. Für den Vorbereitungsweg der deutschen Analytiker zur Nazarethkonferenz war die erwähnte Erfahrung in den Kleingruppen in Jerusalem begründend, auch wenn es schwierig oder noch gar nicht möglich war, den »Nutzen« der Deutschen auf der geplanten Konferenz für die Israelis/Juden zu formulieren. Es gab ihn.

Der Niederschlag der Erfahrungen in der historischen Präambel der Konferenz

Alle hier beschriebenen Stationen in der Geschichte der deutschen Analytiker, die vor der Nazarethkonferenz lagen, hatten schließlich zu den Erfahrungen beigetragen, die in der Präambel der Broschüre der ersten Konferenz formuliert wurden:

> »This was the background which led to the idea of a conference of German and Israeli psychoanalysts, in which members of each group might use the other in order to get in touch with deeper elements of their own reality; especially with those elements bound by shared emotional defences, which need the other group's presence to be elicited and diminished. It was suggested that the favorable combination of three factors might provide deeper access to the memories and pains of both peoples: a) The beneficial conditions for learning through experience by Tavistock-type Group Relations Conference; b) The wish shared by all members of such a conference to attempt to better tolerate and bear the memories and conflicts of both peoples by experiencing oneself in this conflict; and c) The professional sensibility of psychoanalysts for emotional and unconscious processes, as well as their tested professional conviction that the pains of unbearable guilt and unbearable mourning are unbearable if borne alone.«

II.3 Ereignisse und Erfahrungen auf dem Weg zur Gruppenkonferenz von Deutschen und Israelis

H. Shmuel Erlich

Im Jahr 1987 organisierte Rafael Moses eine Konferenz unter der Schirmherrschaft des Freud Center mit dem Titel »Die Bedeutung des Holocaust für nicht direkt Betroffene«. Mehrere deutsche Analytiker und einige wenige aus anderen Ländern nahmen an dieser Konferenz teil. Dies war das erste Mal, dass deutsche Analytiker offiziell eingeladen waren und aktiv an einer Konferenz in Israel teilnahmen. Für die meisten, wenn nicht für fast alle teilnehmenden Israelis – alle im Gesundheitswesen tätig und unter ihnen viele Nachkommen der ersten und der zweiten Generation von Holocaust-Überlebenden – war es eine neue und bestürzende Erfahrung, Deutsche zu treffen und direkt und persönlich mit ihnen zu sprechen. Für die Deutschen, die mit großer Sorge und Angst gekommen waren, war es eine gleichermaßen bewegende, emotionale Erfahrung. Die Konferenz löste viele aufwühlende Gefühle und Erfahrungen aus, konnte aber aufgrund der Art und Weise ihres Designs und ihrer Organisation nicht wirklich zu deren Verarbeitung oder Durcharbeitung beitragen. Es gab psychoanalytische, inhaltlich auf den Holocaust bezogene Vorlesungen im Plenum und kleine Diskussions-Gruppen, in denen die aufgebrochenen Gefühle kanalisiert werden sollten. Aber mit diesem Stoff konnte man nicht arbeiten, da der Auftrag unklar war und es damit an einer einheitlichen übergreifenden Aufgabenstellung (Primary Task) fehlte. Dennoch stellte diese Konferenz in vielerlei Hinsicht einen genuinen »ersten« Versuch dar, der zur Fortsetzung dieser Arbeit ermutigte.

Ungefähr zur selben Zeit entstanden Verbindungen zwischen dem von Albert Solnit geleiteten Freud Center und der von Helmut Thomae angeführten psychoanalytischen Ulmer Forschungsgruppe. Dies wiederum führte zu einer Kooperation zwischen Horst Kächele aus Ulm und H. Shmuel Erlich aus Jerusalem, die zu gegenseitigen Besuchen und zu einer Einladung an H. Shmuel Erlich und Mira Erlich-Ginor führte, an den Ulmer Psychoanalytischen »Ski-Seminaren« teilzunehmen. In den drei Jahren, in denen H. Shmuel Erlich und Mira Erlich-Ginor an diesen Seminaren teilnahmen, bestand insbesondere in den Pausenzeiten zwischen den Sitzungen ein beträchtlicher Druck, zwischenmenschliche und sehr persönliche Erfahrungen auszutauschen. Überaus deutlich wurde das drängende Bedürfnis der deutschen Kollegen, die Gegenwart dieses israelisch-jüdischen Paares »zu benutzen«, um sich von Gefühlen zu entlasten, über die sie nie mit anderen, noch nicht einmal in ihren persönlichen Analysen, hatten sprechen können. In der Tat kam eine unausgesprochene Kollusion unter deutschen Analytikern an die Oberfläche, weder in Lehranalysen oder klinischen Fallvorstellungen, noch in der Familiengeschichte an die Jahre des Krieges und der Verfolgung zu rühren.

Die Lehre aus diesen schwierigen Erfahrungen war, dass deutsche Kollegen die konkrete Anwesenheit ihrer jüdisch-israelischen Partner dringend benötigten, um in der Lage zu sein, mit der Durcharbeitung ihrer schwierigen, mit dem Holocaust zusammenhängenden persönlichen und beruflichen Bürde zu beginnen. H. Shmuel Erlich und Mira Erlich-Ginor waren sich sicher, dass ein entsprechendes Bedürfnis auch auf der israelisch-jüdischen Seite bestand. Da beide Gründungsmitglieder von OFEK waren und viel Erfahrung in den Tavistock-Gruppenbeziehungskonferenzen in Israel und andernorts hatten, richteten sie ihr Augenmerk auf diese Methode, welche der angemessenste und gangbarste Weg zu sein schien, diese hochgradig belasteten Themen sowohl mit Deutschen wie mit Israelis anzugehen und zu bearbeiten.

Es gab sehr viele Gründe, diesen Weg einzuschlagen. Diese spezielle Methodik der Gruppen-Beziehungen ist psychoanalytisch ausgerichtet und benutzt Konzepte und Phänomene wie Übertragung, Projektion und Spaltung. Es war anzunehmen, dass hiermit der Zugang zu diesen Themen für die Psychoanalytiker, die zunächst die einzige Zielgruppe waren, erleichtert würde. Darüber hinaus stellte die Struktur dieser Konferenz starke und eindeutige Grenzen zur Verfügung, die eine Hilfe darstellen könnten, die zu erwartenden entfesselten destruktiven Fantasien und mächtigen Emotionen aufzunehmen und deren Bearbeitung in einem schützenden Rahmen zu ermöglichen. Im Unterschied zu anderen gruppendynamischen Verfahren liegt der Schwerpunkt hier jedoch nicht auf einer »emotionalen Erfahrung« kathartischer Natur oder darin, Nähe und Intimität zu schaffen, sondern auf dem *Lernen durch eigene Erfahrung*. Es hatte schon Bemühungen zwischen Deutschen und Israelis gegeben, in denen die Betonung auf Verstehen und daraus folgend auf Vergebung und Versöhnung lag. Im Gegensatz dazu verschafft die Gruppenbeziehungsmethode ein sicheres Setting, in dem alles, was die Mitglieder auszudrücken wünschen, hochkommen kann. Das Ziel ist, die unbewussten Dimensionen und Prozesse, Fantasien, Wünsche und Abwehrvorgänge zu deuten, um aus diesen und durch diese Erfahrungen zu lernen.

Viel Arbeit stand noch bevor, ehe die Entscheidung, die Gruppenbeziehungsmethode zu verwenden, fiel. Im Gegensatz zu ihren israelischen Partnern hatten die beteiligten Deutschen bislang keine Erfahrung mit dieser Methode. Das stellte eine gewisse Schwierigkeit in der Verständigung über grundlegende Aspekte der Ziele, der Methode und der erwarteten Ergebnisse dar. Es schien zunächst unumgänglich, dass die deutschen Kollegen sobald wie möglich solche Erfahrungen gewinnen mussten, um vollwertige Partner in der anstehenden Arbeit sein zu können. Durch den Besuch internationaler Konferenzen von OFEK und des Tavistock Institute erwarben sie dann die benötigte Erfahrung sowohl als Gruppenmitglieder wie auch als Staff.

Ein weit schwierigeres Problem stellte die Anpassung der Gruppenbeziehungsmethode an die besonderen Anforderungen und die Zusammensetzung der Teilnehmer der geplanten Konferenz dar. Diese Aufgabe wurde Dr. Eric J. Miller vom Tavistock Institute übertragen, der einstimmig gewählt worden war, diese Konferenz zu leiten. Er hatte eine aktive Rolle beim Aufbau der ersten Konferenzen von OFEK gespielt. Die Entscheidung für ihn beruhte auf der jahrelangen Erfahrung gemeinsamer Arbeit. Als weltweit eine der höchst erfahrenen Personen für eine Aufgabe dieser Art, wurde er beauftragt, ein Design zu entwickeln, das die Gruppenbeziehungsmethode in einer Konferenz anwendet, sich jedoch in zweierlei Hinsicht deutlich von den üblichen Konferenzen unterscheidet. Anstatt für alle interessierten Personen zugänglich zu sein, gab es bei dieser Konferenz von Anfang an zwei klar unterschiedene und miteinander in Konflikten verstrickte nationale Zielgruppen – Deutsche und Israelis. Und anstatt den Fokus auf Lernerfahrungen über Autorität und Leitung in Gruppen und Organisationen zu richten, hatte diese Konferenz ein ganz anderes Ziel, das zumindest auf der manifesten und formalen Ebene nichts mit solchen Themen zu tun zu haben schien und inhaltlich noch zu definieren war. Eric Miller nahm diese Aufgabe zusammen mit Kollegen aus Jerusalem und Berlin in Angriff und bildete so ein internationales Netzwerk, das schon auf die Arbeitsgruppe und die Arbeitsweise verwies, die die Konferenz tragen sollte. Seine Beschreibung, wie sich das spezifische Design und die spezifische Struktur dieser Konferenz entwickelten, findet sich im Kapitel III.

Die Entwicklung des Buches

So wie die Konferenz war auch die anfängliche Idee zu diesem Buch und seine pragmatische Umsetzung ein langer und, wie sich zeigte, unberechenbarer Weg. H. Shmuel Erlich, damals Direktor des Freud Center, hatte als erster den Plan, ein Buch herauszubringen. Er sah in diesem Projekt nicht nur einen wertvollen Beitrag zur Gruppenbeziehungsarbeit, sondern auch eine einzigartige Anwendungsmöglichkeit und ein Modell, einen psychoanalytischen Zugang zu tiefsitzenden, unversöhnlichen Formen von Hass, Vorurteilen, Gewalt und Feindschaft zu gewinnen. Hermann Beland, Rafael Moses und Eric Miller drückten sehr rasch ihre Zustimmung und Unterstützung für das Projekt aus.

Der nächste Schritt bestand nun darin, Mitglieder, die an einer oder mehreren Konferenzen teilgenommen hatten, über die geplante Publikation zu informieren und sie für die Mitarbeit zu gewinnen. Es schien von Anfang an klar, dass ein Buch, das nur aus der Perspektive der Organisatoren und des Staff geschrieben würde, wahrscheinlich didaktisch, farblos und unlebendig sein würde. Die Beiträge von Teilnehmern über ihre persönlichen Erfahrungen vor, während und nach der Konferenz sind die wirkliche Substanz dieses Buches, sozusagen sein Fleisch und Blut. Dementsprechend wurden alle früheren Teilnehmer brieflich gebeten, als Beitrag zu diesem Band etwas über ihre Erfahrungen mit der Konferenz zu schreiben. Da aber die Idee und die Planung dieses Buches noch nicht ausreichend durchdacht waren, erwiesen sich die den Teilnehmern gegebenen Anweisungen als nicht klar genug, um den Bedingungen einer Veröffentlichung zu genügen. Die Resonanz war dennoch sehr beeindruckend: Viele Teilnehmer antworteten, wobei sie sowohl englische wie deutsche Beiträge unterschiedlicher Länge schrieben und ganz verschiedenartige Aspekte beleuchteten. Sehr überraschend – aber nach editorischen Gesichtspunkten auch problematisch – war der Befund, dass fast jeder das Bedürfnis hatte, die spezielle Struktur der Konferenz zu beschreiben, d. h. die verschiedenen Events, die Rahmenbedingungen, die Aufgabenstellung etc. Das war, aufs Ganze gesehen, leider redundant.

Die Weiterführung der Arbeit von diesem Punkt an war mit vielen Hindernissen belastet. Der unerwartete Tod von Rafael Moses und Eric Miller war erschütternd. Ihrem Andenken ist dieses Buch gewidmet. Die persönliche Reaktion auf ihren Verlust brachte die Arbeit am Buch zum Erliegen. Sie wurde buchstäblich wiederbelebt, als Mira Erlich-Ginor zu den zwei verbleibenden Herausgebern stieß und die so dringend benötigte inspirierende Ermutigung und Beharrlichkeit beisteuerte. Sie entwickelte auch ein befreiendes Konzept für das Problem, wie die sehr unterschiedlichen und z. T. redundanten Beiträge der Teilnehmer produktiv zu nutzen seien. Weiterhin war ihr ein wesentlicher Ansatz zur Lösung des Problems zu verdanken, das uns seit den ersten Überlegungen zu diesem Buch umgetrieben hatte. Wie kann man dem Leser einen Eindruck von dieser Konferenz vermitteln, in der jeder seine ganz eigenen Erfahrungen macht, ohne eintönig oder übermäßig verallgemeinernd zu sein und durch Wiederholungen zu langweilen? Sie entwickelte die Idee einer *Collage von Erfahrungen*, die aus Beiträgen der Teilnehmer zusammengesetzt und um die relevanten Themen, Prozesse und Ereignisse zentriert wäre. Es gelang ihr so, die sehr persönlichen Stellungnahmen zu beleben und die Konferenzereignisse aus verschiedenen Blickwinkeln zu beleuchten, die das Bild abrunden würden und ihm durch das Nebeneinander unterschiedlicher Perspektiven und subjektiver Einstellungen größere Fülle und Tiefe verleihen könnten. Die Collage ist das Zentrum und schlagende Herz dieses Bandes.

Schließlich mussten wir einen Verlag finden, der ein Interesse daran hatte, dieses Buchprojekt auszuführen. Unsere anfänglichen Verhandlungen mit einem New Yorker Verleger standen kurz vor dem Abschluss, als das erschreckende Ereignis des 11. Septembers die Aufmerksamkeit der Öffentlichkeit auf gegenwärtige Bedrohungen verschob. In der Tat bestand eines der brennenden Probleme, auf die wir bei der Suche nach einem Verleger und auch sonst bei vielen Gelegenheiten immer wieder stießen, in der grundsätzlichen Frage nach der Bedeutung und Relevanz des Holocaust für die Gegenwart und in der Tendenz, diese Relevanz durch den Vergleich mit gegenwärtiger Gewalt und Grausamkeit und durch den Hinweis auf den gegenwärtigen Terror in vielen Teilen der Welt zu minimieren. Auf diesen wichtigen Punkt wird im Abschlusskapitel des Buches eingegangen.

Umso glücklicher und dankbarer waren wir, als unsere Arbeit vom Psychosozial-Verlag anerkannt und angenommen wurde. Die Verleger waren nicht nur damit einverstanden, das Buch auf Deutsch zu publizieren, sondern sagten auch zu, für eine simultane englischsprachige Ausgabe Sorge zu tragen. Dafür sind wir besonders dankbar. Wir glauben, dass dieser Band einer wichtigen Sache dient und nicht nur direkt Beteiligte, also Deutsche und Juden, Analytiker und mit seelischen Erkrankungen befasste Berufe betrifft, sondern in einem weiteren Sinn die ganze Menschheit.

III Design und Struktur

III.1 Die Erarbeitung des Konferenzdesigns
Eric Miller

Ich empfand es als Auszeichnung, als ich 1992 aufgefordert wurde, als Direktor einer deutsch-israelischen Gruppenkonferenz zu arbeiten. Eine kleine Gruppe von Psychoanalytikern aus beiden Ländern hatte seit einigen Jahren auf eine Begegnung dieser Art hingearbeitet. Jetzt sollte ich die Aufgabe übernehmen, diese Begegnung zu ermöglichen. Ein Privileg in der Tat, aber zugleich eine sehr schwierige Herausforderung.

Meine Qualifikation bestand in der langjährigen Erfahrung mit Gruppenbeziehungen. Kurz nach der ersten Leicester Conference, die das Tavistock Institute London entwickelt hatte, habe ich mich dieser Arbeit gewidmet, war zuerst Mitdirektor, dann seit 1969 Direktor des Group Relations Programme des Tavistock Institute. Seit Mitte der 80er Jahre habe ich bei der Entwicklung der Israel Association for the Study of Group and Organisational Processes (IASGOP; später OFEK) geholfen. OFEK begann mit ähnlichen Gruppenkonferenzen in Israel und organisierte mit Unterstützung des Tavistock Institute jährliche internationale Gruppenkonferenzen in Israel. Es waren dann auch Israelis, Gründungsmitglieder von IASGOP, die die Führungsrolle in der israelisch-deutschen Initiative übernommen hatten.

Wie vielen Lesern bekannt, bietet das »Leicester-Modell« (Rice 1965; Miller 1989) eine Reihe von Gruppenformen an, in denen die Erfahrungen mit Gruppen im Hier und Jetzt erforscht werden: die Small Study Group (SSG) mit ungefähr 10 bis 12 Mitgliedern und einem Consultant; eine Large Study Group (LSG), in der alle Konferenzmitglieder aktiv sind – durchschnittlich zwischen 40 und 75 Mitgliedern und mit 2 bis 4 Consultants; einen Intergroup Event (IG), in dem Teilnehmer sich in Gruppen aufteilen und die bewussten und unbewussten Prozesse erforschen, die sich zwischen ihnen entwickeln und einen Institutional Event (IE), der die Beziehung von Mitgliedschaft und Staff als Management erforscht, jene beiden Gruppen, die die Konferenz als Ganze konstituieren. Schließlich gibt es Gruppen, die auf die Konferenzerfahrung zurückblicken, Review Groups (RG), sowie solche, die zukunfts- und berufsbezogen sind, Application Groups (AG), und Vollversammlungen (Plenaries, P), in denen Mitglieder ihre Konferenzerfahrung durchdenken und Folgerungen für die eigenen Institutionen ziehen können. Während der ein- oder zweiwöchigen Dauer der Konferenz gibt es mehrere Sitzungen in jeder Gruppenform.

Im Juli 1992 hatten H. Shmuel Erlich wie Rafael Moses je einen vollständigen Entwurf der Tagungsbroschüre für die Konferenz ausgearbeitet, wie sie ihnen vorschwebte, und an Hermann Beland und mich zur Diskussion geschickt. Weitere Kollegen aus Israel und Deutschland wurden konsultiert. Was nun folgte, war ein intensiver, sich über mehrere Monate erstreckender Faxaustausch zwischen Berlin, Jerusalem und London. Am Ende stand eine allen gemeinsame Vorstellung des vor uns liegenden Unternehmens. Jeder lernte bei diesem Austausch.

Die Entwürfe von H. Shmuel Erlich und Rafael Moses unterschieden sich geringfügig, z. B. ob die Konferenz vier oder fünf Tage dauern sollte, enthielten jedoch keine substanziellen Differenzen. Während die eine Version für die zukünftigen Mitglieder erwartete, dass sie ein größeres »Verständnis für ihre Gefühle und Fantasien gewinnen würden, die die komplexe Beziehung von Deutschen und Juden betreffen«, sprach die andere ausdrücklicher von deren konflikthafter Beziehung. Beide Verfasser waren sich jedoch einig, dass die Konferenz nach dem oben beschriebenen Leicester-Modell stattfinden und die gleiche Abfolge verschiedener Gruppenformen und dieselbe Methodik verwenden müsste.

An dieser Stelle hatte ich Bedenken. Das Design der ersten Leicesterkonferenzen war in Theorie wie Methodik stark von der Psychoanalyse her entwickelt (z. B. M. Klein 1959) und durch Bions Arbeiten erweitert worden (1948-51, 1952, 1961). Bion hatte gezeigt, dass in einer Gruppensitzung wichtige Einsichten in primitive unbewusste Gruppenprozesse gewonnen werden können, wenn man mit Übertragungsdeutungen eine gleichsam psychoanalytische Position einnimmt. Bions Perspektive, die Gruppe als Ganzheit zu betrachten, wurde in den frühen 60ern durch die Theorie offener Systeme erweitert (Rice 1958, 1963, 1965; Miller/Rice 1967). Es entstand ein konzeptueller Rahmen, der später »Psychodynamik von Systemen« genannt wurde – ein Begriffsrahmen, der die Arbeit von Rice, mir und anderen bei der Betriebs- und Organisationsberatung bestimmt hat. Als sich Design und Methoden der Leicesterkonferenzen weiterentwickelten, erkannte Rice, dass die Betonung der Deutung von Übertragungen (auf die Consultants) sich als besonders effektiv in der Autoritätsforschung erwies. Explorierten Mitglieder ihre Gefühle und Fantasien mit den entsprechenden Projektionen auf Consultants (als Autoritätsfiguren), konnten sie einsehen, wie sie in Führungsrollen Autorität annahmen und in Gefolgschaften abgaben. Seit jener Zeit lautete der Titel der meisten Leicesterkonferenzen »Authority, Leadership and Organization«. Konferenzen, die nach diesem Modell gebildet waren, enthielten fast immer das Wort »authority« in ihrem Titel. Entsprechend wurde die Primary Task, die Hauptaufgabe der Konferenzen, gewöhnlich folgendermaßen definiert:

> »To provide opportunities to study the exercise of authority in the context of inter-personal, inter-group and institutional relations within the conference as a temporary organization.«
> (Die Konferenz gibt »Gelegenheit zur Erforschung von Autoritätsausübung innerhalb einer Organisation auf Zeit, und zwar im Kontext von Beziehungen zwischen Personen, zwischen Gruppen und in institutionellen Bezügen.«)

Meine Bedenken gegenüber den Erlich-Moses-Vorschlägen ergaben sich aus der Erwägung, dass Autoritätsforschung nicht das Hauptziel einer Deutsch-Israelischen Konferenz sein konnte, obwohl Autorität, wie beide, Erlich und Moses, sowie Beland später betonten, durchaus nicht als irrelevant angesehen werden dürfe. Z. B. könnten Autoritätsüberzeugungen und Führerkonstrukte in der deutschen Kultur wichtig im Zusammenhang mit dem Holocaust gewesen sein. Wären Ziel und Hauptaufgabe klarer definiert, könnten wir uns auf Begriffe der Psychodynamik von Systemen beziehen und zu einem passenden Design kommen. Der Rahmen wird ja in der Organisationsberatung durchaus unterschiedlich angewandt, wie auch das Group Relations Programme unterschiedliche Designs für Konferenzen mit speziellen Themen ausgearbeitet hat, z. B. für »Männer und Frauen in der Arbeitswelt«. Diese neue Konferenz muss nicht – um die Worte meiner israelischen

Kollegen zu gebrauchen – als »Tochter von Leicester« betrachtet werden, sondern eher als »Cousine von Leicester«.

Um die Primary Task klarer zu fassen, formulierte ich mehrere Fragen. Ausgehend von der Theorie offener Systeme, die mit Prozessen von Importieren, Transformieren, Exportieren operiert, lautete die erste Frage: Was ist der gewünschte Output? Ich zitiere aus meinem Faxbrief:

> »In welcher Rolle werden die Mitglieder anwenden, was sie gelernt haben? Als Individuen? Als Angehörige einer bestimmten Nation? Als Psychoanalytiker? Oder als was? Oder, um es anders zu sagen, hoffen wir primär auf persönliches Lernen oder auf professionelles Lernen? Aus den vorliegenden Formulierungen [entsprechend den Vorschlägen von Erlich und Moses] mit ihrer Betonung auf Israelis versus Deutsche, Juden versus Nichtjuden schließe ich, dass sie das Ziel der gedachten Primary Task in einer Art von Katharsis sehen, die die deutsche Schuld und Wiedergutmachung mobilisiert. Aber das wäre auch eine falsche Polarisierung [...]. Denn es gibt zum Beispiel deutsche Juden [...] und in Deutschland geborene Israelis.«

Schließlich schlug ich versuchsweise eine vorläufige Formulierung der Primary Task vor:

> »To provide opportunities for participants to explore how feelings and fantasies about ›German-ness‹ and ›Israeliness‹ influence relations within and between the two groups in the conference.«
>
> (»Den Teilnehmern sollte Gelegenheit für die Untersuchung der Frage gegeben werden, wie ihre Gefühle und Fantasien zu ›Deutschsein‹ und ›Israelischsein‹ die Beziehungen in ihrer Gruppe wie zwischen beiden Konferenzgruppen beeinflussen.«)

Diese Fassung würde m. E. »ein weitergehendes Untersuchungsziel formulieren und sich stärker auf die individuellen Mitglieder in ihren Rollen als Bürger ihres Landes und als Analytiker beziehen. Wäre das unser Ziel, könnten die Mitglieder die Konferenz mit Lernergebnissen und Konzeptualisierungen verlassen.« Die Antwort aus Jerusalem war konstruktiv:

> »Nach unserer Auffassung kommt es in erster Linie an auf persönliches Lernen aus Erfahrung und danach erst auf das Berufliche. Den deutsch-jüdischen Gegensatz gibt es, das Ziel sollte aber nicht kurzschlüssig eine Mobilisierung von Schuld, Wiedergutmachung und kathartischer Erschütterung sein. Die Konferenzerfah-

rung wird hoffentlich bei allen Mitgliedern zu einer offeneren und viel stärker aufgefächerten Erfahrung und dem Lernen daraus beitragen. Zugegebenermaßen wird es schwierig werden, aber das ist die Herausforderung dieser besonderen Konferenz.«

Diese Definition der Primary Task wurde akzeptiert. Nach Überlegung schlugen Moses wie Erlich als dritte, zusätzliche Identität »Jüdischsein« vor. Beides wurde von Beland bekräftigt.

Als nächstes begann die Diskussion des Konferenzdesigns. Meine Grundidee war, dass das Design die nationalen Differenzen wie auch die gemeinsame Berufsidentität als Psychoanalytiker berücksichtigen müsse. Um diese gemeinsame Identität zu stärken, sollte es meiner Vorstellung nach ein bestimmtes Maß an konzeptueller Arbeit geben. Das Konzeptuelle würde auch ein Gegengewicht zu dem starken Sog der Täter-Opfer-Dynamik bilden, etwas, worüber Beland in seiner Antwort auf die ursprünglichen Vorschläge aus Jerusalem nachgedacht hatte. Ich hatte gleichzeitig mit der ersten Formulierung der Primary Task ein paar tastende Ideen zu den Gruppenformen erwogen, die ich in meinem Fax Ende September genauer fasste. Zunächst wiederholte ich:

»Insoweit ›Autorität‹ untersucht wurde, drückte die Übertragung auf den Staff die Sache selbst direkt aus. Im Gegensatz dazu müssen wir jetzt untersuchen, wie die Teilnehmer in ihrer Bemühung, sich in der jüdischen Frage aufeinander zu beziehen, den Staff als Consultants wie als Management gebrauchen. Konsequenterweise wird der Kontext der Primary Task den Charakter der Gruppenereignisse verändern, auch wenn sie dieselben Namen wie in Leicester tragen.«

Entsprechend habe ich dann meine Vorschläge spezifiziert: Small Study Groups (SSG) würden gemischte Nationalitäten haben. Bei sechs Sitzungen würde jede Gruppe in drei Sitzungen Erfahrungen mit einem deutschen und in drei Sitzungen mit einem israelischen Consultant machen. (Die Frage der Staffzusammensetzung wird später behandelt.)

Large Study Groups (LSG): Während Erlich wie Moses die Einbeziehung dieser Gruppenform vorgeschlagen hatten (und auch später weiterhin dafür plädierten), war ich anderer Meinung: »Bei dieser zweigeteilten Mitgliedschaft und bei dieser Aufgabe kann ich keinen Platz für eine LSG sehen.« Das war das rationale Argument, ich war jedoch auch ernsthaft besorgt. Eine Großgruppe ist notorisch eruptiv, sei es in einer Gruppenkonferenz oder im »wirklichen Leben«, und ich sah ernsthafte und riskante Containmentprobleme voraus. Stattdessen war ich für eine größere Zahl von Vollversammlungen (Plenaries, P), die Mitgliedern wie Staff wiederholt Gelegenheit zur Reflexion über den laufenden Stand der Konferenz als Institution sowie über die Stellung zu ihr geben würden.

Als Alternative zu IG/IE Gruppen schlug ich einen System Event (SE) vor, der explizit dazu bestimmt wäre, Beziehungen und Bezogenheit zu untersuchen
a)   innerhalb und zwischen den nationalen Untergruppen und
b)   zwischen ihnen und dem Staff als Management.

(»Bezogenheit« meint die Gefühle und Fantasien gegenüber der eigenen wie gegenüber der anderen Gruppe, soweit sie miteinander interagieren oder nicht.) Der System Event würde in getrennten Nationalitätsgruppen beginnen.

Review Groups (RG) und Application Groups (AG) würden sich aus ungefähr sechs Mitgliedern derselben Nationalität zusammensetzen (bei beiden Gruppen, RG und AG, gleich) und die AGs würden auf die externen Rollen als Analytiker zentriert sein. Ich entwarf einen vorläufigen Zeitplan, der diese Vorschläge realisierte.

Die Dreiwegedebatte ging weiter. Weder Berlin noch Jerusalem mochten die Idee, bei den SSGs die Consultants zu wechseln. Um Moses zu zitieren: »Obwohl wir den Nutzen sehen, wenn verschiedene Übertragungen auf verschiedene Consultants untersucht werden können, sind wir einhellig der Meinung, dass damit Elemente von Instabilität und Ruhelosigkeit eingeführt würden, die wir gerne vermeiden möchten.«

Meine Containmentängste bedenkend willigte ich nur zu gerne ein. Die getrennten Eröffnungen des System Event wurden von Moses gebilligt, von Beland jedoch infrage gestellt. Die Erfahrung, die er in seiner psychoanalytischen Institution gemacht hatte, war die, dass »wir in Veranstaltungen, die explizit der Erforschung der eigenen deutschen Vergangenheit dienten, die Gegenwart unserer israelischen oder jüdischen Kollegen brauchten, um die eigenen Anteile seelischer Realität fühlen zu können, die mit dem Holocaust zusammenhängen.«

Er nahm an, dasselbe würde für die jüdischen Kollegen gelten. Das war ein wichtiger Punkt. Tatsächlich war die Anerkennung der Tatsache, dass jeder den anderen brauchte, die ursprüngliche Idee dieser Konferenz. Ich war jedoch nicht überzeugt, dass dies ein Argument gegen den getrennten Beginn des System Event wäre.

Ebenso wurden meine Vorschläge infrage gestellt, die Review Groups und die Application Groups aus Teilnehmern derselben Nationalität zu bilden. Moses dachte an gemischte Nationalitäten bei beiden Gruppenformen, Beland bei den RGs. Nach meinem provisorischen Programm sollte die Konferenz mit einem Plenary, gefolgt von einer Application Group, enden. Beland schlug vor, sie in eine Review Group umzuwandeln, »deren Zweck sein müsste, das Abschlussplenum zu verstehen. Ich halte es für möglich, dass die Gesamtkonferenz während des Abschlussplenums zu einer Art Lösung gelangt. Ein derartiges Ergebnis am Ende verlangt nach Reflexion und bewusstem Begreifen.« Meine Antwort möchte ich ungekürzt zitieren:

»Ich möchte an den Anfang stellen, wie wichtig ich die immer wieder gemachte Entdeckung finde, dass man, um sich der tieferen Schichten der eigenen Realität bewusst zu werden, unbedingt den anderen braucht. Wir alle, glaube ich, wollen gerne, dass unsere Konferenzmitglieder am Ende der Woche mit neuen Selbsterkenntnissen nach Hause fahren, die sich auf Arbeits- und Privatbeziehungen in Deutschland und Israel auswirken. Mein Design war ein Versuch, den Vorgang von Zusammenkommen und »nach Hause Gehen« mehrmals in der Konferenz zu wiederholen. Das ist der Grund für die Einzelnation in den Review und Application Groups. Wenn die Teilnehmer nach dem Eröffnungsplenum und drei Small Study Groups, in denen sie sich mit den anderen bereits ausgetauscht haben, am Morgen des zweiten Tages in ihre erste Review Group gehen, werden sie sich vor allem mit der Frage beschäftigen: Wie fühlt sich jetzt meine deutsche/israelische Identität an?

Nach meiner Voraussage wird es eine Neigung nationaler Zweier- und Dreiergruppen geben, informell zusammenzukommen. Diese Dynamik ist ein Teil der Konferenzarbeit, und ich möchte sie als solche anerkannt sehen.

Den System Event betrachte ich als zweiten Konferenzbeginn. Die Teilnehmer sind in getrennten Nationalitäten, mit komplexen Motiven und unterschiedlichen Erwartungen zur Konferenz gekommen. Wir, der Staff, haben sie dann im Eröffnungsplenum und in Small Study Groups zusammengebracht. In der Eröffnung des System Event fangen die Teilnehmer in getrennten Gruppen von Neuem an, diesmal jedoch, auch wenn einige Staffmitglieder als Consultants zur Verfügung stehen, in eigener Verantwortung. Sie müssen selber entscheiden, ob und wie sie zu dem »anderen« Verbindung aufnehmen und in Beziehung treten.

Wahrscheinlich wird dies eine bedeutende Lernerfahrung werden. Von Neuem wird sich die Frage aufdrängen (und bereits eine etwas andere Antwort erhalten), weshalb die Teilnehmer zur Konferenz gekommen sind. Sie merken, wie ambivalent und z.T. noch nicht verständlich die Gefühlsreaktionen der letzten 24 Stunden gewesen sind; dass sie mit den fremden anderen zusammenkommen wollen und diesen anderen trotzdem nicht in sich selbst antreffen möchten. Die Begegnungen werden von nun an, so erwarte ich, eine neue Qualität bekommen. Dies ist auch der Grund, weshalb ich die Mitglieder im System Event nicht von ihrer Verantwortung entlasten will: Sie brauchen die neuen Erfahrungen, die sie in eigener Initiative und Verantwortung gemacht haben, um daraus zu lernen.

Als Management des System Event wird es die Aufgabe des Staff sein (neben der Arbeit als Consultants), die Vorgänge im gesamten System zu interpretieren. Eine wichtige Datenquelle wird die Dynamik innerhalb der Staffgruppe selbst sein.

In den beiden letzten Tagen nach dem System Event gibt es noch einmal gemischte Small Study Groups und Plenaries, die durch RGs/AGs in nur einer Nationalität unterbrochen werden. Hermann könnte mit seiner Annahme Recht bekommen, dass die Gesamtkonferenz im Abschlussplenum zu einer Art Lösung des Problems kommt. Ich habe allerdings den Verdacht, dass dieser Gedanke auf einen unbewussten Wunsch zielt, der viele Mitglieder gedrängt haben mag, an der Konferenz teilzunehmen, der Wunsch nach einer ›Endlösung‹ – Deutsche wie Israelis möchten den verinnerlichten anderen loswerden.

Ich hoffe, dass dieses Design eher zu einem Lernprozess führt, der schrittweise und kontinuierlich vorankommt (mit Rückschritten und Fortschritten), als zu einer Resolution oder einer Offenbarung. Die Teilnehmer dürfen die Erfahrung nicht hinter sich lassen, sie muss in ihnen weiterleben.«

Mein eigenes Denken klärte sich mit diesem Brief, und meinen Kollegen ging es ebenso. Ich zitiere aus Belands Antwort:

»Auch für die Interpretation meiner Hoffnung auf eine Lösung möchte ich Ihnen danken. Jener Wunsch, den verinnerlichten anderen loswerden zu wollen, existiert und hat tiefe Wurzeln. Es ist der negative Kern der ganzen Sache und ist es durch die ganze Geschichte gewesen. Würde diese Interpretation für viele Mitglieder der Gruppe zu einer Einsicht aus Erfahrung, durch die Konferenz gewonnen, dann würde ich diese Einsicht als eines der erhofften Konferenzergebnisse begrüßen. Jetzt haben Sie sie an den Anfang der Konferenz gestellt und ich bemerke von Neuem, dass die Konferenz bereits begonnen hat.«

Das war ein weiser Kommentar. Wir haben in dieser Planungsphase wie eine Mini-Staffgruppe mit vorgestellten Teilnehmern gearbeitet. Es war ein wichtiger Lernprozess.

Das Konferenzdesign (s. u.) war ein von allen gebilligtes Ergebnis. Ebenso einigten wir uns auf den Titel der Konferenz: »Germans and Israelis – The Past in the Present. A Working Conference for Psychoanalysts.« Zur Diskussion über das Design gehörten Entscheidungen über Zeit und Ort der Konferenz und die Zusammensetzung des Staff.

Letzteres erwies sich für den Konferenzablauf als ein wichtiges Element. Meine Qualifikation für die Leitung der Konferenz bestand, wie erwähnt, in der reichen Erfahrung mit Group Relations. Eine zweite, weniger offensichtliche Qualifikation bestand darin, dass ich nicht deutsch, nicht jüdisch und kein Psychoanalytiker war. In der Polarisierung von Deutschen und Israelis verkörperte ich etwas Drittes, einen »anderen«. (Außerdem verkörperte ich als Brite historisch gesehen den Feind beider, der Staatsbildung Israels während der britischen Okkupation Palästinas und Deutschlands in beiden Weltkriegen.) Die Rolle eines »Dritten« war meiner Meinung nach wichtig: Sie gewährt ein gewisses Maß an Distanz, die wiederum meine Arbeit als ausreichend guter Container der Mitglieder unterstützen würde, damit jene an ihren schwierigen Inhalten arbeiten könnten und sie nicht ausagieren müssten. Ich wollte allerdings in dieser Funktion nicht alleine sein. Entsprechend haben wir Kathleen Pogue White, eine schwarze amerikanische Psychoanalytikerin aus New York, berufen, als stellvertretende Direktorin zu fungieren, und baten als weitere britische Consultant Evelyn Cleavely in den Staff. Die Gegenwart von Deutschen wie von Israelis als Consultants im Staff war ideal und nach meinem Wunsch. Die Staffgruppe würde in dieser Zusammensetzung die Arbeit der Teilnehmer widerspiegeln und sich selber mit einigen der Themen beschäftigen wollen, an denen jene sich abmühen. Glücklicherweise konnten wir einen solchen Staff bilden. Schlussendlich bestand der Staff aus vier Israelis (zu denen Jona Rosenfeld als Administrator gehörte, der, sehr erfahren in der Group Relations Arbeit, auch als Consultant in einer RG/AG arbeitete), aus drei Deutschen und drei »Weder-Noch«. Sie alle erhielten Kopien des Faxaustausches, damit sie mit uns wären in der »Konferenz, die bereits begonnen hatte«.

Ein Jahr nach der ersten Konferenz konnten sich die meisten Staffmitglieder in London treffen, um die Konferenzerfahrungen zu diskutieren. Es gab zwar einige Fragen zum Design, aber schließlich einigte man sich darauf, für Nazareth II weder etwas am Design noch an der Staffbildung zu ändern. Die Zahl der Anmeldungen für Nazareth II rechtfertigte dann den großen Staff nicht, sodass die drei Untergruppen des Staff um je ein Mitglied reduziert wurden.

Die Evaluierung einer Konferenz muss weitgehend subjektiv ausfallen. Hat sich der Gang der Konferenz von Ereignis zu Ereignis echt angefühlt? Ermöglichte sie es den Teilnehmern, sich wirklich auf die Primary Task einzulassen? Haben sie aus ihren Erfahrungen gelernt? In den weiteren Beiträgen dieses

Buches werden sich einige Antworten auf diese Fragen finden. Eine weitere Frage ist: Hat der Staff gelernt? Frage ich mich, heißt die Antwort: Ja, ganz sicher.
März 1997
The Tavistock Institute

Provisorisches Programm

P = Plenary, OP = Opening P, CP = Closing P
SE = System Event
SSG = Small Study Group
RG = Review Group
AG = Application Group

	TAG 1	TAG 2	TAG 3	TAG 4	TAG 5	TAG 6
9.00-10.30		SSG	SSG	SSG	SSG	CP
10.30	KAFFEE					
11.00-12.30		RG	SE	SE	RG	AG
13.00	ESSEN					
14.30-16.00	OP	SE OP 15.00-16.00	-------	SE	AG	
16.00	KAFFEE					
16.30-18.00	SSG	SE	SE	SE	SE CP	
18.30-20.00	ESSEN					
20.00-21.30	SSG	SE	SE	-------	AG	

Tabelle: Konferenzdesign

III.2 Ergänzende Anmerkungen zum Design und zur Struktur

H. Shmuel Erlich

Die deutsch-israelische Konferenz war eine in doppelter Hinsicht schwierige Herausforderung: das Design der Konferenz sollte auf zwei sich klar unterscheidende nationale Gruppen, anstelle der sonst üblichen offenen und gemischten Zusammensetzung der Teilnehmer, zugeschnitten sein. Noch schwerer wog, dass die beiden angesprochenen Gruppen im verheerendsten und härtesten asymmetrischen Konflikt des 20. Jahrhunderts miteinander verstrickt waren. Eine zum Opfer gemachte, unter Verfolgung und Vernichtung leidende Gruppe mit einer Gruppe zusammenzusetzen, die als Täter die Last der Verantwortung dieser Leiden trägt, war eine ungeheuer schwierige Aufgabe und erforderte alles, was das Tavistock Group Relations Model zu leisten in der Lage ist.

Eric Miller ist es zweifellos gelungen, diese Aufgabe in beeindruckender Weise auf den Weg zu bringen. Seine Bearbeitung der Struktur und des Designs der Konferenz ist außerordentlich klug und stellt eine meisterliche Handhabung der Gruppenbeziehungstheorie und -technik dar, der sie darüber hinaus Erfahrungen mit einer neuen und äußerst ungewöhnlichen Situation hinzufügte.

Der beste Beweis für die Stärke und Lebensfähigkeit der von Eric Miller geschaffenen Struktur und seines Designs ist, dass diese sich tatsächlich sehr gut in die Arbeit umsetzen ließen und zwar bei allen drei aufeinanderfolgenden Konferenzen – den beiden ersten in Nazareth, Israel, und der dritten in Bad Segeberg, Deutschland. Und doch gab es gewisse Schwachstellen und Mängel im Design, die mit der Zeit nach Korrektur und Änderung verlangten.

Die strittigste und am meisten kontrovers diskutierte Frage drehte sich um die Plenarsitzungen (Plenaries). Eine der wichtigsten Abweichungen von der üblichen oder typischen Gruppenbeziehungsstruktur war in Eric Millers Design die Entscheidung, in dieser Konferenz auf Großgruppen-Sitzungen (Large Study Groups) zu verzichten. Diese Wahl war von ihm mit Vorbedacht getroffen worden und gründete in der Angst und Besorgnis vor der potenziellen Sprengkraft der Begegnung der zwei nationalen Gruppen – Deutsche und Israelis. Trotz aller Vorsichtsmaßnahmen – wie z. B. nur Psychoanalytiker anzusprechen und die Teilnahme zunächst auf diese zu begrenzen, in der

Annahme, sie seien besser in der Lage die schwierigen eventuell ausgelösten Emotionen zu containen – wurden die durch die anstehende Begegnung ausgelösten Ängste und Befürchtungen nicht abgemildert. Das galt ganz entschieden für alle, die mit dem Projekt bereits vor dem tatsächlichen Beginn der Konferenz befasst waren. Aber die Ängste und destruktiven Fantasien legten sich auch bei der dritten Konferenz nicht. Eine eindrückliche Illustration dieser wuchernden Fantasien stammt aus der Konferenz, die in Deutschland stattfand. Die weibliche deutsche Konferenz-Administratorin bot ihrem israelischen (in Deutschland geborenen und deutsch sprechenden) Co-Administrator an, ihn in die Stadt zu begleiten, um ihn vor potenziellen Angriffen und Unannehmlichkeiten »zu schützen«.

Diese überbordenden Ängste und Fantasien hatten einen starken Einfluss auf das Design und die Struktur der Konferenz und führten zu der Entscheidung, im Rahmen dieser Konferenz auf Großgruppen zu verzichten. Da die Dynamik einer Großgruppe außerordentlich unbeständig und nicht vorhersehbar ist, schien es ratsam, dieses sonst übliche Konferenz-Element unter allen Umständen zu vermeiden. Stattdessen sah das Design fünf Plenarsitzungen vor, die sich über die Dauer der ganzen Konferenz erstrecken: jeweils eine zur Eröffnung und zur Beendigung und drei zusätzliche innerhalb der Konferenzdauer verteilte Plenarsitzungen.

In vielerlei Hinsicht unterscheidet sich die Struktur der Plenarsitzungen deutlich von der der Großgruppen (Large Study Groups). An der Großgruppe nehmen alle Mitglieder teil, aber nur einige wenige (üblicherweise drei bis vier) Mitglieder des Staff sind als Consultants anwesend. Sie vertreten hier nicht die Rolle des Konferenz-Managements (wenngleich die Mitglieder natürlich immer wieder versuchen, die anwesenden Staffmitglieder dazu zu bringen, eine Management-Rolle einzunehmen). Das Sitz-Arrangement spiegelt das wieder: die Anordnung der Sitze der Teilnehmer ist spiralförmig und die Consultants nehmen unter den Mitgliedern Platz. In der Plenarsitzung dagegen sind alle Mitglieder wie auch der gesamte Staff anwesend und die Sitzordnung ist viel strukturierter und formeller: der Staff sitzt als deutlich unterschiedene und abgegrenzte Gruppe den Mitgliedern, die in Reihen sitzen, gegenüber. Außerdem ist die Rolle des Staff in der Plenarsitzung nicht so klar definiert: die Mitglieder sprechen als Individuen, aber in ihrer Staff-Rolle. Typischerweise führt das zu einer interaktiveren und nicht so sehr beratend interpretierenden Haltung und Atmosphäre.

Eric Miller befürwortete deutlich Plenarsitzungen anstelle der Großgruppen-Sitzungen. Diese Entscheidung mag in der initialen Phase klug und hilfreich gewesen sein, um die Ängste über die zu erwartenden explosiven Vorgänge aufzunehmen und zu kontrollieren, sie erwies sich jedoch in der weiteren Entwicklung des Prozesses als zunehmend problematisch. Die Mitglieder der Plenarsitzungen verhielten und äußerten sich, als ob sie in einer Großgruppe wären, und das machte es für den Staff erheblich schwieriger, eine klare Rolle einzunehmen. Das Oszillieren zwischen einer interaktiven und einer mehr reflektierenden Haltung des Staff brachte eine gewisse Unklarheit in seine Arbeit. Noch wichtiger war, dass die defensive Haltung, die dieser strategischen Wahl zugrunde lag, überhaupt nicht zur Linderung der Ängste und der Konfusion beitrug, sondern sie möglicherweise noch verstärkt hat. Wie bei jedem Abwehrmanöver schien es eher noch einen Anteil zu den vorhandenen Ängsten hinzuzufügen, und sie damit noch anzufachen und zu verstärken.

Der Beweis lag auch dieses Mal in dem schließlich unternommenen Schritt und seinen Konsequenzen: Von der dritten Konferenz an wurden die Plenarsitzungen auf je eine zur Eröffnung und zur Beendigung reduziert, und dafür wurde eine Großgruppe (Large Study Group) eingeführt, die die Arbeit der Konferenz erheblich verbesserte, ohne ungünstige Auswirkungen zu haben. Man muss in diesem Zusammenhang jedoch daran erinnern, dass von der ersten bis zur fünften Konferenz eine bemerkenswerte Entwicklung stattgefunden hatte. Jede Konferenz baute auf der vorangehenden auf und erweiterte sie. Es ist in der Tat schwierig, die Ängste, die vor der ersten Konferenz herrschten, mit der relativ größeren Sicherheit und Selbstgewissheit, die sich später entwickelte, zu vergleichen und zu beurteilen.

Eine andere mit dem ursprünglichen Design der Konferenz verknüpfte Vorgabe war das Konzept zweier klar abgrenzbarer nationaler Gruppen. Dieses Konzept lag wie eine Grundannahme einem großen Teil des Denkens und Planens im Vorfeld der Konferenz zugrunde. Sobald die Konferenz dann jedoch in Gang kam, wurde schnell offenbar, dass es sich doch um eine Vorannahme oder Fantasie seitens der Planer gehandelt hatte. Zwar ließen sich die Mehrzahl der Mitglieder den klar definierten Kategorien – Deutsche oder Israelis – zuordnen, aber ebenso deutlich wurde, dass es einzelne gab, die diesen Definitionen nicht so eindeutig entsprachen und mit ihrer Anwesenheit die einfache Zweiteilung der Welt infrage stellten. So gab es zum Beispiel unter den Teilnehmern in Deutschland lebende Juden mit einer sehr komplexen Identität, und es gab Personen mit mehreren europäischen Staatsbürgerschaften und mehreren primären Identitäten. Andere wiederum waren Nachkommen aus Mischehen usw. Auch in der Gruppe der Deutschen gab es in vielerlei Hinsicht nicht die vermutete Homogenität (auch nicht im Hinblick auf ihre psychoanalytische Identität und Zugehörigkeit), wie auch die Israelis eine gemischte und variationsreiche Gruppe waren. Die Primary Task der Konferenz war auf Gefühle und Fantasien zu »Deutschsein« und »Israelisch-/Jüdischsein« konzentriert, und natürlich konnten solche Fantasien ungeachtet einer klar definierten Identität auftreten und weiter verfolgt werden. Dennoch war die tatsächlich vorhandene Komplexität innerhalb der Mitgliedschaft eine ungeheure Herausforderung für die ursprünglich dem Konferenzdesign zugrunde liegende Zweiteilung.

IV   Die Konferenzerfahrung
Mira Erlich-Ginor

IV.1   Die Konferenzerfahrung als Collage – Ein Konzept und seine Probleme – Eine Einführung

Einige Zeit nach der ersten Nazarethkonferenz 1994 entwickelte sich die Idee, ein Buch über die Deutsch-Israelischen Konferenzen zu veröffentlichen. Über diese Art von Gruppenkonferenzen ein Buch zu schreiben, ist ganz unüblich, ja, eigentlich kontraindiziert: Die Konferenzen sind ihrem Wesen nach ein Ereignis im »Hier und Jetzt«, die Erfahrungen sind überwiegend subjektiv und der Lernerfolg bleibt dem individuellen Interesse überlassen. Was also unterscheidet die Nazarethkonferenzen von anderen Gruppenkonferenzen? Wir waren der Meinung, dass der Gesamtprozess, beginnend mit den strukturierenden Vorüberlegungen, durch die verschiedenen Realisierungen hindurch, die zu der ersten und schließlich zu weiteren Konferenzen führten, in sich eine Botschaft enthielt, die über die Individuen hinausging, die die Konferenzen initiierten oder daran teilnahmen. Diese Botschaft enthält eine Lektion, die einer viel größeren Gemeinschaft bekannt werden und von ihr aufgenommen werden sollte.

Jede Konferenz ist eine einzigartige, in sich bestehende Größe, die ihre Vergangenheit, ihre Gegenwart und eine eigene Zukunft hat.

Es gibt keine »offizielle« Geschichte einer Konferenz, keine »richtige« Version dessen, was geschah. Es gibt so viele Konferenzerzählungen wie die Zahl der Konferenzteilnehmer groß ist. Dies beherzigend, haben wir uns entschieden, die Teilnehmer zu bitten, ihre unterschiedlichen Erfahrungen für ein zukünftiges Buch aufzuschreiben. Viele von ihnen haben das gemacht. Einige Beiträge gehören zu Vorträgen, die von Teilnehmern, vor allem in Deutschland, für ihre Fachgesellschaften gehalten wurden. Andere Beiträge wurden speziell für dieses Buch geschrieben. Manchmal haben mehrere Teilnehmer über dasselbe Ereignis berichtet und unterschiedliche, sich ergänzende oder auch entgegengesetzte Auffassungen wiedergegeben. Der Überzeugung folgend, dass es keine »wahre« Geschichte gibt, habe ich so viele Berichte wie möglich von demselben Ereignis zusammengestellt. Der Leser fühle sich eingeladen, nicht eine bevorzugte Version auszuwählen, sondern die Komplexität dessen zu bedenken, was eine Erfahrung ausmacht: Wie Bedeutung generiert wird aus dem Rohmaterial von Information, Projektionen, vergangenen Erfahrungen wie dem gegenwärtigen psychischen Zustand.

Autorschaft

Wessen Buch ist dies nun? Wir sehen es als unser Buch an, wobei wir alle Teilnehmer der Konferenzen sind, Mitglieder wie Staff, Deutsche wie Israelis. Das Buch reflektiert die Konferenzen als kollektive Erfahrung. Auf der Basis dieses Verständnisses haben die Teilnehmer ihre Erfahrungen zusammengetragen und die Herausgeber autorisiert, eine »Collage« zu bilden.

Es hat mehrere Jahre und drei weitere Konferenzen gebraucht, bis das Buch zur Veröffentlichung fertig geworden war. Für lange Zeit war nicht klar, wie wir dem Reichtum an Material, das wir bekommen hatten, gerecht werden könnten. Es gab auch viele Wiederholungen desselben, denn jeder Schreiber wollte das ganze Unternehmen im Zusammenhang darstellen. Eine Auswahl aus den Materialien zusammenzustellen, war durch die Idee einer Collage möglich geworden: Lieber additiv als wiederholend, sogar interaktiv konnte das Ziel einer lebendigen Gesamtdarstellung in der breitest möglichen Form realisiert werden.

Schneidearbeit und das Zusammenfügen der Beiträge ist ein interpretierender Akt: Das Material erhält durch Auswahl und Gegenüberstellung eine neue Bedeutung. Diese Bedeutung ist subjektiv und persönlich: Keine zwei Leute hätten dieselbe Collage hergestellt. Die Belastung für den Interpreten war enorm. Wenn aus einem Ganzen etwas herausgeschnitten wird, geschieht dem jeweiligen Verfasser unausweichlich einiges Unrecht. Ich fand Rückhalt und tröstete mich manchmal mit dem Wissen, dass das Ganze ein gemeinsames Unternehmen ist. Ich wusste mich von meinen Mitherausgebern und vor allem von den Verfassern autorisiert, diese Arbeit für uns alle zu leisten. Als ich sie machte, war mir die Sensibilität des Materials wie die Kostbarkeit des geschriebenen Wortes ausgesprochen bewusst.

Die Vorstellung einer Collage spiegelt die Arbeit der Konferenzen wieder: Es geht um die Bedeutung dessen, was sich durch die Haut der vielen Erfahrungen hindurch andeutet. Bedeutung muss generiert und entziffert werden. Jede Person trägt in Worten, Bildern, Handlungen, Gefühlen reaktiv etwas Persönliches bei, das weitere Reaktionen hervorruft, die wiederum Reaktionen hervorrufen. Sie mögen für dieses Individuum bedeutsam werden oder nicht. Aber dies ist der Weg, auf und mit dem sich die Konferenz entfaltet und entwickelt.

Jeder Beitrag enthält mehrfach gestaltete Bedeutungen, die je für den Betrachter und bezogen auf den Fokus in einem bestimmten Augenblick wichtig sind.

Jeder Beitrag trägt einen Namen

Es war nicht von vorneherein klar, wie die Namen der Verfasser erwähnt würden. Eine Möglichkeit wäre gewesen, die Beiträge ohne Namen zu lassen und die Namen an einem extra Platz zu sammeln. Eine andere war, jeden Beitrag von seinem Autor unterschreiben zu lassen. Eine hitzige Debatte entwickelte sich auf der Internetseite der German-Israeli-Conferences (GIC Open Forum). Hier sind einige Auszüge.

***

»Etwas zögernd denke ich, dass eine Collage eine gute Idee wäre. Wir alle haben unsere persönlichen Eindrücke, Gefühle und Gedanken zu den Konferenzen. Eine Collage könnte der beste Weg zu einer viele Sichtweisen umfassenden Darstellung sein.

Die Teilnehmerbeiträge sollen auf persönliche Erfahrungen beschränkt werden und die Herausgeber sollen das Recht zur Auswahl und Kürzung haben. Das wäre okay so und sollte im Kontakt mit den Verfassern geschehen, die die Verantwortung für ihre persönliche Erfahrungsmitteilung behalten.

Ein Problem liegt jedoch in der erwogenen Anonymität der Teilnehmerbeiträge. Sie bedeutet soviel wie deren Ent-Individualisierung. Das Ganze sollte eine Collage verschiedener Stimmen werden. Wir sollten jeder mit eigener Sprache und im eigenen Namen sprechen.

Vor vier Wochen schrieb ich den Herausgebern meinen Vorschlag. Ich sagte ihnen, dass ich unter der Anonymitätsbedingung nicht teilnehmen könne. Ich hoffe, dass die Frage weiterhin offen zur Diskussion steht, und halte das Open Forum in der Internetseite der Deutsch-Israelischen Konferenzen für den geeigneten Ort« (Carl Nedelmann).

***

»Nach der Teilnahme an der Konferenz war für mich das Wichtigste, meine Erfahrungen aufzuschreiben und darüber einen Vortrag zu halten. Dieses Durcharbeiten war ein wichtiger Prozess – vielleicht kann ich jetzt danach auch mit einer gewissen Anonymität zurechtkommen« (Thea Wittmann).

***

»Die Idee der Collage ist ein kreativer Weg hin zu einem umfassend verständlichen Gesamtbild – in Wörtern. Die Aufgabe der Herausgeber ist enorm schwierig, auch ohne das ›No-Names-Problem‹. Ich schätze die Mühe der Herausgeber außerordentlich und vertraue darauf, dass die Auswahl (›selections‹) zum Besten des Ganzen vorgenommen wird.

Gleichzeitig kann ich Carl Nedelmanns Assoziation verstehen, die No-Names-Collage als De-Individualisierung zu sehen, als eine andere Form von ›The Past in the Present‹. Was ich hinzufügen möchte, betrifft das Argument für ›Keine Unterschriften‹, das sich auf ›The Present in the Present‹ bezieht. Als es hieß: ›Wir haben uns entschieden [...], das Material zu verwenden‹, da roch dieser Satz für mich nach Patienten-Therapeuten- oder Schüler-Lehrer-Beziehungen. Ich sehe kein Bedürfnis, ›die Offenheit, persönliche Erfahrungen mitzuteilen, dadurch zu erweitern‹, dass ich ohne Unterschrift schreiben würde.

Ich glaube nicht, dass dies den bewussten Intentionen der Herausgeber entspricht. Meine möglicherweise relevante Interpretation möchte ich an dieser Stelle (als Teilnehmer) den Herausgebern (Staff) zu bedenken geben.

Jedenfalls, wenn es eine No-Names-Collage werden soll, möchte ich, mit Bedauern, nicht daran teilnehmen« (Yoram Hazan).

***

Nach dieser Debatte kamen wir überein, dass »every person should have a name« und dass jeder Beitrag unterschrieben werden solle. Den Verfassern, die ihren Namen lieber nicht erwähnt sehen wollten, sollte die Wahl freigestellt bleiben. Das war ebenfalls wichtig. Unter ihrem Beitrag würde das Zeichen XXXX stehen.

Die Überschriften versuchen soweit als möglich einen ganzen Bereich von Erfahrungen zu benennen. Die Idee der Collage schließt ein, dass es für jeden Beitrag nicht einen einzig möglichen Platz wie bei einem Puzzle gibt. Bei einigen Beiträgen war es leichter zu entscheiden, unter welche Überschrift sie gehören als bei anderen.

Schreiben oder nicht schreiben, das war die Frage

Wahrscheinlich war es für keinen Teilnehmer leicht, die eigenen Erfahrungen niederzuschreiben. Es wurde schon erwähnt, dass diese Konferenzen Selbsterfahrungen ermöglichen, die nur in der Gegenwart der anderen Gruppe gemacht werden können. Teilnehmer kommen in tiefen Kontakt mit sich, berühren Bereiche ihrer persönlichen und kollektiven Geschichte, ihrer Identitätsentwicklung, ihrer Beziehung zu Eltern und anderen bedeutungsvollen Personen, ihrer Ängste, ihrer Schamgründe und der Quellen ihrer Hoffnung. Wenn man solche Erfahrungen wirksam mit Menschen außerhalb des Konferenzzusammenhangs zu teilen versucht, braucht man moralischen Mut und die Bereitschaft sich zu zeigen.

Anscheinend war dies schwieriger für Israelis als für Deutsche (16 Verfasser von 65 deutschen Teilnehmern verglichen mit 6 Verfassern von 32 israelischen Teilnehmern). Die israelischen Teilnehmer begründeten ihr Zögern wiederholt mit: ›Ist zu persönlich‹. Insofern die deutschen Beiträge ebenfalls sehr persönlich waren, scheint der Unterschied woanders zu suchen zu sein. Für Israelis könnte es schwieriger sein, ihre Erfahrungen öffentlich zu machen, weil Schreiben sich anfühlt wie Selbstverrat und wie Verrat an der Elterngeneration. Es war schwer genug alles zu erleben, aber niederschreiben war unvorstellbar.

Alle Beiträge haben etwas gemeinsam, obwohl sie sich in Ton, Stil und Inhalt unterscheiden: Sie kamen von Mitgliedern, die eine überwiegend positive Erfahrung gemacht hatten. Zu meinem Bedauern fehlen die Stimmen derer, die komplizierte oder negative Erfahrungen gemacht haben. Die Einladung war an alle Teilnehmer gegangen, und viele sandten ihren Beitrag. Die Collage enthält Abschnitte aus jedem Beitrag, Enttäuschungen und Kritik eingeschlossen, aber – einen Beitrag zu schreiben bedeutet bereits, in ein gemeinsames Projekt investieren zu wollen. Wahrscheinlich ist es so, dass jene Teilnehmer, die keine guten Erfahrungen gemacht haben, sich gar nicht erst am Projekt beteiligten. Wir können nicht mehr tun, als diesen statistischen Mangel des Materials anzuerkennen und zu bedauern.

Unter dem verwendeten Material sind außer den Beiträgen für die Collage selbst einige Briefe an die Herausgeber sowie Zitate vom Diskussionsforum der Website (GIC Open Forum).

Die folgenden Beiträge sprechen für sich selbst und benötigen kaum Erläuterungen.

***

»Es ist ein Tag vor dem Abgabetermin. Was soll ich schreiben, was *will* ich schreiben? Mein erster Gedanke ist, dass es unmöglich ist, meine Erfahrungen zu beschreiben. Es ist wie nach einer Analyse: ein starkes Gefühl, das Herz ist voll, aber wie kann man jemandem davon erzählen, der diese Erfahrung nicht hatte? Ein weiteres Erschwernis ist die Tatsache, dass der Bericht veröffentlicht werden soll« (Eva Mack).

***

»Es wird viele Gründe geben, warum ich mich sogar noch nach zwei Jahren damit herumschlage, etwas zu einer Veröffentlichung beizutragen. Einer davon: ein gewisses Unbehagen darüber, dass etwas öffentlich gemacht werden soll, was, wie jede analytische Erfahrung, als innere Erfahrung da ist und wirkt.

Sehr wesentlich waren natürlich auch die Gruppenerfahrungen, die aber genauso wenig nach außen getragen werden sollten und ohnehin kaum angemessen vermittelbar sind. Inzwischen bin ich da weniger empfindlich und habe, weil mir der Anlass so bedeutsam war, doch zu schreiben versucht« (Jutta Matzner-Eicke).

***

»Lassen Sie mich mit dem Ende beginnen. In Diskussionen mit Freunden nach der Nazarethkonferenz und in Briefen mit deutschen Kollegen kam immer wieder der Ausdruck vor: ›Eine traumatische Erfahrung‹. Dann kann es eigentlich nur schwierig sein, beim Schreiben das Gefühl eines bleischweren Gewichts loszuwerden, das diese Erlebnisse begleitet. Es schien mir, ich sollte sie für mich behalten oder sie nur mit den Menschen teilen, zu denen ich wirklich gehöre.

Warum strenge ich mich dann an, sie aufzuschreiben? Zuerst einmal ist es die direkte Fortsetzung des Versuchs (der mit der Konferenz begann), die kalte Wand zwischen zwei Ländern zu berühren, die, jedes für sich, voll von Leiden sind. Der starke Widerstand, diese Wand zu berühren, ist sehr verständlich. Jedes Mal, wenn ich sie berühre, wird etwas in mir unterhöhlt. Überwiegend waren es meine Frau und meine Kinder oder am deutlichsten vielleicht mein Hund, die wahrnahmen, dass ich wieder einmal mehr als nur ein bisschen verrückt war, weil ich mich wieder dahin hatte ziehen lassen, mich mit diesen Sachen zu beschäftigen. Andererseits musste ich feststellen, dass ich immer dann etwas Wesentliches und äußerst Wertvolles gewonnen hatte, wenn eine Zone klarer wurde, die zuvor im Nebel gelegen hatte, und sei es nur in einem schmalen Bereich.

Als Zweites ist Schreiben ein kleiner Sieg über das, was dort geschah. Zerstörung siegt nicht dort, wo Leute kämpfen, um im anderen den Menschen zu finden, und wer kann mehr ›anderer‹ sein als Deutsche und Juden? Dieser Kampf ist es wert, im geschriebenen Wort ebenfalls präsent zu werden. Dieselben Worte, die sie zum Verzerren der Wirklichkeit gebraucht hatten, können jetzt verwendet werden, um das auszudrücken, was (in meiner subjektiven Realität) tatsächlich zwischen Deutschen und Juden in Nazareth geschah« (Yoram Hazan).

***

»Ich kann nur ein ganz winziges Stück von dem aussprechen, was ich im Rückblick auf die Konferenz fühle, nicht weil ich es nicht sagen will, sondern weil es so schwer ist, die richtige Sprache zu finden. Es ist so abgetrennt, so groß, so extrem – wie soll ich über so etwas schreiben können?

Das Problem ist, wie ich es schaffen kann, in Briefen und Sätzen auch nur etwas von dem zur Sprache zu bringen, was ich vor und während der Konferenz in Nazareth durchgemacht habe, und wie es mir seitdem mit allem ergangen ist. Die vergehende Zeit tut ihr Übriges, eine zweite Nahaufnahme gibt es nicht« (Pnina Weisman Zahor, Brief an die Autoren).

***

IV.2 Teilnehmer – Anwesende und Fehlende

Der Titel der Konferenz bezieht sich auf »Deutsche« und »Israelis«. Das wurde als stereotyper, manchmal als vorurteilsvoller Standpunkt empfunden. Wenn es dazu kommt, dass Menschen sich treffen, die diesen Namen tragen, dann kommen komplizierte Komplexitäten zum Vorschein, von »Who is Who«: Israelis mit Wurzeln in Deutschland, deutsche Juden, Juden in Deutschland oder Anteile davon. Die folgenden Beiträge lassen einfühlen, wer die Israelis sind, in ihren eigenen Augen, in den Augen der Deutschen, und wer die Deutschen sind. Und wie man die Juden sieht? Die »Who is Who«-Frage fragt nach Identitäten oder Identitätsanteilen, die manchmal wertgeschätzt, manchmal gehasst werden, zu Zeiten als Last, die man ohne Erleichterung immer tragen muss, zu Zeiten als Quelle des Stolzes empfunden werden.

Was folgt sind Profile von Israelis und von Deutschen, die sich trafen, um in einer Konferenz zusammenzuarbeiten. Leute, die zusammenkamen, denn: »Unsere Eltern würden nicht zusammensitzen.« In der Vergangenheit »trafen« die Eltern in einer schrecklichen Zeit »aufeinander«. Wir erfuhren aus vielen Geschichten, dass auch gegenwärtig die Eltern von Teilnehmern nicht zusammensitzen würden, nicht tatsächlich und nicht symbolisch. Es ist ein Auftrag an die gegenwärtige Generation: »zusammensitzen und zusammen trauern«.

***

Aufgebürdete Lasten: Identifizierungen und Identität

»Unsere Eltern säßen hier nicht zusammen«

Die Deutschen

Geb. 1945	**Born 1945**
»Man hat uns gesagt	»They told us
dass wir die Generation	that we are the generation
der Stunde Null sind	of the hour zero
Daraufhin habe ich	
das Lexikon genommen	So I took the dictionary
und nach der Null geschaut	looking for zero
Null – die Zahl	Zero – the number
die zu einer anderen hinzugezählt	when being added to another
diese nicht verändert	doesn't change it
a + 0 = a	a + 0 = a
Daraus folgt ferner	hence it follows
a x 0 = 0	a x 0 = 0
Jedoch kann man eine Zahl	however it is not possible
nicht ohne Weiteres durch Null teilen	to divide a number by zero
Die Null ist Sinnbild	zero is symbol
der Nichtigkeit und	of being nothing and of
Bedeutungslosigkeit.«	meaninglessness.«
Nach diesem Zitat aus dem	After this quotation from
Neuen Brockhaus	New Brockhaus
habe ich angefangen,	I was beginning
ein Problem	to experience a problem
meines Jahrgangs zu erfahren.	of my year of birth
Es ist – wie man sieht –	it is – like is to be seen–
rein mathematischer Art!	only of mathematical kind!

***

Another Generation

Sie sind ja eine andere Generation	You are another generation
sagte die alte Dame	the old lady said
freundlich lächelnd	smiling friendly
denn sie hat Deutschland geliebt	for she had loved Germany
Ich bin eine andere Generation	I am a different generation
Ich spür ihre Hoffnung	I feel her hope
fühl die Erwartung	feel the expectation
und weiß nicht	and do not know
was ich tun soll«	what to do«

(Irmgard Dettbarn)

***

»Unsere Befreiung vom Nationalsozialismus durch die Alliierten geschah im Frühling 1945. Aber ›1945‹ bedeutete in jener Zeit in meiner Welt ›Zusammenbruch‹, nicht ›Neuanfang‹. Ich war damals acht Jahre alt und erinnere mich noch an die grenzenlose Freude über meinen ersten Schokoladenriegel, geschenkt von einem farbigen Amerikaner, an meinen ersten Gummiball, einen Hund und eine Katze, die uns nach Hause folgten, und für die meine Familie plötzlich Platz hatte.

Die neuen Menschen in meiner Nachbarschaft, die Flüchtlinge, kamen beinahe wortlos in mein Leben, wie die anderen, die vor 1945 gegangen waren. Einen Mann nannten wir ›Bürgermeister von Schlesien‹. Warum sie zu uns gekommen sind? ›Die Russen‹, war die Antwort, und bis heute sträuben sich mir bei den Ländern im ›Osten‹ etwas die Haare. Die Welt der Erwachsenen nach dem Krieg war von der Schuttbeseitigung beherrscht, von der Sorge für die täglichen privaten, natürlichen Lebensnotwendigkeiten, vom Rückzug der Amerikaner und ihrer Ersetzung durch die Engländer: Als ob die amerikanischen Eroberer uns um die richtige Befreiung betrogen hätten, als sie uns den Engländern übergaben« (Christoph Biermann).

***

»Letzte Woche, am 20. Juni 2001, starb mein Vater im Alter von 81 Jahren. Seitdem denke ich mehr als früher, dass ich nicht persönlich verantwortlich bin für das, was geschehen ist. Ich wusste es auch vorher, aber jetzt denke ich noch mehr so. Ich vermute, er war einer dieser schrecklichen Soldaten im letzten Krieg, der tötete, wen er töten konnte, sogar die, die ihm wie lästige Fliegen bloß im Wege waren. Als Kind fürchtete ich, dass er mich umbringen würde, wenn ich etwas über ihn sagte, was er nicht hören wollte. Die Angst davor verdüsterte mein Leben.

Mein Vater beschuldigte mich, dass ich ihn töten wolle.

Ich bin froh, dass er an Krankheit und Alter starb.

Immerhin habe ich ihn nicht getötet« (Irmgard Salzmann).

***

»In der Kleingruppe musste ich entdecken, dass ich die Tatsache, dass meine Eltern in ideologischer (nicht aktiv-politischer) Gegnerschaft zu Hitler und seinem System gewesen waren, genutzt hatte, mich vor dem Gedanken zu schützen, dass mein Vater als Soldat in Russland möglicherweise an der Ermordung von Juden beteiligt gewesen war.

Plötzlich wusste ich – und weiß seither –, wie mächtig die Abwehr ist, die die meisten Deutschen gegenüber ihrer Verwicklung in den Nationalsozialismus und den Holocaust entwickelt haben. Wenn das schon für mich als eines der Kriegskinder gilt, wie viel mehr gilt es dann für die Generation meiner Eltern. Ich glaube, es war die Atmosphäre in der Konferenz – konfrontierend, aber auch voller Respekt für den anderen – die mir geholfen hat, mich dieser Einsicht auszusetzen. Eben diese Atmosphäre können wir in Deutschland so schwer herstellen. Als liberale und linke Intellektuelle haben wir dauernd das Bedürfnis, einander zu versichern, wie uns der Holocaust mit Grauen erfüllt und dass wir damit nichts zu tun haben« (Veronika Grüneisen).

***

»An dieser Begegnung mit dem jüdisch-israelischen Mitteilnehmer konnte ich die Erfahrung machen, wie schuldvoll-beschämend es sich anfühlt, welche Folgen es nach sich zieht, wenn ich meine Herkunft, meine Wurzeln als Deutsche nicht verleugne. Wie ist es möglich, meine Herkunft nicht zu verleugnen, aber gleichzeitig mich doch innerlich davon zu distanzieren – vielleicht sogar zu desidentifizieren, mit innerer Sicherheit zu sagen, dass ich hoffe und daran arbeite, nicht so zu sein, wie viele aus meiner Eltern- oder Großelterngeneration? Eine Gewissheit kann es hier nicht geben.

Das Wissen um diese Ungewissheit ist es, was eine deutsche psychoanalytische Identität heute ausmachen könnte, die die Schuld der Eltern und die eigene potenzielle Verwicklung weder verleugnet, noch sich mit ihr identifiziert« (Thea Wittmann).

***

»Irgendwann werden wir Deutschen aber auch die verlorenen Glieder unseres Landes betrauern müssen, die abgetrennt worden sind. Ich glaube fest, dass wir viel weniger vertrauenswürdig wären, wenn wir weiterhin vorgeben, dieser Verlust mache uns nichts aus. Es hat viel damit zu tun, ob man sich fragmentiert fühlt oder ganz, – integriert. Das Merkwürdige ist, dass ich selbst nicht einmal spürte, dass etwas fehlte, als Deutschland noch in zwei getrennte Staaten geteilt war.

Als aber die Vereinigung stattgefunden hatte und an einem Abend im Jahr 1990 mit einem Konzert unter freiem Himmel gefeiert wurde, bei dem Leonard Bernstein die Neunte Symphonie von Beethoven dirigierte, hatte ich zu meiner großen Überraschung plötzlich dieses Gefühl von Ganzsein. Diese Erfahrung lehrte mich, dass ich in Bezug auf mein Land bis dahin nur auf einer rationalen Ebene reagiert hatte, ohne jemals wirklich zu trauern« (Armin Pollmann).

***

Womb

Dark and mysterious
the English word
the German practical:
Gebärmutter
take it out,
and you will find

A way to live without
the thing
the mother
after having
given birth
to children
live with them
lead them to live
out of the dark
out of the blood
out of the tears
into the open
to the father
to words
to life
with tears
and blood
and wombs again
to give birth to children
and lead them
to live with the other
all the others
to find ways
to cope
to speak
to tell
of life and tears and blood and wombs again

Blood

my om
mom
be alone bleeding
bloody
hopeless helpless muscle

perfidious bag
ashes
of motherhood

(Irmgard Salzmann)

***

»Während der Konferenz befand ich mich in einer sonderbaren Rolle. Obwohl ich mich als Teil der deutschen Teilnehmergruppe erlebt habe, fühlte ich mich auch als Außenseiter. Gleichzeitig hatte ich ein akutes Gefühl, über ein inneres Wissen deutscher Denkweisen und Erfahrungen zu verfügen. Andererseits empfand ich auch ein Gefühl der Nähe und Vertrautheit mit den Erfahrungen der israelischen Teilnehmer, insbesondere mit denen meiner ›Small Study Group‹ und anderen, mit denen ich die Gelegenheit hatte, mich persönlicher auszutauschen. Ich habe meine Erfahrung in Bad Segeberg nach der Konferenz als die Perspektive eines ›insiders‹ und ›outsiders‹ für beide Gruppen formuliert, was die Möglichkeit einschließt, wechselnde Perspektiven einzunehmen. Ich habe das als ein Ergebnis meiner langjährigen Erfahrung als deutsche Emigrantin/Immigrantin in Großbritannien verstanden. In dieser Situation hatte ich die Gelegenheit, eine akutere Wahrnehmung deutscher Verhaltensweisen und Einstellungen zu entwickeln, indem ich mich, meine Landsleute und meine Kultur von außen betrachten konnte. Das hat mir ermöglicht, mich als Deutsche mit den Augen der Juden zu sehen. Diese Perspektive hat mir auch erlaubt, eine Wahrnehmung der jüdischen Erfahrung zu entwickeln, deren Hintergrund, der Gegenwart des Traumas der Vergangenheit in den jüdischen Gemeinden und zwischen den Juden/Israelis und den Deutschen. In diesem Sinne habe ich das Gefühl, ein gewisses ›Insiderwissen‹ der israelisch-jüdischen Erfahrung von Vergangenheit in der Gegenwart gewonnen zu haben, weil ich mehr Erfahrung und Gelegenheit hatte, diese Wahrnehmung zu entwickeln. Jedoch habe ich auch während der Konferenz festgestellt, dass ich leicht überkritisch, ärgerlich und ungeduldig werde, wenn ich mit bestimmten deutschen Verhaltensweisen und Einstellungen konfrontiert bin, die ich nur zu gut aus meiner deutschen Vergangenheit kenne. […]

Etwas ist mir besonders aufgefallen, der Eindruck, dass die israelischen Teilnehmer der Gruppe einen klar definierten und starken Sinn ihrer Identität hatten, dessen, wer sie sind, was und wie stark ihre Loyalität gegenüber ihren Eltern, Großeltern und Familien ist. Dieses Gefühl der Identität verlieh ihnen eine Vitalität in der Kommunikation, die den Deutschen in der Gruppe mangelte. Die Mehrheit der Deutschen hatte anscheinend keines oder war unfähig, ein kohärentes Bild ihrer Lebensgeschichte hervorzubringen, von sich zu erzählen, wer ihre Eltern sind, wie sie in der Vergangenheit gelebt, was sie gefühlt oder gedacht haben, was sie für Erfahrungen gemacht haben. Dies ist ein Gefühl, das auch mir äußerst vertraut ist: das ist ein typisches Gefühl, mit dem ich als Deutsche im Ausland konfrontiert bin, wenn ich mich in internationalen Gruppen und Gemeinschaften befinde.

Wenn ich nicht gefragt oder vorgestellt werde, würde es mir nie einfallen, jemandem sagen zu wollen, wer ich bin, denn damit würde ich mich als Deutsche zu erkennen geben. Es ist einfacher, beziehungsweise erträglicher, niemand zu sein, nicht zu existieren, als mit Gefühlen konfrontiert zu sein, die sich mit Deutschsein verbinden« (Hella Ehlers).

***

Die Israelis

»Meine Mutter wurde in Berlin geboren, sie schickte mich auf die ›Deutsche Schule‹ in Montevideo. Nach High-School und Armee wollte ich mit Deutschen sogar zusammen sein und sie in ihrem Land kennenlernen. In den letzten Jahren habe ich mich mehr und mehr von den Deutschen und von Deutschland zurückgezogen. Es war schwer (in der Konferenz), in Kontakt zu kommen mit den Deutschen. Es fühlte sich an wie Verrat, ich konnte kaum Deutsch mit ihnen sprechen, und das erst ab dem dritten Tag. Ich hatte Träume, in denen ich die Nummer auf der Hand meiner Tante sah, die mich aufgezogen hat. Ich merkte, dass die Beziehung, die ich während des Krieges zu meiner Armeeeinheit hatte, aus der Quelle gegenseitiger Verpflichtung kam, nie Verrat zu üben« (Robi Friedman, Brief an die Autoren).

***

»Mein Vater wurde 1905 in Deutschland geboren. Er verließ Deutschland im Januar 1933. Er war aus dem Krankenhaus nach Hause gekommen, wo er an den Weihnachtstagen gearbeitet hatte. Man hatte ihn informiert, dass er in seinem Krankenhaus nicht weiter als Arzt arbeiten dürfe. Sein ältester Bruder hatte Deutschland schon früher verlassen. Er war mit einer deutschen Frau, in die er sich verliebt und die er geheiratet hatte, nach England gegangen. Sie hatten keine Kinder. Ich erinnere mich, dass ich als kleines Mädchen meinen Vater endlos fragte, weshalb er Deutschland verlassen und seine Eltern mitgenommen hatte. Er erzählte mir von seiner zionistischen Ausrichtung in der Jugendbewegung ›Blauweiß‹, aber er erzählte mir nie etwas von dem Antisemitismus, unter dem er gelitten hatte.

Im Sommer 2000, in der Plenarsitzung in Bad Segeberg, sagte eine schöne deutsche Frau (Stereotyp von SS-Frauen aus dem Kino?): ›Ich hatte eine gewöhnliche Nazimutter.‹ Der See und der Wald sind so schön, der ›Apfelkuchen‹, der ›Hering‹ und der ›Kartoffelsalat‹ schmecken so gut. Ich bin in einer Small Study Group mit einem deutschen Consultant, bin immer kritisch ihm gegenüber, habe Schwierigkeiten, eine deutsche Autorität zu akzeptieren, und dann kommt ein erstaunlicher Gedanke – Ich hatte eine gewöhnliche jüdische Nazimutter! Ich?« (Daniela Cohen).

***

»Aber will ich wirklich? Nein, mir ist nicht danach, nach Bad Segeberg zu gehen. Zu massiv. Einmal sehe ich mich als den amerikanischen (jüdischen) Soldaten, der 1945 in dieses Naziland kam; und dann als den furchtsamen Juden, der (während des Krieges) versuchte unbemerkt zu bleiben, weil er sonst auf der Stelle erschossen wird.

Ich fürchte, ich werde dort keine Nacht schlafen können und jeder wird sehen, wie ich in diesem Land voller Angst bin, nicht in der Lage, zwischen Fantasie und Realität zu unterscheiden. Oder vielleicht besser, zwischen der Geschichte und der Realität des Hier und Jetzt. Was ist das überhaupt für eine Realität, wenn ein Jude frei in Deutschland herumgeht und es gibt immer noch jene, die ihn lieber tot wünschen? Aber das ist wohl kein ausreichendes Argument, denn hier (im Nahen Osten) sind wir auch nicht sonderlich willkommen, und ich bleibe trotzdem.

Dies war der erste Gedanke über Nazareth III in Deutschland. Jetzt ist es Zeit für den zweiten und den dritten Gedanken« (Yoram Hazan).

***

»Meine Kindheit war die ganze Zeit über durch den Krieg in Europa geprägt. Er begleitete mich immer: einerseits gab es den Zauber der deutschen Kultur durch die Musik, die Literatur und die Landschaften, die ich nicht kannte, aber mir aus den Büchern erschloss, andererseits den Horror der deutschen Nazirealität. Ich bin in demselben Jahr geboren, in dem Hitler an die Macht kam, in einem Land, das von Europa weit entfernt war. Trotzdem war mein Leben, als Jüdin und in meinem Beruf, beherrscht von allem, was dort geschah« (Pnina Weisman Zahor).

***

Die Israelis aus deutschen Augen

»Am Samstagabend, dem vierten Abend der Konferenz – Sabbat für die Israelis –, schließe ich mich einigen Kolleginnen zum Spaziergang nach Bad Segeberg an. Irgendwo sollten noch andere Teilnehmer sein – Israelis und/oder Deutsche. In einem Gasthaus treffen wir auf eine Gruppe, 12 oder 13 Personen, eine deutsche Kollegin, ein Deutscher mit jüdischen Wurzeln, sonst alles Israelis, die im Nebenzimmer um eine Tafel saßen. Ich wurde eingeladen, mich dazuzusetzen – und erlebte dies nicht nur als höfliche Floskel, sondern fühlte mich sehr willkommen geheißen. Es schien fast eine Bewegung der Gruppe, die sich öffnet, mich gern aufnimmt. Ich hatte das Gefühl: heute ist hier mein Platz.

Als im Verlauf des Abends noch zwei- oder dreimal andere Kolleginnen kurz zu unserer Gruppe stießen, war für mich erneut eine ähnliche Bewegung spürbar: ein herzliches Hallo, mehr als das, ein Hinrücken von Stühlen, einladende Gesten.

Ist es Ausdruck israelischer Mentalität, mittelmeerisch geprägter Lebensart – oder eine Haltung von Nachkommen aus Familien, von denen so viele gemordet wurden, dass immer schmerzlich viele freie Plätze für Ankommende zur Verfügung stehen?

Ich hatte den letzten freien Stuhl eingenommen und war neugierig und vergnügt, fühlte mich gut angekommen« (Thea Wittmann).

***

Die fehlenden, vermissten Juden

»Ich erinnere meine eigene Anfangsambivalenz, als ich entdeckte, dass wir deutsche Mitglieder hatten, die auch Juden waren: einerseits gab es eine Irritation, dass unsere schöne Grenze (zwischen Deutschen und Juden) durchbrochen war, aber andererseits gab es ein Gefühl der Freude, dass diese Veränderung Licht auf etwas Neues und Faszinierendes warf, mit dem wir nicht gerechnet hatten. Von diesem Standpunkt aus schien die Entdeckung sich zu einem großen Erfolg entwickeln zu wollen« (Eric Miller).

***

»Es ist irgendwie seltsam, dass in einer Konferenz über die Schoah, die sich auf die Schoah und ihre Nachwirkungen in der Gegenwart konzentriert, das Wort Jude nicht auftaucht. Ein Psychoanalytiker würde sofort denken, dass sich dies der Tatsache verdankt, dass das deutsche Wort ›Jude‹ unerträgliche Nebenbedeutungen hat, verbunden mit Extremtraumatisierung und verborgenen Holocausterinnerungen (Vernichtung, Ermordung, Demütigung). Klinische Erfahrung lehrt uns, wie unproduktiv es in der Behandlung sein kann, einen Patienten mit Worten zu konfrontieren, die unerträgliche Zustände hervorrufen können. Besonders bei schwer traumatisierten Patienten wird man immer bedacht sein, keine Worte zu verwenden, deren traumatischer Kontext den Patienten retraumatisieren könnte.

Wenn man es in diesem Licht sieht, kann die Abwesenheit des Wortes ›Jew‹ im Titel dieser Konferenz gut als ein Versuch verstanden werden, die Gefühle auf einem erträglichen Level zu halten, die durch die Konfrontation mit diesem Thema ausgelöst werden. Das ist vermutlich so, obwohl der Konferenztitel in Englisch ist, und das Wort ›Jew‹ nicht notwendigerweise dieselben Gefühle auslöst wie das deutsche Wort ›Jude‹.

Trotzdem frage ich mich, ob die Abwesenheit des Wortes ›Jew‹ im Titel noch andere Implikationen haben könnte. Sehen wir nur auf die Abwesenheit eines Wortes? Ich kann mir nicht helfen. Ich sehe in diesem Zusammenhang das Folgende: Weist nicht die Vermeidung des Wortes ›Jew‹ im Titel auf etwas anderes?

Die Existenz des Staates Israel schützt die Kontinuität der jüdischen Identität, deren Existenz durch den Nazi-Völkermord bedroht war. Juden in der Diaspora begründen und bewahren die jüdische Identität außerhalb Israels.

Einige von uns leben in Deutschland. Wir finden uns täglich konfrontiert mit dem Thema des Holocaust, weil er ›unsere‹ Geschichte ist und die der Deutschen. Wir sprechen darüber mit unseren deutschen Schülern, Lehrern, Freunden und Patienten (oder bleiben schweigend). Wir scheinen also in einer Konferenz, die ›Germans and Israelis – The Past in the Present‹ heißt, nicht erwartet zu werden.

Folgende Fragen bleiben unbeantwortet: Ist ein Dialog zwischen Deutschen und Israelis möglich, solange das Wort ›Jew‹ mit allen seinen emotionalen Implikationen im Titel der Konferenz vermieden werden muss?

Ist die Vermeidung des Wortes ›Jew‹ im Titel eine Art Anschlag auf die jüdische Identität? Ist es nicht eine Verleugnung eines existierenden Teils der jüdischen Identität, der Diasporajuden?

Ist es möglich, dass eine Identifizierung mit dem Aggressor stattfindet, die das Wort ›Jew‹ sehen lässt als ein Wort, das um jeden Preis vermieden werden muss?

Werden nicht die vergangenen Erniedrigungen der Juden auf die Diasporajuden projiziert und im Besonderen auf die in Deutschland lebenden Juden? Werden sie zu Repräsentanten des unerwünschten, gedemütigten Juden?

Zeigt nicht die Vermeidung des Wortes ›Jew‹ im Konferenztitel, dass ein Teil der jüdischen Identität weggelassen wird, weil er einen unerwünschten gehassten Aspekt der jüdischen ›Persönlichkeit‹ repräsentiert, der von beiden, Deutschen wie Juden (Israelis) verleugnet wird?

Als ich (eine deutsche Jüdin) trotzdem an der ersten Konferenz (Nazareth, Juni 1994) teilnahm, fühlte ich mich fehl am Platz. Ich entschied mich, an den folgenden Konferenzen nicht teilzunehmen« (Laura Viviana Strauss).

***

»H. Shmuel Erlich sah sich veranlasst, sich 1999 im Vorfeld der Konferenz mit einem offenen Brief im Novemberheft der *PSYCHE* an seine jüdischen

Kollegen in Deutschland zu wenden, um sie besonders einzuladen. Das ist ihm nicht gelungen. Ich weiß nichts über die unbewussten Fantasien, die vermutlich auch an diesen Vorgängen beteiligt waren und ich weiß nicht, wen die Kollegen mieden, wenn sie nicht kamen. Wir dürfen aber voraussetzen, dass sie guten Grund dafür hatten. Ein jüdischer Kollege aus Deutschland, der nicht auf der Konferenz war, machte mich beispielsweise darauf aufmerksam, dass wir – also die nicht jüdischen Deutschen – sowieso nicht wissen könnten, wer von ihnen – also den jüdischen Deutschen – da gewesen wäre. Wer Jude sei, sehe darin nicht zwangsläufig etwas, das er mitteilen wolle. Ich vermute, dass sich diese Zurückhaltung aus Erwartungen oder gar Erfahrungen solcher Art speist, wie sie sich in dramatischen Ereignissen um eine jüdische Kollegin aus Deutschland verdichteten, als sie in ihre Small Study Group mit etwas Verspätung gekommen war und von einer nicht jüdischen Deutschen völlig unvermittelt begrüßt wurde mit den Worten: ›Ich dachte, du hättest dich umgebracht.‹ Vielleicht mochten die jüdischen Kollegen aus Deutschland nicht kommen, weil sie sich in unserer Gegenwart, also der Gegenwart der nicht jüdischen Deutschen, nicht aufgehoben fühlen können. Wenn es so wäre, könnte das Anlass sein, darüber nachzudenken, warum es so ist. Vielleicht ist es so, dass beide Seiten darüber noch nicht sprechen können und schon gar nicht miteinander – the Past in the Present?« (Eva-Maria Staudinger).

***

Die schwierige Situation der in Deutschland lebenden Juden

»Ich nähere mich diesem schwierigen Thema vor dem Hintergrund meiner fachlichen und persönlichen Erfahrung, die ich in den Arbeitskonferenzen ›Germans and Israelis – The Past in the Present‹ gewonnen habe. Über letztere werde ich sogleich mehr sagen. Ich tue es auch, weil ich durch Lebensgeschichte und Identität direkt und mehrfach mit den schmerzlichen Tatsachen dieses Themas verbunden bin. Ich bin 1937 in Frankfurt am Main geboren. Meine Familie, meine Eltern, meine ältere Schwester und ich haben die Schrecken der Verfolgung, die in der Kristallnacht gipfelten, und ebenso die Flucht aus Deutschland in das Land, das dann Israel werden sollte, durchgemacht. Ich bin in einer Atmosphäre groß geworden, in der ich fast täglich den Schmerz gefühlt habe, als unerwünscht aus einer Kultur und Sprache herausgerissen, verstoßen, ausgespien zu werden, die trotz allem ein unveränderlicher Teil der Identität der Eltern blieben, und über sie auch von mir. Während der prägenden Jahre war ich zwar nie ›ein Jude in Deutschland‹, wohl aber für die längste Zeit ›ein deutscher Jude‹. An meinem 40. Geburtstag kam ich das erste Mal nach Deutschland zurück. Seitdem war ich oft dort und hatte jedes Mal das unheimliche Gefühl wieder zu Hause und gleichzeitig ein Fremder, ein völliger Außenseiter zu sein, mal sehr willkommen oder kaum verhüllt abgelehnt, wie es sich gerade ergab.

Vielleicht projiziere ich meine eigene Erfahrung auf andere. Ich denke jedoch, dass ich gute Gründe dafür habe, dass meine Erfahrungen denen der in Deutschland lebenden Juden in mehr als einer Hinsicht entsprechen. Ich denke dabei besonders an die jüdischen Kolleginnen und Kollegen, die dieselbe psychoanalytische Identität wie ich haben. Es bleibt das starke Gefühl, dass sie wie ich, ungeachtet der unterschiedlichen Schicksale und Lebensgeschichten, dieselbe ›unheimliche‹ Erfahrung machen, zugleich zu Hause und auch heute noch auf eine seltsame Weise in Deutschland heimatlos zu sein. Ich stelle ihre Entscheidung, dort leben zu wollen und sich mit dieser Erfahrung auseinandersetzen zu müssen, nicht infrage. Vielmehr möchte ich ihnen sagen, dass ihre persönlich schwierige Situation gesehen wird und mir und vielen anderen vertraut ist.

Dieses Gefühl öffentlich zu teilen und ebenso die Überzeugungen, die dahinter stehen, ist mir besonders wichtig, seit ich an den beiden ersten Arbeitstagungen in Nazareth, Israel, 1994 und 1996 teilgenommen habe. Diese Konferenzen, die unter dem Thema ›Germans and Israelis – The Past in the Present‹ standen, fanden unter der Schirmherrschaft der DPV (Deutsche Psychoanalytische Vereinigung), der DPG (Deutsche Psychoanalytische Gesellschaft) und der IPS (Israel Psychoanalytic Society) statt. Sie gehören als speziell adaptierte Group Relations-Konferenzen in die Tradition des Tavistock Institute, London. Fachlich wurden die Tagungen unterstützt von OFEK, der israelischen Vereinigung für die Erforschung von Gruppenprozessen und Organisationen. Sie wurden mit der wissenschaftlichen und organisatorischen Unterstützung des Sigmund Freud Center der Hebrew University of Jerusalem durchgeführt. Das speziell für diese Konferenz entworfene Design sah zwei nationale Gruppen vor, die deutsche und die israelisch-jüdische. Von hier beginnend sollten rationale und irrationale, offene und verborgene, bewusste und unbewusste Gruppenprozesse und individuelle Erfahrungen erforscht und verstanden werden.

In einer Weise, die nicht vorhersehbar war, zeigte sich in beiden Konferenzen die Komplexität jüdischer Identität auf eine machtvolle, tiefe und oft persönlich schmerzhafte Weise. Es wurde überzeugend deutlich, dass mehrere Teilnehmer bei sich selbst, innerhalb ihrer persönlichen Identität den konflikthaften und sogar quälenden Teil entdeckten, *ein Jude in Deutschland* zu sein, vielleicht auch *ein Jude in Verbindung mit* noch weiteren Identitätsmerkmalen. Diese Entdeckung war außerordentlich informativ und hilfreich, aber auch unangenehm und schwer zu ertragen. Besonders für einige von uns Israelis ist es entmutigend, diese komplizierte jüdische Identität bei uns selbst entdecken zu müssen, die wir doch versucht hatten, zugunsten der neu entstandenen, freien israelischen zu verleugnen. Das, was so schwer zu ertragen ist, ist genau das Unheimlichkeitsgefühl, das ich bereits erwähnt hatte: gleichzeitig innen und außerhalb zu sein, dazuzugehören und doch nicht Teil der Gruppe zu sein. Dieses Gefühl grenzt unangenehm dicht an die Erfahrung, verrückt zu sein.

Dennoch bin ich von der Wichtigkeit dieser Konferenzen überzeugt. Sie können uns helfen, Erfahrungen dieser Art zu machen. Wenn wir aus eigener Erfahrung lernen wollen, was es in der Zeit nach dem Holocaust bedeutet, deutsch oder jüdisch oder israelisch zu sein, dann ist die Teilnahme an diesen Konferenzen wertvoll. Dann wird deutlich, dass die schwierige Situation, *ein Jude in Deutschland* zu sein, kein nur persönliches Schicksal ist, sondern eine Bedeutung hat und wichtig ist auch auf der Ebene der Gruppe und auf der der größeren nationalen und internationalen Zusammenhänge. Wie wertvoll für unsere Arbeit als Analytiker und Psychotherapeuten *die Gegenwart des anderen* ist, um mit diesen Problemen voranzukommen, kann gar nicht überschätzt oder überbetont werden. Sie allein ermöglicht es, diese Arbeit zu tun. Deshalb ist es für uns Israelis von ebenso großem Wert, Juden, die in Deutschland leben, in der Konferenz dabei zu haben, wie es für die Deutschen von größtem Wert ist, Juden wie Israelis gegenwärtig zu wissen, um ihre eigene schwierige Arbeit leisten zu können. Keine dieser Gruppierungen kann ihre Arbeit ohne die anderen tun. Dies gilt wahrscheinlich besonders für die nächste Arbeitskonferenz, die zum ersten Mal in Deutschland stattfinden soll.

Ich hoffe, dass diese Gedanken und Erfahrungen die Aufmerksamkeit der Leser in Deutschland finden können und dass deutlich wird, welche Arbeit in diesen Konferenzen bereits geleistet wurde und welche großen Möglichkeiten für uns alle noch in ihnen stecken« (H. Shmuel Erlich, *offener Brief an die Herausgeber der PSYCHE*, 1999).

***

»In der dritten Sitzung der Small Study Group versuchte ich – auf Englisch – mitzuteilen, warum ich hier bin. Es ist schwer, davon zu sprechen, dass ich etwas suche, was fehlt. Wie kann ich ernsthaft dem Gefühl Ausdruck verleihen, dass mir jüdische Lebensart, jüdische Menschen vielleicht fehlen? Hat so ein Gefühl überhaupt eine Berechtigung?
   Ich lese über das früher existierende jüdische Leben in Deutschland, und ich lese immer wieder vom ›gefillte fisch‹. Aber ich weiß nicht, wie er schmeckt, wie er riecht, wie die Atmosphäre ist, wenn er zubereitet wurde. Ich weiß nicht einmal, ob er mir schmecken würde – ich weiß, dass da einmal etwas war, was jetzt nicht mehr ist und dass mir etwas fehlt – ich kann es jetzt spüren« (Thea Wittmann).

***

IV.3   Die Konferenzerfahrung

»Ich bin so enttäuscht – Warum sind so wenige Israelis hier?« Diese Frage eines deutschen Analytikers eröffnete die erste Nazarethkonferenz. Die sofortige Antwort kam von einer älteren Israelin: »Wenn ihr nicht so viele von uns umgebracht hättet, wären mehr hier gewesen.« Dieser Dialog gab dieser wie den folgenden Konferenzen einen heruntergespielten wie einen »Nonsense«-Ton. Die Teilnehmer kamen mit Beklommenheit zur Konferenz: Die bevorstehenden Tage werden nicht leicht sein, wie auch die Entscheidung zu kommen nicht leicht gewesen war. Auf der dritten Konferenz hörten wir, dass einige Teilnehmer vier Jahre reiflicher Überlegung gebraucht hatten, um teilzunehmen.
   In den psychoanalytischen Gesellschaften in Deutschland war die Kenntnis und das Interesse an den Konferenzen weit verbreitet, ein Erfolg der beträchtlichen Arbeit, die die deutschen Initiatoren geleistet hatten. Nach jeder

Konferenz präsentierten Teilnehmer den psychoanalytischen Gesellschaften die Erfahrungen, die sie gemacht hatten. Diese Vorträge setzten bei vielen potenziellen Mitgliedern einen inneren Dialog in Gang, der durch die Teilnahme an folgenden Konferenzen aktualisiert wurde. Bei vielen anderen geht dieser innere Dialog noch weiter.

Es ist nicht leicht, ein Konferenzteilnehmer zu sein, und aus demselben Grund ist es nicht leicht, als Staff zu arbeiten (später soll davon berichtet werden). Die Teilnehmer waren gekommen, um wichtige innere Arbeit in der Gegenwart der »eigenen« und der »anderen« leisten. Schmerzliche Augenblicke waren das Gesetz des Tages, aber zugleich gab es Augenblicke tiefen Mitleidens und Sich-Kümmerns.

***

Hingehen oder nicht – Der weite Weg zur Konferenz

»Ich stelle mir jemanden vor, der mich fragt, ob es sich lohnt, an solch einer Konferenz teilzunehmen. Meine Antwort: Es steht völlig außer Frage, dass man daran teilnehmen sollte.

Aber ich möchte hinzufügen, dass man sich einiger Gefahren bewusst sein sollte.

Vielleicht hast Du eine Menge über den Holocaust gelesen und Du denkst, Du weißt viel über dieses Thema. Doch dann taucht da plötzlich eine ungewisse Angst auf, manchmal zeigt sie sich nur körperlich. Einige von uns wurden im Vorfeld der Konferenz krank. Einige hielten sich für mutig. Einige erzählten niemandem, dass sie zu der Konferenz gehen, weil sie sich nicht rechtfertigen wollten. Die meisten haben ihre Kreise und wollen nur in diesem vertrauten Umfeld über ihre Gefühle reden. Plötzlich ist die Welt aufgeteilt in jene, die dieses Thema anerkennen und jene, die dies nicht tun. Man möchte nicht wieder und wieder hören müssen, dass wir mehr als 50 Jahre nach dem Holocaust endlich genug von diesem Thema in Deutschland haben. Dann ertappt man sich dabei, dass man gerne wissen möchte, ›was hat denn Dein Vater als Lehrer in den 40er Jahren getan?‹ Die viel schwierigere Frage lautet, was weißt denn *Du* über Deinen Vater oder Deine Mutter? Aber warum diese Fragen? Es ist doch ihre Geschichte und es ist Vergangenheit.

Dann beginnt die Konferenz und plötzlich ist die Vergangenheit Gegenwart. Du spürst, dass Du als Deutscher angesehen wirst, vielleicht als Nazi? Du möchtest die Israelis beruhigen, dass es hier in Bad Segeberg nicht gefährlich ist, spazieren zu gehen. Aber Du kannst selbst nicht sicher sein, ob diese alten Männer mit ihren Schäferhunden da unten am See nicht am Holocaust beteiligt waren. Und dann hoffst Du, dass es hier keine Neonazis gibt. Du fühlst Dich zutiefst beschämt über das, was Deine Eltern getan haben und was heutzutage in Deutschland geschieht.

Auschwitz – jeder kennt diesen Namen als Symbol für den Holocaust. Wir erfuhren darüber in der Schule, wenn wir gute Lehrer hatten. Aber die Geschichten von Eltern zu hören, von Familien, die getötet oder gequält wurden, bedeutet, in einen tiefen Abgrund zu fallen. Manchmal möchte man dann nur noch mit den anderen zusammen weinen.

Das Elend, das weitergeht, ist in Deutschland abgespalten und Du triffst es in der Konferenz. Einige von uns fühlten sich sehr schuldig für das, was ihre Eltern taten und es wird noch schwieriger, wenn die deutschen Kollegen anfangen, Anschuldigungen in dem Sinne auszusprechen: ›Ich sehe, hier bist Du wie Dein Vater ... Deine Mutter ...‹

Meine Erfahrung war die, dass die Israelis sich sehr viel mehr für unsere Familiengeschichten interessierten als die Deutschen. Vielleicht weil es so schmerzlich für uns Deutsche ist, mit ähnlichen Geschichten konfrontiert zu werden.

Am meisten war ich überrascht, dass diese Israelis – die meisten mit wirklich schrecklichen Geschichten – *uns* beruhigten, deutlich zwischen uns und unseren Eltern unterscheiden konnten, während sich die Deutschen gegenseitig beschuldigten.

Und diese Israelis zeigten uns dann am Abend, wie man richtig feiern kann, während wir meistens noch gelähmt vom Tag waren.

Ich würde jedem empfehlen, an einer Nazarethkonferenz teilzunehmen. Für mich war dies die wichtigste Konferenz, an der ich jemals teilnahm. Aber ich möchte es nicht laut sagen. Am schwierigsten ist es, das zu benennen, was es mir gebracht hat.

Ich habe erfahren, dass unsere gemeinsame Geschichte der Boden ist, auf dem wir uns heute bewegen – und ich erfuhr es mit dem Herzen. Als ich auf dem Heimweg in der Eisenbahn saß, war da beides: eine große Trauer und eine große Dankbarkeit. Ich bin wirklich sehr dankbar dafür, dass ich die

Gelegenheit hatte, diesen Menschen dort begegnet zu sein, dem abgespaltenen Teil unserer gemeinsamen Geschichte. Und ich spürte mit großer Trauer den Verlust.

Dank an Rafael Moses, H. Shmuel Erlich, Mira Erlich-Ginor und den anderen, die in diesem Projekt so engagiert sind.

Zum alltäglichen Leben zurückzukehren ist schwer nach solch einer Konferenz. Vielleicht haben einige Leute im Vorfeld gefragt, ob man hinterher etwas berichten könne. Plötzlich will fast niemand mehr etwas davon wissen. Vielleicht möchte man auch selbst seine innersten Empfindungen nicht preisgeben. Wenn man Glück hat, hat man ein paar Freunde, aber man darf nicht enttäuscht sein, wenn dies nicht der Fall ist.

An solch einer Konferenz teilzunehmen, ist wie eine Bergwanderung: Es gibt schöne Momente und gefährliche Strecken und hinterher erzählt jeder von etwas anderem, was ihn am meisten beeindruckt hat. Und manchmal ist es erstaunlich, wie tiefe Abgründe hinterher bagatellisiert werden« (Eva Mack).

***

»Der Entschluss, an der Konferenz teilzunehmen, war nicht leicht. Einerseits wusste ich, dass ich teilnehmen wollte, weil ich mich seit Jahren der therapeutischen Arbeit mit Kindern von Überlebenden gewidmet hatte. Ich glaubte, dass die Konferenzerfahrung mein Verständnis für diese Patienten verbessern würde ebenso das Verständnis für meinen Anteil an der therapeutischen Arbeit mit ihnen. Andererseits merkte ich, dass meine Widerstände gegen die Begegnung mit den Deutschen stärker wurden. Ich fand heraus, dass der mächtigste Widerstand von meinem Wunsch kam, meinen Hass am Leben zu halten, unveränderlich und entschieden auf meinen Feind gerichtet. Dies war eine der Weisen, mich an den Holocaust zu erinnern und mich nicht als Verräterin am eigenen Volk und an meiner Familie zu fühlen. Außerdem habe ich gemerkt, dass das Hassen mir in gewisser Weise ein Kraftgefühl gab, das ich nicht leicht würde aufgeben wollen.

Das Nachdenken in diesem inneren Kampf half mir, mich für die Teilnahme zu entscheiden, aber mir war klar, dass ich meinen Hass zur Ausgangsposition bei der Begegnung machen wollte. Ich dachte, wenn dieser Hass gegenüber den deutschen Kollegen nicht gefühlt und ausgedrückt werden dürfte, könnte die ganze Erfahrung nicht authentisch werden, wäre sie nur Zeitverschwendung. Ich hatte Angst vor diesen mächtig hervorgerufenen Emotionen. Meine Befürchtungen wurden direkt vor Konferenzbeginn am intensivsten, weil ich jetzt alle diese Leute treffen musste, die aus Deutschland kamen.

Einer der Hauptgründe, der schließlich zu meinem Entschluss teilzunehmen führte, existierte zuerst nur als vage Vorstellung, die dann allmählich Gestalt annahm. Seit Jahren hatte ich das Bedürfnis, über den Holocaust zu reden, von den Wirkungen auf meine Familie und mich als Kind von Überlebenden, immer wieder bei verschiedenen Gelegenheiten zu reden, in meiner Analyse und während der Arbeit mit israelischen Kollegen. Immer fühlte ich mich dabei irgendwie schuldig und schämte mich, besonders wenn ich merkte, dass die anderen nicht zuhören wollten oder nicht in der Lage waren zuzuhören. Mein Bedürfnis wurde dann quälend. Es war, als hätte ich keine Berechtigung dazu, es (ich) wäre unpassend. Dann wurde mir klar, dass ich auf der Konferenz zum ersten Mal eine ganze Woche Zeit haben würde, über diese Inhalte zu sprechen, ohne mich unpassend fühlen zu müssen. Diese Erwartung addierte sich zu meinen Ängsten. Schließlich wäre das Sprechen über den Holocaust dort nicht nur erlaubt, ich würde dazu ermutigt werden.

Ein anderes wichtiges Element der Konferenz war die Tatsache, dass sie eine Begegnung mit ›Dem Feind‹ bedeutete. Ich hatte an Workshops teilgenommen, wo Kinder von Überlebenden zusammenkamen, um Erfahrungen und Erinnerungen auszutauschen und durchzuarbeiten, aber ich blieb immer zurück mit dem Gefühl, an einem Prozess gegenseitigen Mitleids teilgenommen zu haben. Obwohl das berechtigt war, dachte ich nicht, dass es uns half ›weiterzukommen‹. Es ließ uns psychologisch an derselben Stelle ›stecken geblieben‹ zurück. Last but not least gab mir die Tatsache, dass die führenden Personen der Gruppe aus verschiedenen Ländern mit unterschiedlichen Perspektiven kamen, ein Gefühl der Sicherheit und die Erwartung eines guten Containers« (Irene Melnick).

※※※

»Als ich erstmals von der Konferenz hörte, wusste ich sofort, dass ich teilnehmen ›musste‹. Mich hatte schon länger die wachsende Gewalt gegen Juden und Ausländer in Deutschland umgetrieben. Ich bin überzeugt, dass dieses Phänomen eine Reaktion auf die zunehmende soziale und wirtschaftliche

Ungerechtigkeit in unserem Land ist, besonders nach dem Zusammenbruch des Sozialismus in Ostdeutschland, in Osteuropa und der Sowjetunion. Aber ich glaube überdies, dass in dieser Gewalt auch Delegationsprozesse zum Ausdruck kommen: Ich lebe in einer Gesellschaft, die ihre strukturelle Gewalttätigkeit weitgehend verleugnet und versucht, ihre zerstörerisch-rassistische Vergangenheit und – vielleicht – Gegenwart zu vergessen. Die gewalttätigen Kinder und Jugendlichen erinnern uns an beides. Ich hatte mich gefragt, was – als Bürgerin und Psychoanalytikerin – mein Beitrag dazu sein könnte, dieser Gewalttätigkeit zu begegnen oder gar sie zu verhindern.

Überdies kannte ich das Human Relations Programme des Tavistock Institute, London. Ich kannte Eric Miller von einer Konferenz. Ich schätzte den Arbeitsansatz des Tavistock Institute zum Lernen über Organisationen, und ich stellte mir vor, dass der Intergroup Event für das gemeinsame Lernen von Deutschen und Israelis sehr hilfreich sein könnte.

Das Setting und die Absicht, den anderen in mir selbst zu suchen (als Einzelnen, aber auch als Mitglied einer Gruppe) erschien mir konfrontativ und unterstützend zugleich für den Lernprozess zu sein« (Veronika Grüneisen).

**

»Ich glaube, dass es zum ersten Mal beim ›Kippa-Ereignis‹ passierte, dass Deutsche und Israelis eine ›Mischung‹ schufen, in der der Angreifer nicht ›german made‹ war; im Gegenteil – beide aktiven Angreifer waren Israelis. Man konnte hier etwas über gegenwärtige israelische Aggressionen lernen (oder soll ich sagen, man sollte es lernen), die ihre Wurzeln natürlich in der traumatischen Vergangenheit haben. Aggressives Handeln durch Wechseln von Rollen war die Essenz des Lernprozesses: Jetzt kann das ›Opfer‹ der ›Angreifer‹ sein. Ich habe den Eindruck, dass die Tatsache, die es uns ermöglichte, tiefer in die Sache einzudringen, als wir es in Nazareth I vermocht hatten, darin bestand, dass wir alle Nazareth I Veteranen waren.

Die nächste Frage war eindeutig ein Ergebnis des oben Beschriebenen: Ist es jetzt der richtige Zeitpunkt, eine Konferenz Nazareth III in Deutschland ins Auge zu fassen? Wissen wir genug, um zum dritten Grad unserer Untersuchung voranzugehen?

Ich schrieb an Carl Nedelmann, dass meine erste kontraphobische Tendenz wäre, ›ja‹ zu sagen, bevor ich es bedauern könnte. Dann hätte ich mich ›darauf eingelassen‹ und die Ambivalenz wäre als-ob beendet. Meine schizoide Tendenz würde sich in der höflichen Mitteilung zeigen, dass die Konferenz dieses Mal doch nichts für mich wäre. Es gab genug Abenteuer in meinem Leben und ich könnte mir dieses sparen.

Als ich dann zu meinen mutigeren Jahren zurückkehrte, erinnerte ich mich daran, was die Hauptsache in der Schlacht war: dass du unter Feuer weitergehst und den Kopf hebst, nur weil dein Nebenmann es vor dir tat. Jetzt bist du dran und dann sieht er, wie du dich erhoben hast, was wiederum ihn stärkt. Das ist alles. Wenn also die deutschen Teilnehmer zweimal nach Israel gekommen waren (Rosemarie, Gisela, Carl, Christoph, Siegfried, Helmuth, Thomas, Rolf und andere, die ich weniger gut kenne) – dann fand ich, dass ich jetzt dran wäre« (Yoram Hazan).

***

»Wenn ich an Nazareth II denke, dann war es lange Zeit wie an eine dunkle Nebelwolke zu denken, die sich auf das Herz legt. Ich fühlte mich dort ›hängen geblieben‹ in einer unglücklichen und schmerzlichen Weise, nicht frei, über meine Erfahrungen nachzudenken oder gar zu schreiben.

Während ich dies schreibe, habe ich die vor der Israelreise gekaufte Landkarte neben mir liegen. Damals wie heute vielleicht zur Orientierungshilfe – wohl auch, weil die Qual des Mangels an innerer Orientierung ein großes Thema in Nazareth II war.

Eine erste Fehlleistung – Ausdruck einer Orientierungslosigkeit – war, dass ich das Hotel in Jerusalem eine Nacht zu kurz gebucht hatte – und es danach voll belegt war. So setzte ich mich – etwas plötzlich – mit einer alten Bekannten in Verbindung, die in einem Kibbuz im Norden Israels nahe der syrischen Grenze lebt.

Nach meinem Abstecher in den Kibbuz nahm ich am nächsten Morgen den Bus nach Nazareth. Von der Bushaltestelle an der Hotelabfahrt lief ich mit meinem Koffer die Straße hoch, wurde mir der Soldaten, die das Gelände bewachten, bewusst. Das Hotel ist wunderschön gelegen, die Sonne scheint. Ich glaube, hier, in der Hotelhalle, begegnet mit als erstes der deutsche Kollege, der ganz verstört ist, weil er seine Armbanduhr irgendwo liegengelassen hat. Seine Verstörtheit ist mir unangenehm, weil zu viel.

In dieser Nacht im Hotelzimmer kann ich keinen Schlaf finden, irgendetwas brummt – eine Klimaanlage? Ich kann es nicht feststellen, die Schwingungen der Töne sind schließlich unerträglich. Ich denke: ›Morgen muss ich doch stark sein, die Gruppensituation ertragen.‹ Und: ›In einem anderen Land würde ich versuchen, das Zimmer zu wechseln.‹

Es ist 23.30 Uhr und ich gehe an die Rezeption. Es ist nicht ganz einfach, ein anderes Zimmer zu finden, weil das Hotel fast ausgebucht ist, doch ich bekomme ein Zimmer in einem kleinen Bungalow. Habe ich jetzt übertrieben reagiert? Hat mich das Brummen so gestört, weil ich denke, in Israel schlecht behandelt zu werden? Als Strafe, weil ich Deutsche bin, oder ist es nur ein technisches Problem des Hotels?« (Thea Wittmann)

***

»Der Gegenstand der Konferenz hat mich, wie Sie wissen, seit Langem beschäftigt. Ich glaube, Sie haben einen sehr passenden Titel dafür gewählt.

Ich habe eine Frage zur Methode, mit der gearbeitet wurde. Ich sagte Ihnen bereits, dass ich nie zuvor eine Tavistockkonferenz besucht hatte und dass ich deshalb sehr interessiert daran war, als Teilnehmer der Nazarethkonferenz ein Beobachter der Methode sein zu können. Nach dem, was ich gehört hatte, wäre zu befürchten gewesen, dass die Konferenz eine Art öffentliche Beichte mit Pseudoanalyse werden würde. Das war glücklicherweise nicht der Fall. Andererseits hatte ich nicht den Eindruck, dass das Titelversprechen über eine oberflächliche Ebene hinaus erfüllt worden wäre. Es war mehr oder weniger ein Vertrautwerden miteinander, was für viele Teilnehmer ein erster Schritt vorwärts gewesen sein mag. Doch mit wenigen Ausnahmen wurde die Vergangenheit (und noch nicht einmal die auf die Gruppenvergangenheit bezogene persönlichste eigene Vergangenheit) nicht auf eine bedeutsame Weise berührt. Gelegentlich musste ich mich sehr über die Unkenntnis der Realgeschichte auf beiden Seiten wundern« (Martin Wangh).

***

»Diese Konferenzen sind etwas Besonderes. Vielleicht könnte die Bemerkung von einem jüdischen Staffmitglied in Bad Segeberg etwas von dieser Besonderheit zum Ausdruck bringen. Er sagte auf einem Plenum: ›Unsere Eltern würden hier nicht zusammensitzen.‹ Manche Eltern wollten nicht einmal zur Kenntnis nehmen, zu welcher Art Zusammenkunft sich ihre ›Kinder‹ auf den Weg gemacht hatten, vielleicht weil sie fürchteten, dort verraten zu werden. Eine nicht-jüdische Teilnehmerin aus Deutschland hatte, um sich auf Bad Segeberg vorzubereiten, ihre Eltern das erste Mal danach zu fragen gewagt, was sie im Krieg getan hätten. Allein diese Frage ließ die Eltern entscheiden, fortan keine Tochter mehr zu haben – the Past in the Present. Es war die erste Konferenz dieser Art in Deutschland. Das war für alle Beteiligten sehr ängstigend, wenngleich die bewussten, vorbewussten und unbewussten Fantasien als Quelle der Angst natürlich sehr verschieden waren« (Eva-Maria Staudinger).

***

»Die Herausgeber fragen besonders nach Eindrücken aus dem System Event.
Ich erinnere sie kaum. Vor allem ist ein Gefühl geblieben, von den Consultant-›Eltern‹ nicht nur verlassen, sondern durch Deutungen, die ich oft nicht überzeugend fand, einer verrückt-aggressiven Situation ausgeliefert worden zu sein. Aber das war ja wohl auch beabsichtigt: uns mit den eigenen paranoid-schizoiden Kräften stärker zu konfrontieren. Am Ende der Konferenz sagte Mr. Miller: ›You are not here to feel comfortable‹ – und da hatte er recht.
Übrigens fand ich die Arbeitsaufforderung der Konferenz – ›to get into contact with one's hatred‹ – leider richtig, aber doch auch zu eng: nicht in Kontakt zu kommen mit dem, was dann gefühlt wird und wozu natürlich auch Hass gehört, sondern, wie in vergröbert kleinianischem Konzept, eben auf Hass festgenagelt. Und das ließ nach meinem Erleben zu viel beiseite, auch libidinöse Gefühle. Aber dennoch gehörte für mich zu den System-Event-Erfahrungen auch die, dass durch schmerzhafte Konfrontationen hindurch hinterher mehr persönlicher Austausch möglich war« (Jutta Matzner-Eicke).

***

Auf der Konferenz. Wie wirkt sie?

»The pain of unbearable guilt and mourning is unbearable if borne alone« (Präambel der Broschüre zu Nazareth I).

Die Stärke jeder Group-Relations-Konferenz liegt in der speziellen Kombination ihrer strengen Grenzen, wie sie das Setting vorsieht: Die Arbeitssitzungen beginnen und enden nach einem festgelegten Zeitplan, die jeweilige Primary Task ist der Kompass jedes Treffens, der Staff soll seine Aufgabe klar und transparent erfüllen – alles das ermöglicht die Lockerung persönlicher Grenzen sowie es größere Freiheit gibt, Unbekanntem zu begegnen und es dann zu erforschen. Während das Setting das »Unerträgliche« hält, wirkt der Gruppenprozess erweiternd und vertiefend. Dass sich die Deutsch-Israelischen Konferenzen überwiegend aus zwei nationalen Gruppen zusammensetzten, schaffte eine Trennung zwischen »den eigenen« und »den andern«. Treffen diese Gruppen aufeinander, erschufen sie Gegensätze, Konflikte und Dialoge. Wir sind überzeugt, dass die Zumutung seelischer Arbeit nur in derartigen Gruppenformen möglich ist, die niemanden in der realen Gegenwart des »anderen« alleine lassen, wenn er den »Schmerz von unerträglicher Schuld und unerträglicher Trauer« erleidet.

Die strengen und eindeutigen Konferenzgrenzen dienen als Container für »unerträgliche« Bewusstheiten. Sie sichern einen Möglichkeitsraum für weitergehende Regressionen, als sie dem Alltagsselbst vertraut sind. Man ist dann sensibler für sich selbst, für andere und für den Grenzbereich von innerer und äußerer Wirklichkeit. Man ist an der Quelle der Träume, Bilder und Fantasien, aus denen die kollektive Arbeit das Netz der Bedeutungen webt.

Niemand kennt die bedeutungsvollen Augenblicke und Prozesse oder könnte vorhersagen, wann und wo sie das einzelne Mitglied betreffen. Dies spiegelt sich in den Beiträgen der Mitglieder. Bedeutungsvolle Momente werden in ganz unterschiedlichen Gruppenereignissen erlebt. Bei einigen passierte es in der Intimität der Small Study Groups (»meine Small Study Group Familie«), bei anderen im System Event. Einige fanden das »Unerwartete« in den Plenaries, während andere im Rahmen der strukturierteren Review und Application Groups bedeutungsvolle Erfahrungen machten, die sie nicht erwartet hatten. Die folgenden Auszüge beziehen sich auf die verschiedenen Ereignisse und geben einen Eindruck von der Intensität wider, die durchgehend herrschte.

***

»In dieser Konferenz ging es um den Versuch, sich auf eine neue, ungewohnte Weise mit der gemeinsamen Geschichte von Deutschen und Juden im Zeitraum 1933 bis 1945 zu befassen. Neu, weil es bisher so etwas nicht gegeben hat, dass sich deutsche und israelische Psychoanalytiker und Psychotherapeuten eine ganze Woche lang zusammensetzen und miteinander reden über die besondere Beziehung zwischen Deutschen und Juden. Ungewohnt, weil es mehr sein sollte und auch war als ein Reden über die Beziehung; denn auf der Grundlage des Tavistock-Gruppenmodells sollte sich jeder Teilnehmer erfahren können in seinem persönlichen Konflikt, den er in der Auseinandersetzung mit der Vergangenheit mit unterschiedlich wahrgenommenen israelischen und deutschen Analytikern hat.

Der Aspekt, der mich bei dieser Konferenz besonders interessierte, hat etwas mit dem Wiederaufleben unserer deutschen Vergangenheit in dem Geschehen in einer großen Gruppe zu tun. Immer wieder wird geäußert, dass die Vergangenheit ihre Schatten wirft und einen ›impact‹ auf die Gegenwart hat. Jedoch, wie manifestiert sie sich im Alltagsleben?

Ich selbst kenne aus Diskussionen mit Kollegen die Erwartung, man müsse sich als Deutscher und besonders als deutscher Psychoanalytiker mit den Tätern identifizieren, wenn man sich mit dem Herausarbeiten der Nazivergangenheit zu beschäftigen wünscht. Die Kollegen, die das zu einem bestimmten Zeitpunkt forderten, zeigten leider nie, wie sie selbst die Identifizierung mit der Täterseite fertiggebracht haben.

In Nazareth war es möglich, dass sich in der zunehmenden Regression Gruppenprozesse entfalten konnten, die etwas von dem aufscheinen ließen, was sich in Nazideutschland in Gruppenansammlungen zugetragen haben muss: eine Emotionalisierung mit zunehmend gefährlichen Untertönen und zunehmendem Aussetzen des Denkens. Wer als Teilnehmer in Nazareth geschehen lassen konnte, dass sich solche Stimmungen in einem selber (persönlich) entfalten konnten, (breitmachten), und wer Vertrauen genug hatte in die haltende Funktion von Setting, Staff und auch anderen Gruppenmitgliedern, konnte seine eigene Psyche um einen arg verdrängten Aspekt seiner sozialen Existenz bereichern« (Angelika Zitzelsberger-Schlez).

***

»Solche destruktiven und schmerzlichen Fantasien und Gefühle zuzulassen, sie mit anderen zu teilen und sie auch Juden mitzuteilen, ist für eine Auseinandersetzung zwischen Deutschen und Israelis sehr weitreichend und setzt ein hohes Maß an Zuversicht in die schützenden Ressourcen und die guten inneren Selbst- und Objektrepräsentanzen voraus. Gleichzeitig ist diese Gruppenszene nur dann möglich, wenn die Gruppe auf einer überwiegend persönlich-individuellen, ›humanen‹ Basis arbeitet und das Trauma des Holocaust, v. a. im Erleben der israelischen Teilnehmer, nur begrenzt präsent ist. Sonst würde vermutlich ein überwältigendes Ausmaß an Todesangst, Hass und Rache vonseiten der Israelis entstehen und die Deutschen könnten das Ausmaß ihrer Angst vor Rache und das Ausmaß ihrer Schuld- und Schamgefühle nicht mehr tolerieren. Doch so, auf der Basis eines überwiegend ›individuellen‹ Arbeitens, waren weitreichende Identifikationen vonseiten der Deutschen mit dem ›Nazi-Gift‹, dem ›ugly German‹ möglich, z. B. auch dann, wenn die deutschen und jüdischen Teilnehmer einer System-Event-Gruppe der möglichen Faszination von Nazliedern auf die Spur zu kommen versuchen und eine deutsche Teilnehmerin einen Teil des Horst-Wessel-Liedes singt« (Ursula Kreuzer-Haustein).

***

Fascination

They want to hear
Hitler songs
don't they know
the poison
they take in
did nobody
warn them
against
catchy tunes

(Irmgard Salzmann)

***

»Ich brauchte den anderen in dieser psychotherapeutischen Arbeitssituation, um Fantasien, Vorurteile und Fakten in den gemachten Erfahrungen dieser

Begegnung zu identifizieren und zu unterscheiden. Ich wusste nicht, dass die Vergangenheit immer noch dermaßen überwältigend in die Gegenwart hineinwirkt, wie ich es in der ersten Konferenz erlebte, in der ich mich selber, in symbolischer Form das Tätertrauma meiner Eltern über meine Teilidentität als Mitglied der deutschen Gruppe, die die israelische Gruppe handlungs- und vorstellungsmäßig über dem auflodernden schmutzigen Krieg zwischen beiden deutschen Untergruppen, der DPG und DPV, darüber welche Analyse die wahre ist, total vergaß, links liegen ließ, gruppenerlebnismäßig abschaffte, wiederfand. Wir ließen sie einfach über die Klinge springen und ich stand dabei.

In mir entstand ein sich über weitere Erlebnisse verfestigender Eindruck (insbesondere auch über Träume, die den gesamten Prozess begleiteten), dass ich mich, um auf meinem Weg, aus meinen neurotischen Projektionen auf die Wirklichkeit herauszukommen, irgendwie in die tatsächlichen geschichtlichen Handlungen meiner Eltern über diesen Gruppenprozess in Gegenwart der Opfer in der zweiten Generation wieder hineinbegeben muss und kann. Ja, das passierte. Ich konnte herausfinden, wie weit mich die, d.h. jetzt meine Familienwirklichkeit des Holocaust ergriffen hatte und tatsächlich alles dominierte: Wie ein ›stummes Chimärenmonster‹. So will ich dieses klinische Syndrom der Ausklinkbarkeit stärkster seelischer Kräfte ganz verschiedenen Ursprungs, die miteinander ›verlötet‹ und stumm unter meinem deutschen Alltag gelagert sind, nennen. Das tauchte jetzt in unserer Zwei-Gruppen-Begegnung auf« (Thomas Erdmann).

***

»Ich kann nicht genug betonen, wie besonders und anders es für mich gewesen ist, an und in dieser Konferenz zu arbeiten. Sie unterschied sich völlig von allen anderen Group-Relations Konferenzen, an denen ich bislang mitgewirkt habe. Die Art und Weise, wie die professionelle Rolle und Verantwortung wahrgenommen wurde, war durch diesen Unterschied beeinflusst. Meine Kollegen und ich hatten das Gefühl, dass wir einen Auftrag erfüllten, dass wir beitrugen und teilhatten an einem Bemühen von historischer und sozialer Bedeutung weit über den Augenblick hinaus.

Es gab auch eine starke Verbundenheit, fast eine Identifizierung mit den Teilnehmern, wir beneideten sie um das Privileg *ihrer* Rolle als Teilnehmer.

Ein Teil von mir, und ich weiß dies auch von anderen Kollegen im Staff, wäre lieber Teilnehmer als im Staff dieser Konferenz gewesen. Diese Identifizierung mit den Mitgliedern, die Berufskollegen und oft auch Freunde waren, erschwerte die Arbeit, weil leicht zu große Nähe oder zu große Distanz zu ihnen entstehen konnte. Die Small Study Group Consultants berichteten, dass die Art und Weise, wie sie ihre Rolle ausfüllten, deutlich anders war als auf den üblichen Konferenzen. Unsere bevorzugte Arbeitsposition war die an der Grenze zwischen einer ›Gruppenbeziehungsarbeit‹ und der von ›Hilfestellung in der Gruppe‹, zeitweilig sogar an der Grenze zur Gruppenpsychotherapie. Wir waren einverstanden mit der Definition unserer Rolle als: Partner bei der Suche nach Verstehen« (H. Shmuel Erlich).

**

»Es ist unmöglich, die zahllosen Erfahrungen zu beschreiben, die aus all den Stunden auftauchten, in denen wir mit uns, mit anderen Israelis und mit deutschen Kollegen zusammen waren. Ich will versuchen, einige Elemente auf Gruppenebene aus dem Ganzen zu abstrahieren. Die emotionale Wirkung der Begegnung war sehr stark und es dauerte viele Monate, bis man etwas Abstand davon bekam, die Erfahrungen verarbeiten konnte und über sie mit Abstand nachdenken konnte.

Die erste Idee, die ich schon während der Konferenz hatte, war, dass wir in gewisser Weise in die Welt eines psychologischen Selbstversuchs eingetreten waren. Um diesen Punkt zu erläutern, möchte ich Judith Kestenbergs Konzept der ›Realitätstransposition‹ verwenden. Sie sagt, dass Kinder von Überlebenden in einer doppelten Welt leben, in der eigenen Gegenwart und in der Vergangenheit der Eltern. Die Vergangenheit der Eltern ist in die gegenwärtige Realität des Kindes eingefügt. Ich hatte bemerkt, dass mein Drang, über den Holocaust zu reden, wie das Unbehagen, das von meinem Bedürfnis ausging, mit dieser Vorstellung von einer Transpositionsorganisation der Realität zu tun hatte. In der Konferenz kamen mindestens drei Niveaus psychologischer Realität zusammen:

Die Realität, professionell an einer Tavistock-Gruppenkonferenz teilzunehmen, um Gruppenprozesse zu erleben, in ihnen zu lernen und zusammen über sie nachzudenken.

Die Realität, 50 Jahre nach dem Krieg als Juden und Deutsche mit dem Vermächtnis unserer Eltern und unserer Völker umgehen zu müssen.

Die psychologische Realität, dass ›wir‹ Juden in den Konzentrationslagern waren und dass ›sie‹ die Täter, die Nazis waren.

Die ersten beiden entsprechen der gegenwärtigen Realität unseres Lebens, die Dritte gehört zur Vergangenheit, aber sie taucht als unsere gegenwärtige Realität auf. Die Mitglieder und der Staff mussten diese drei psychologischen Realitäten die ganze Zeit festhalten, um die mächtigen emotionalen Erfahrungen zu ermöglichen, und gleichzeitig, um als ›normales‹ Ich mit ihnen umzugehen. Die Fähigkeit, zur selben Zeit in der Gegenwart und in der Vergangenheit zu sein, machte aus diesem Ereignis eine bedeutungsvolle Erfahrung. Die Fähigkeit, dies mit den ersten beiden Realitäten zu verbinden, erlaubte uns den Selbstversuch, ›zu spielen‹, wenn man die Winnicott'sche Bedeutung nimmt, ›zu regredieren‹, ›verrückt zu sein‹. Wenn die drei Realitätsniveaus verbunden waren, konnten starke Emotionen gefühlt und ausgedrückt werden wie Hass, Schuld und Scham« (Irene Melnick).

***

So viele

So viele Tode
Keine Leichen
So viele Leichen
Keine Bestattung
So viele Beerdigungen
Keiner der trauert
So viele Trauernde
Kein Trost
So wenig Trost
So viel Schuld
So viel Schuld
So wenig Gerechtigkeit
So wenig Gerechtigkeit
So viel Verletzung
So viele Verletzungen

Kein Gefühl
So viele Gefühle
Kein Wort
So viele Worte
So viel Schweigen
So viel Schweigen
Ohne Leben
So viele Leben
Ohne Chance
So viele Chancen
Nie ergriffen

(Irmgard Dettbarn)

***

Arbeiten in der Gegenwart des anderen

»Es ist wie die Reise dorthin, wo noch nie jemand vor uns war, und das mit den einzig dafür möglichen Partnern.«

Die Arbeit in der Gegenwart des anderen ist die wohl wichtigste Konferenzbedingung gewesen. Sie ist wahrscheinlich der einzigartige Beitrag der Konferenzen. Deren Arbeit kann nur in der Gegenwart des anderen getan werden und wurde allein auf diese Weise getan. Gewisserweise könnte man die so unterschiedlichen Beiträge unter die eine Überschrift stellen: »Arbeit in der Gegenwart des anderen«.

Dieser »andere« (die Deutschen für die Israelis, die Israelis für die Deutschen) ist ein Partner, vielleicht der einzig mögliche Partner, auf jeden Fall der fremdest mögliche. Es ist der, der den entgegengesetzten Pol vertritt, der die Seite der Verfolger/Opfer symbolisiert (zu ihr gehört). Um Primo Levis Gleichnis zu verwenden: Zwei finden sich in derselben Falle, aber der eine hat sie sich ausgedacht und hat sie hergestellt.

Warum ist es so wichtig, diesen »anderen« gegenwärtig zu haben? Sollten wir nicht unter uns bleiben – wir, die wir das gleiche Schicksal teilen, wir, die auf derselben Seite sind? Das ist die rationale Begründung der vielen Unter-

stützungen durch Gruppen. Um jedoch aus dem Gefängnis der Vergangenheit zu kommen und um die dafür notwendige innere Arbeit leisten zu können, ist die aktuelle Gegenwart des »anderen«, so glauben wir, eine notwendige, wenn auch keine ausreichende Bedingung. Die Gegenwart der eigenen Gruppe hingegen ist wie ein Spiegel für die eigene Person, der die Gefühlsverbindungen zur eigenen Gruppe untersuchen hilft.

In den Konferenzen lässt sich der »andere« gebrauchen, um eigene Projektionen zu entdecken – verfolgende, idealisierende und weitere – und um sie in Beziehungen zu verwandeln. Es ist diese Arbeit, die die Stärke der Konferenzen ausmacht. Sie geschieht an der Grenze zwischen innerer und äußerer Realität.*

***

»In meiner Small Study Group werde ich Zeuge einer mir nahezu unerträglich erscheinenden Attacke eines Israeli auf einen deutschen Teilnehmer, nachdem dieser von seinem Vater berichtet hat, davon, dass es ihm, dem deutschen Teilnehmer – irgendwann nach Nazareth I – möglich war, seinen Vater über dessen Nazi-Vergangenheit zu fragen und auch etwas von ihm zu hören und dass der Vater bald darauf gestorben ist. Die spürbare Trauer des Deutschen um den nicht allzu lange vorher verstorbenen Vater war für den Israeli, dessen Eltern und Familienangehörige von Nazis umgebracht worden waren, seinerseits nicht zu ertragen. Es schien so, als ob es keinen gemeinsamen Raum geben könnte, für Nachkommen der zweiten Generation, Kinder der Täter und Kinder der Opfer, mit ihren jeweiligen inneren Objekten, ihrem Leid, den an sie übertragenen, auch übernommenen Loyalitätsverpflichtungen.

Für mich war es undenkbar – auch nach der Gruppeneinheit – den sichtlich angeschlagenen deutschen Teilnehmer z. B. zu trösten oder mein Mitgefühl zu zeigen – es ist mir gar nicht eingefallen. Damit reagiere ich so, wie es mir auch von Nazareth I berichtet wurde: eine gegenseitige hilfreiche Unterstützung der Deutschen gibt es nicht. Jeder ist für sich allein – vielleicht sogar froh, wenn es den anderen und nicht ihn selbst trifft.

Die jüdischen Kollegen erlebte ich eher so, dass sie einerseits ihre Unterschiedlichkeit gegeneinander deutlich, auch aggressiv, zu zeigen schienen, und doch war mir, als ob es eine darunterliegende Verbundenheit zwischen ihnen gibt – möglicherweise die Verbundenheit uns, den Deutschen, gegenüber. Vielleicht wollten wir Deutschen ›instinktiv‹ alles vermeiden, was nach deutscher Großgruppe aussah, vielleicht haben wir uns letztlich als einzelne sicherer darin gefühlt, als Kollektiv nicht schuldig zu werden.

Als Deutsche dem Leid der Israelis und unserem Leid wirklich Raum zu geben, ist, angesichts der Nazi Gräuel und der vielen Toten und aufgrund unserer latenten Unfähigkeit zu trauern, vielleicht ein Traum – in Nazareth II sollte das nicht möglich sein« (Thea Wittmann).

***

»Das Thema Hass/Faszination, Schuld und Schuldverarbeitung war mit einem weiteren Themenschwerpunkt verknüpft: Ist es überhaupt sinnvoll und ›legitim‹, wenn Deutsche in Gegenwart von Israelis ihren eigenen Hass auf die Naziväter und ihre Verstrickungen in Schuldgefühle artikulieren? Vor allem zu Beginn der Konferenz waren einige Deutsche außerordentlich skrupulös, selbst ›Raum einzunehmen‹. Von Schuld- und Trauerexhibitionismus war die Rede, was die Israelis als unnötig und für sie belastend erlebten. Die ständigen Zweifel und Skrupel, was wir uns als Deutsche überhaupt herausnehmen dürfen, lähmen allenfalls den Hass und die Anklagen der Opfer. Die allmähliche Überwindung dieser deutschen Zurückhaltung vonseiten der Deutschen führte dazu, dass sich einige deutsche Kolleginnen und Kollegen in den Small Study Groups mit der ungewissen Frage über das Ausmaß der Verstrickung ihrer Väter im Faschismus befassten. Interessanterweise ging es kaum um die Mütter. Es kam zu sehr schmerzlichen, von heftigen Trauer- und Hassgefühlen begleiteten Berichten einzelner Deutscher über reale oder fantasierte Verbrechen der Väter, die einige Israelis mit Interesse und Mitgefühl aufnahmen. Es entstand das Bild, dass beide, Israelis und Deutsche, gemeinsam in einem Haus, aber in getrennten Zimmern, trauern könnten« (Ursula Kreuzer-Haustein).

***

Das Kippa-Ereignis

»Am Sabbat in der Mittagszeit setzte ein deutsches Mitglied eine Kippa auf. Ein Israeli, der an demselben Tisch sitzt, wird auf ihn wütend, weil er ›alle orthodoxen Juden‹ hasse; ›sie unterdrücken uns, die säkularen Juden‹. Er regt sich derart auf, dass er sagt, er wolle alle orthodoxen Juden umlegen. Eine religiöse Israeli fragt ihn: ›Willst du wegen einer Kippa alle Leute töten, die eine Kippa tragen? Du weißt doch gar nicht, welche politischen Ansichten die haben! Es könnte sein, dass sie linksgerichtet sind wie du und ich auch!‹ Er fährt fort, sehr aggressiv zu sein: ›Das interessiert mich nicht.‹ Ein anderer Israeli ist derart empört über den ersten, dass er ruft: ›Wenn ich sehe, dass du ihn [den Deutschen mit der Kippa] tötest, töte ich dich!‹

Ich entdeckte mich,
1) wie ich jemanden verteidigte, der eine Kippa aufgesetzt hatte;
2) wie ich ein deutsches Mitglied verteidigte;
3) wie ich äußerst aggressiv gegen einen Israeli war, einen von den ›Unseren‹.

Ich bekam eine ziemlich kalte Abfuhr von meinen israelischen Freunden. Meine ›Angreifer‹ brauchten ziemlich lange, bis ihnen klar wurde, dass ich für diese Demokratie kämpfe und dass ich niemandem erlauben werde ›den anderen‹ umzubringen, bloß weil er eine Kippa trägt, und es irgendjemanden rasend macht. Wenn 1933, dort und damals, ein paar verrückte Leute den umgebracht hätten, der bereits dabei war, *die anderen* zu töten, wäre die Geschichte anders verlaufen. Wollten wir verstehen, was jetzt hier gerade passierte, dann mussten wir etwas begreifen, was dort und damals passierte. Wir brauchen dafür einen Partner, mit dem zusammen es möglich werden kann, den Fels der Erfahrung zu berühren. Es gibt keinen Weg, diesen Felsen zu berühren, als im Kontakt mit unserem eigenen Naziteil zu sein; man muss begreifen, wie es damals für einen Deutschen in Deutschland war, wie schwierig es war, überhaupt zu denken, geschweige denn, Widerstand zu leisten. Wahrscheinlich können wir nur dadurch die Faschismusgefahr bei uns stoppen.

Ich glaube, dass es zum ersten Mal beim ›Kippa-Ereignis‹ passierte, dass Deutsche und Israelis eine ›Mischung‹ schufen, in der der Angreifer nicht ›Made in Germany‹ war; im Gegenteil – beide aktiven Angreifer waren Israelis. Man konnte hier etwas über gegenwärtige israelische Aggressionen lernen (oder soll ich sagen, man sollte es lernen), die ihre Wurzeln natürlich in der traumatischen Vergangenheit haben. Aggressives Handeln durch Wechseln von Rollen war die Essenz des Lernprozesses: Jetzt kann das ›Opfer‹ der ›Angreifer‹ sein. Ich habe den Eindruck, dass die Ursache, die es uns ermöglichte, tiefer in die

Sache einzudringen, als wir es in Nazareth I vermocht hatten, darin bestand, dass wir alle Nazareth I Veteranen waren« (Yoram Hazan).

***

»Am Ende der zweiten Nazarethkonferenz wurde ein deutsches Mitglied massiv angefeindet. Er hatte sich am Sabbat eine jüdische Gebetskappe, eine Kippa, aufgesetzt. Er wurde im Plenum gefragt, weshalb er das gemacht hätte. Er schwieg. Das sei wie die Verhöhnung frommer Juden durch deutsche Soldaten. Er solle sich rechtfertigen, warum er, ein Deutscher, sich eine Kippa aufsetzt, es wäre Blasphemie. Er schwieg. An ihm entlud sich eine enorme Vorwurfsspannung, die in beiden Gruppen existierte, eine Form von Hass. Später erfuhr man, dass er zuerst nicht antworten wollte, um etwas kostbares Eigenes zu schützen, dass er dann jedoch nicht mehr reden konnte. Hinter der Vorwurfsspannung, der Empörung, dem Hass mussten sich nicht akzeptierte Schuld, Angst und Scham verbergen. Man hätte sie entdecken und akzeptieren müssen« (Hermann Beland).

***

»Dass beinahe nebenbei auch das Thema der *Geschichte von DPG und DPV* zu weiterer Entspannung zwischen den Mitgliedern beider Gesellschaften führte, hat etwas mit dem Interesse der israelischen Kolleginnen und Kollegen an dieser Geschichte zu tun. Sie wollten wissen, warum wir zwei Gesellschaften haben. Indem wir es ihnen erzählen, entwickeln wir gemeinsam mehrere Versionen und kommen schließlich auf die ›Vorzeit‹ der Spaltung zu sprechen: Eitingon, jüdischer Psychoanalytiker und Vorsitzender des ersten analytischen Instituts in Deutschland, wurde von den nicht jüdischen deutschen Kollegen vertrieben und ging nach Israel. Vielleicht, so eine der Fantasien in der Gruppe, sind wir auch deshalb in Israel zusammengekommen, um zu sehen, dass er und seine Urenkel, die jetzt dort leben und arbeiten, überlebt haben« (Ursula Kreuzer-Haustein).

***

»Wie kommen wir weiter von dort, wo wir ›die Dinge‹ zurückgelassen haben? Gibt es Leben in der Vergangenheit oder wenn diese Vergangenheit in der Gegenwart wiederkehrt? Nach meinem Empfinden gibt es eine Gefahr, indem die Erfahrung von Tod als so mächtig und überwältigend erlebt wird, dass wir paralysiert werden, den Verstand verlieren und sprachlos werden. Ich verbinde dieses Gefühl mit Bions Begriff von ›nameless dread‹ (namenloser Angst). Aber ich denke, es gibt Hoffnung und sie ist es, die uns zusammenbringt. Als Deutsche hatte ich das Gefühl, Hoffnung war in der Gegenwart der israelischen Gruppe. Die israelischen Teilnehmer repräsentierten Leben, widersprachen der unbewussten Vorstellung, alle sind tot, die als unbewusste Fantasie der nationalsozialistischen Vernichtungspolitik in der deutschen Psyche fortlebt. Die Gegenwart der Israelis verneinte den Allmachtscharakter dieser Fantasie und brachte uns zur Realität im Hier und Jetzt zurück: Einige haben überlebt und es gibt etwas Lebendiges in der Gegenwart, was wir bewahren können« (Hella Ehlers).

***

»Bei einem informellen Gespräch mit einem Israeli erlebte ich ein unvermutetes Feedback meines Gegenübers. Er machte mich auf eine Nuance meiner Sprache aufmerksam, in der ich bewusst betont philosemitisch formulierte, unbewusst aber eine antisemitische Assoziation zum Ausdruck brachte. Ich hatte nämlich die multikulturelle Lebensgeschichte meines Gesprächspartners sozusagen ›anerkennend hervorheben‹ wollen und dabei war mir die Tatsache seines Judentums peinlicherweise an den Schluss meiner kleinen Aufzählung der ihn prägenden kulturellen Sphären geraten. Nicht genug damit, versuchte ich diese Peinlichkeit zu überspielen, indem mir das Wörtchen ›sogar‹ in die Abfolge hineingeriet, sodass ich abschließend erklärte: ›Und dann sind Sie sogar noch Jude.‹ Das Feedback ließ mich mit Scham und Verwirrung reagieren. Der Israeli hatte dabei jedoch seine Hand auf meinen Arm gelegt und diese Nähe ließ meinen Kopf wieder klarer werden über die Beziehung dieser Situation zum Thema Antisemitismus. Wir hatten beide zuvor an der eben geschilderten Kleingruppe teilgenommen. Die Gruppe ließ solche verstehende Nähe der Zweierbeziehung wie zu erwarten vermissen.

Mir ist seit diesem Erlebnis persönlich noch mehr evident, dass der Antisemitismus tatsächlich primär ein Problem der Antisemiten ist, dass ich als Deutscher wohl einen jüdischen Gesprächspartner brauche, um gegebenenfalls meine eigenen ubw. Ansätze zum Antisemitismus im Kontext der deutsch und christlich geprägten Kultur – also z. B. im Medium meiner Sprache – wirklich und authentisch zu erkennen. Natürlich ist mir schon lange ein Ärgernis, wenn ich auf Rechnungen von deutschen Ärzten und Therapeuten die Worte ›Liquidation‹ und ›liquidieren‹ lese. Meine eigene diesbezügliche Formulierung sah immer davon ab – allerdings etwas zwanghaft; denn ›daran‹ (d. h. ubw. im Bann antisemitischer Sprache stehend) denken tue ich eben manchmal mehr, als ich selbst meine.

Ich sehe in diesem scheinbar naiven kollektiv-deutschen Sprachverhalten die Spur einer ›Grundannahme‹ im Sinne Bions, die im Nazismus tonangebend war und die ich ›Beziehungswillkür‹ genannt habe. Schematisch lässt sich diese ubw. Grundannahme für diesen Zusammenhang folgendermaßen formulieren: ›Was Antisemitismus bei uns hier und heute konkret ist, bestimmen wir Deutschen lieber selbst. Wenn Israeli und Juden sich dazu über uns äußern, verstehen wir das als Ausdruck ihrer – übrigens verständlichen und unvermeidlichen – Hypersensibilität nach dem Holocaust.‹ Mit dieser Formel möchte ich nachträglich auch die Grenzsituation seitens deutscher Teilnehmer in derjenigen Kleingruppe beschreiben, die sich während der Konferenz in Nazareth II als System Event mit Antisemitismus beschäftigte. Ein Stück deutscher ›Beziehungswillkür‹ blockierte die weitergehende Verständigung über Antisemitismus zwischen Israeli und Deutschen und zwischen den Deutschen« (Christoph Biermann).

***

»Meine eigene Grenzerfahrung – als Grenze dessen, was ich damals meinte ertragen zu können, scheint eigentlich ganz unspektakulär zu sein. In der Small Study Group half ich jemandem – einer Deutschen – beim Übersetzen. Es war etwas wie: ›ihr sitzt hier in einer Reihe‹ – ich sprach sie aus, die hilfreich gemeinten Worte: ›you are sitting in line‹. Zufällig fiel mein Blick auf einen israelischen Kollegen, der in diesem Augenblick vor meinen Augen in sich zusammenfiel. In meiner Erinnerung war es Jammer und Anklage, die nun gegen mich gerichtet aus ihm herauskamen. ›You seem to be so friendly, but …‹ ›Es sieht so aus, als ob du freundlich wärst, aber …‹ Meine Worte würden meinen Antisemitismus zeigen. (›In line‹ ist ein häufig gebrauchter Ausdruck zur Beschreibung des Anstehens der Juden zur Vernichtung.) Ich fühlte mich schnell unsäglich schuldig. Nicht dass ich alle seine Worte verstand, oder zunächst überhaupt verstand, worum es ging. Aber ich hatte unendlichen Schmerz und Verletzung an ihm gesehen, einem Kollegen, der gerade vorher etwas entspannter zu werden schien.

Ich war unfähig, seiner überwältigenden Reaktion etwas entgegenzusetzen, war erstarrt und in Tränen. Ich fühlte mich einfach nur schuldig. Alte körperliche Symptome waren plötzlich wieder zu spüren – hilflos entschuldigte ich mich schließlich – nachdem ich meine Sprache einigermaßen wiedergefunden hatte. Ich glaube, dass mein jüdischer Kollege wie ich unter der Last der Vergangenheit in der Gegenwart litt. Ich war nicht mehr in der Lage, den Vorfall einzuschätzen, zu differenzieren, mich zu distanzieren. Neben der persönlichen Neurose, die ja in extremeren Situationen immer mit hinein spielt, war ich in Seeon ja zum Mitläufer geworden – sollte ich hier durch den Gebrauch eines für mich wertneutralen Wortes bewiesen haben, dass ich doch eigentlich schuldig bin? War es nun klar, dass auch mir alles zuzutrauen ist? Am deutlichsten zu spüren war der Zweifel. Dieser Zweifel ist es, der meinem Schuldgefühl diese ungeheure Wucht verliehen hat« (Thea Wittmann).

***

»Zur Frage des Antisemitismus im Hier und Jetzt der Konferenz äußerten sich in der Kleingruppe mehrere Israelis mit Bezug auf bestimmte Sprachgewohnheiten von Deutschen. Deutsche würden immer wieder selbstverständlich und scheinbar naiv Worte und Wendungen benutzen, die in der einen oder anderen Form einen historischen Bezug zur Schoah besäßen, ohne dass dieser Bezug berücksichtigt würde. Für Juden dagegen seien Bezüge von Wörtern und Schoah ebenso oft im Sprachgefühl realexistent. Deutsche Teilnehmer, zunächst beim Thema Antisemitismus auffallend schweigsam, äußerten Erstaunen gegenüber dieser israelischen These. Jemand schlug vor – entsprechend der unterschiedlichen Geschichte – von einem unterschiedlichen Sprachgefühl von Israelis und Deutschen auszugehen; es komme dann darauf an, sich gegenseitig über diese Unterschiede klar zu werden. Die Israelis dürften nicht erwarten, dass die Deutschen gewissermaßen telepathisch vorauseilend dem jüdischen Sprachgefühl entgegenkommen könnten. Daher sei im ersten Schritt öfter mit Missverständnissen zu rechnen. Dieses einleuchtend aufgeklärte Votum für gegenseitige Sprachtoleranz konnte jedoch nicht zum Kristallisationskern eines Konsenses werden. Warum? Die Ausgangslage war eine verschiedene: Die Israelis hatten mit der deutschen Sprache ein Problem und deuteten dieses Problem als einen Hinweis für Mangel an Einfühlung seitens der Deutschen in die jüdische Lebenswelt, also als Zeichen des latenten Antisemitismus. Für deutsche Teilnehmer bestand primär ein solches Problem der Sprache überhaupt nicht. Sie fühlten sich durch die Israelis überfordert und zu Unrecht des Antisemitismus angeklagt. Unter den kollektiven Bedingungen von Jüdischsein und Deutschsein zerriss so im Hier und Jetzt die persönliche Kommunikation« (Christoph Biermann).

***

Das Unsichtbare anblicken: Das ungedacht Gewusste und das Unaussprechliche

Es gibt eine Menge »Gewusstes« über die deutsch-israelische Begegnung. Ganze Bibliotheken wurden geschrieben über Täter und über Opfer, über die erste, zweite, dritte Generation. Unsere Aufgabe war es, über das, was man weiß, hinauszugehen. Wenn die Phänomene so eindeutig sind, muss man genauer hinsehen, um an das Unsichtbare heranzukommen. Fantasien, Träume, Unbekanntes, Unverstandenes, Unausgesprochenes und Unaussprechliches sind die Wegweiser der Forschung. Wenn der Prozess sich entfaltet, geschehen erstaunliche Einsichten in den am wenigsten erwarteten Momenten.

Sie können beim Nachdenken über die Frage kommen, »warum ich die Gruppe verlassen habe, in der ich war«; beim Nachdenken über einen Traum, der im Kontext des Sozialen Träumens eine ganz spezifische Bedeutung bekam; durch den Widerhall einer Äußerung, die zum Schlüssel eines verriegelten Tores und zum Anfang einer ganzen Geschichte wurde, – alles zugleich bekannt und unbekannt – das ungedacht Gewusste.

Die Konferenz berührt die Tiefenüberzeugungen von Existenz und Identität, der eigenen wie der Gruppe. Sie errichtet haltende Grenzen, innerhalb derer das Unerwartete erforscht, durchdacht und akzeptiert werden kann. Es ist Teil der selbstgewählten Arbeitsaufgabe, die Gefangenschaft durch die Vergangenheit zu erkennen. Die sicheren Grenzen gaben Schutz, auch das »politisch Nicht-Korrekte« auszusprechen: Bekanntes, das nicht gesagt werden darf, »Heilige Kühe« von Gruppen und Einzelnen, die infrage gestellt wurden.

***

»Was aber sollte jemanden veranlassen, seine Überzeugungen aufzugeben und es anders sehen zu wollen und damit – möglicherweise – ein Tabu zu berühren? Warum sich an einem Geschehen beteiligen, das – vielleicht – ›obszön‹ zu nennen wäre? Sehnsucht könnte ein kraftvolles Motiv sein. Daneben vermute ich innere Notwendigkeiten, die zur Wahrnehmung der Beschädigungen von Identität und Beziehungsfähigkeit zwingen. Unbewusst ist, was nicht ertragen werden kann. Wie lassen diese Konferenzen ertragen, was unerträglich ist? Die Initiatoren der Konferenzen formulierten es so: ›unerträglicher Schmerz und unerträgliche Trauer bleiben unerträglich [...], wenn sie allein ertragen werden müssen.‹ Die Konferenzen geben Gelegenheit zu teilen, manchmal auch dann, wenn das unvorstellbar erscheint« (Eva-Maria Staudinger).

***

»In der israelischen Gruppe gab es von Anfang an Spannungen, die sich auf Zugehörigkeit und Loyalität bezogen. Einige Mitglieder dieser Gruppe hatten das starke Bedürfnis, die israelische Gruppe zu einer seelischen Haltung zu bringen, in der ›wir, die Überlebenden‹ einen tiefen Hass fühlen müssten und keinerlei Kontaktbereitschaft den ›Tätern‹ gegenüber fühlen dürften. Am Anfang der Konferenz konnte diese Gruppe von Israelis keine Differenzierungen machen oder darüber hinausgehen, dass ›alle Deutschen Nazis sind‹. Ein anderer Teil der israelischen Gruppe war nicht bereit, ›verrückt‹ oder undifferenziert zu sein. Konflikte ergaben sich bei Zuschreibungen von Verrat, Engstirnigkeit oder gespaltenen Loyalitäten. Trotz dieser Spannung präsentierte die deutsche Gruppe interessanterweise die Illusion, dass die Israelis sich einig, ohne Binnenkonflikte wären.

Am Anfang des Gruppenprozesses schien es mir, dass die Israelis eine leichtere Zeit als die deutschen Kollegen hatten. Es ist viel leichter, in der Position des berechtigten Anklägers und Angreifers zu sein, eine Position, die aus dem Opferbewusstsein stammt, als in der eines Angeklagten zu sein, dem nie etwas verziehen werden wird, gleichgültig um was es geht. Obwohl die Konferenz in Israel stattfand, und einige deutsche Kollegen ihre Angst ausgedrückt hatten, von den Israelis umgebracht zu werden, fühlten sich die

Deutschen gezwungen, die Projektionen, Nazimörder zu sein, zu akzeptieren, die Nazikammerjäger zu sein. Sie trugen die Schuld, die Scham, die Grausamkeit, ohne Aussicht auf Verzeihung.

Als die israelische Gruppe aus diesem Zustand von Undifferenziertheit und massiven Projektionen herauskam, wurde es schwerer und schwerer für sie, ihren Hass lebendig und nötig zu finden. Die anderen wurden zu Menschen. Lebensgeschichten gab es auf beiden Seiten, und in dem Maße, wie unsere deutschen Kollegen Trauer, Mitleid und Entsetzen für unsere Geschichten zeigten, entdeckten wir zögernd, dass ihre Erfahrungen ebenfalls herzzerreißend waren. Das Mitgefühl für ihre Leiden griff in der israelischen Gruppe um sich, und die Frage tauchte auf, was aus unserem Hass werden sollte. Ist er gut oder nur ein Gift für die Seele und für die Seele unserer Kinder? Wie sollen wir uns ohne Hass erinnern können und wie verhindern, dass alles wieder geschieht? Als diese Prozesse begannen, wurde es für die israelische Gruppe plötzlich viel schwerer. Das Vermächtnis für die nächsten Generationen tauchte als wichtiger Inhalt in vielen Gruppen auf. Die deutsche Gruppe musste damit umgehen, wie man den Kindern ihren Stolz auf sich, ihre Vorfahren und ihr Land retten kann, wenn sie sich doch beschämt und schuldig fühlen mussten, ohne Vergebung. Die israelische Gruppe musste damit umgehen, wie man die Erinnerung an den Holocaust lebendig bewahren kann, ohne die Kinder mit schrecklichen Gefühlen von Hass und Vergebungsverweigerung zu vergiften. Die Probleme sind ungelöst« (Irene Melnick).

***

»Für einige Tage herrschte in einer SE-Gruppe die sehr bedrückende Gleichsetzung ›deutsch gleich Nazi‹. Endlich schlug eine deutsche Kollegin eine Erklärung vor, zu der sie sich nach einer ziemlich verquälten Nacht durchgerungen hatte. Was ich davon erinnere oder daraus gemacht habe, ist etwa dies: ›Wir, die deutschen Mitglieder dieser Gruppe, können nicht erwarten – nach allem, was Deutsche in der Zeit des Holocaust zu verantworten hatten – hier von den israelischen Kollegen als Personen wahrgenommen zu werden. Das ist so. Aber wir möchten feststellen, dass wir keine pauschale Schuld übernehmen, sondern jeder für sich nur das, was er als Person zu verantworten hat.‹

Ich fühlte mich dadurch tief erleichtert, mit der schlichten Konsequenz:

Ich bin nicht mein Vater, ich bin seine Tochter. Diese Einsicht, die mir als mittlerweile erwachsenem Menschen mit einiger analytischer Erfahrung ja nicht neu sein konnte, war von da ab mit größerer Bestimmtheit lebbarer.

Damit verbunden war eine noch persönlichere Erfahrung, die mir vor allem Rafael Moses in einer Kleingruppe möglich machte.

Ein deutsches Mitglied des ›Staff‹ hatte mich ermutigt, nach Nazareth zu gehen, mit einer Art Versprechen, dass man sich am Ende doch als Person wahrgenommen fühlen würde und nicht nur als Mitglied einer Gruppe beurteilt würde. Das war eine bewegende Perspektive, aber ich konnte nicht recht an sie glauben, vor allem, weil ich kurz vor Beginn der Konferenz eine verstörende Erfahrung mit nahen jüdischen Freunden gemacht hatte: In dieser wichtigen Freundschaft hatte ich nicht nur mit meinen eigenen Projektionen zu kämpfen, sondern wurde als nicht jüdische Deutsche – für mich ganz unerwartet – mit einer Art Einfühlungsverweigerung und Verdrehungen der Biografie meines Vaters konfrontiert. Mit dem im Sinn kam ich ziemlich gepanzert nach Nazareth.

Wie Rafael Moses auf mich reagierte, war sehr hilfreich und hat mir zu wesentlichen neuen Erfahrungen verholfen: Er machte eine Bemerkung über meinen abgesperrten Zustand und reagierte sachlich und wohlwollend, als ich von der schmerzlichen Begebenheit mit meinen Freunden sprach, die sich bis dahin in mir verkapselt hatte. Das öffnete Schleusen, und wichtiger noch: Es wurde ein Moment persönlicher Begegnung, durch den ich mich eher aus meinen Verstrickungen und Projektionen lösen konnte.

Ich denke, dass die Erfahrung mit meinen Freunden nur die Verdichtung eines allgemeineren Dilemmas ist: Wir, als Deutsche, können nicht von Juden, denen – und oft, mittelbar, auch ihren Nachkommen – so kaum Vorstellbares zugefügt wurde, erwarten, dass sie uns wohlwollend zuhören können, wenn sie durch ihr Gegenüber, allein durch seine Existenz, an ihre Leiden erinnert werden. Dass man aber gerade diesen wohlwollenden Container braucht, um mit seiner persönlichen Schuld oder seinen Verstrickungen in Kontakt zu kommen, ist ebenso wahr wie eine analytische Binsenwahrheit« (Jutta Matzner-Eicke).

***

»Es gab auch kohärente Fragmente von lebensgeschichtlichen Erfahrungen, z. B. brachte eine deutsche Teilnehmerin eindrucksvoll ihr persönliches Dilemma zum Ausdruck: als Kind von Eltern aufgezogen worden zu sein, von denen sie sich geliebt gefühlt hat; gleichzeitig jedoch zu wissen, dieselben Eltern, beide Kinderärzte, mögen von dem Euthanasieprogramm gewusst oder sogar an der systematischen Vernichtung von geistesgestörten und behinderten Kindern und Erwachsenen teilgehabt haben, bevor diese Vernichtungsmethode für die ›Endlösung der Judenfrage‹ angewendet wurde. Sie hatte jetzt immer noch das Gefühl, liebevolle Eltern gehabt zu haben. Gleichzeitig sprach aus ihr ein Entsetzen, das mich an die biblische Geschichte von Lots Frau erinnerte, die angesichts des Horrors zur Salzsäule erstarrte, als sie auf Sodom und Gomorrha zurückblickte. In diesem Moment wurde mir plötzlich klar, warum die deutschen Teilnehmer sprachlos sind. Es wurde der Gedanke ausgesprochen, dass wir als in Deutschland aufgewachsene Kinder das Gefühl haben, Gift aufgenommen zu haben.

Später kamen uns Gedichte in den Sinn, Schuberts Winterreise. Es entstand eine Trauer in der Gruppe, über die zu sprechen sich erübrigte: Ich hatte das Gefühl, etwas sehr Kostbares verloren zu haben, was nun im Hier und Jetzt zwischen uns lebendig wurde« (Hella Ehlers).

***

»Small Study Groups bestehen aus neun bis zwölf Teilnehmern aus beiden nationalen Gruppen und einer/einem Consultant. Hier rückte die Sprache und deren Fähigkeit, unbewusste und verschüttete Inhalte an die Oberfläche zu bringen, unmittelbar in den Brennpunkt. ›Unschuldige‹ Wörter, die im Gebäudeplan der Akademie auftauchten, wurden mit Bedeutung aufgeladen: ›Lager‹ wurde mit Konzentrationslager, ›Gruppenraum‹ mit ›Lebensraum‹ in Verbindung gebracht. Das deutsche Milieu wurde überzogen mit seinen kulturellen Symbolen und Untertönen. Geruch und Geschmack von Essen und Kochen, der Anblick von Bäumen und Pflanzen und Besonderheiten der Umgebung waren für einige Israelis schmerzlich – es waren lange vermisste, ebenso eindringlich wie unerwartet auftauchende Geruchs- und Geschmackserinnerungen aus der Kindheit.

Die Plötzlichkeit des Auftauchens so vieler vergessener, verbotener und verdrängter Erinnerungen machte es anfänglich schwer, darüber in der Kleingruppe zu sprechen. Es wurde sehr leise gesprochen, in fast unhörbarem Flüstern – wie in einem Trauerhaus. Man machte sich nicht miteinander bekannt und wurde auch nicht nach seinem Namen gefragt. Dies änderte sich plötzlich, als eine Israelin sagte: ›Mein Name ist Sara, genannt nach meiner Großmutter.‹ Sie selbst und die ganze Gruppe erlebten diese ganz alltägliche Bemerkung, als hätte eine Bombe eingeschlagen.

Eine andere Szene: Alle Frauen sind schwarz gekleidet, die Gruppe ist gemischt, auch gemischte Nationalitäten. Tod und Trauer sind spürbar und gleichzeitig der Wunsch, die Last der nationalen Identität abzuwerfen. Das manifeste Thema ist *Gift* und *Paranoia: von den Eltern betrogen worden zu sein; die Welt als ein kranker, krebserregender Ort.* Die latente Gefahr ist eine Veränderung der eigenen Identität. Das Gespräch geht in Richtung Schnee und Winter. Der Consultant bietet Schuberts *Gefrorene Tränen* an. Abgestorbene Teile des Selbst sind unter Schnee begraben, vielleicht jedoch noch am Leben. Es kommt die Frage auf, ob die Israelis nach Deutschland gebracht wurden, um gefrorene (Selbst-)Anteile der Deutschen aufzutauen?

In der letzten Sitzung sitzen die Mitglieder derselben Nationalität paarweise zusammen. Wieder sprechen sie mit tonloser Stimme wie in Gegenwart von Toten. Es ist, als ob die gestorbenen Eltern in einem Kreis um die Gruppe herum säßen. Neben Gefühlen von Trauer und Ehrfurcht ist die Furcht spürbar, in den Raum des anderen einzudringen. Die Arbeit, eigene verlorene Anteile wiederzufinden, muss vorsichtig angegangen werden, um Raum und Identität des anderen, die jetzt so kostbar sind, nicht zu verletzen« (H. Shmuel Erlich).

***

»Warum ist es für einen Israeli unmöglich, den Bericht eines Deutschen über seinen Vater auszuhalten? Weil der positive Gefühle für diesen Nazi-Vater in dem Israeli hervorruft, die nicht ausgehalten werden können, sodass er drohte, die Konferenz zu verlassen, wenn der Deutsche nicht damit aufhörte. Der Gruppenleiter dieser Small Study Group überzog die Sitzung um 30 Minuten! Nur ein Gruppenmitglied hatte das bemerkt, sagte aber nichts bis zum folgenden Tag und dann in Form eines Vorwurfes.

Ein israelisches Mitglied sagte zu seinem deutschen Kollegen, dass der Deutsche die aggressive Reaktion des Israeli gesucht, provoziert habe. Dem Deutschen war das überhaupt nicht bewusst, er bemerkte aber Schuldgefühle gegenüber dem Israeli, obwohl er doch oberflächlich in gutem Glauben nur die eigenen schwierigen Gefühle, diesen Täter-Vater auch geliebt zu haben, berichtete. So dämmerte ihm im Weiteren, dass der Israeli Recht hatte und dass er das zur eigenen moralischen Entlastung wie einen schmutzigen Trick – unglaublich, aber wahr – getan hatte. Andererseits panikte der Israeli ebenfalls, als er gewahr wurde, wie er den Deutschen tatsächlich behandelte und entdecken musste, keine andere Wahl gehabt zu haben.

Diese starken, paradoxen Todeswunsch-Reaktionen, oft völlig unterdrückt, teils vorbewusst intendiert, treten an besonderen Beziehungskreuzungen auf, besonders dann, wenn ich es für mein eigenes (moralisches) Überleben nötig habe, des anderen moralische Verfassung zu untergraben. Die Moralzerstörung in dieser homosexuellen Vergewaltigungssituation, diesem narzisstischen Akt, diesem Ausdruck von Antisemitismus, eines Teils meiner Persönlichkeit also, hat ihre Ursprünge in ungelösten moralischen Katastrophenängsten und ist der manifeste Prozess, das eigene Versagen dem anderen in die Schuhe zu schieben, es auf ihn zu projizieren, fest mit ihm zu verbinden und ihn schließlich dafür zu töten! Der Israeli und der Deutsche trugen diese tiefe Auseinandersetzung, vor der sie sich existenziell fürchteten, mithilfe der Gruppe und des Gruppenleiters aus und durch. Das verhalf beiden, sich derer bewusst zu werden und in der Folge ausdrücken zu können, ja, diese erst erleben zu können und festzustellen, wie leid es ihnen jeweils für den anderen tat und dabei ihren jeweiligen Weg fortzuschreiten, jeder seinen, ohne dass eine Katastrophe vom Himmel fällt, hingegen sich in einer sich entfaltenden neuen Beziehungssituation zu befinden, die die sonst drohende Katastrophe in eine gute Situation gegenseitigen Vertrauens und Respekts verwandelt.

Beide zitterten noch ein Stück, als sie sich gegenseitig ein Glas Orangensaft einschenkten.

Es scheint eigengesetzlich in einer solchen sich überkreuzenden Beziehungsentwicklung, dass sich eine neue, gute wirkliche Situation einstellt. In gewisser Weise ist das ein Wunder. Vielleicht ist als ein nachträglicher Gedanke festzuhalten, das, was dem Israeli mit ermöglicht haben mag, sein unaushaltbares Leiden in der Situation durchzustehen und diese nicht zu verlassen, eine gespürte Bereitschaft in diesem Deutschen war, seinen Vater nach dieser Konferenz ›liebesmutig‹ gleichsam gefragt zu haben, was er wirklich im NS tat, welche Positionen er bekleidete, was er dabei fühlte und dachte.

Kurz danach starb dieser Vater an einer Exazerbation seiner psychosomatischen Erkrankung« (Thomas Erdmann).

***

»Traum (nach dem ersten Tag): ›Zu Hause ist unsere Heizung kaputt und außerdem abmontiert. Ohne mich zu informieren hatte meine Frau die Initiative ergriffen und an mir vorbei gehandelt. Ich bin entsetzt und schlage wütend auf umherliegende Gegenstände ein. Da kommt ein Heizungsmonteur, um den Schaden zu reparieren. Die Situation wird wieder normal. Noch im Traum zurückblickend überschätzte ich die Mutwilligkeit meiner Frau ebenso wie die bösen Folgen meiner Wut und die Unendlichkeit meiner Beschämung.

Ist die Rückkehr, hebräisch Teschuwa, auf die Hillel Klein sich bezog, ist Rückkehr zur Menschlichkeit möglich? Oder ist das nur ein infantiler Wunsch, wie in meinem manifesten Traum? Dort ist die Rede von Zerstörung und Reparatur einer Heizung. ›Wozu also die Aufregung?‹ rechtfertigt sich meine emotionale Amnesie; ›denn menschliche Wärme, also Menschlichkeit, ist eine Frage der Technik – keep cool!‹ Oder lässt sich Teschuwa verwirklichen, allerdings nur über Generationen in der historischen Dialektik von Zeitfluss und transgenerationeller Kulturgestaltung? Der Vater meiner Frau war SS-Wachmann in einem KZ – und meine Frau? Mein Elternhaus, aktiv – katholisch geprägt, gehörte de facto überwiegend zu den Mitläufern – und ich? Meine Wiederholungsträume vom katastrophalen Verlust einer Tasche, die mich trotz vielfältiger Deutungsversuche ostinato weiter mahnen – warum? Wenn es in meiner Kindheit nur um die Verluste von Taschen gegangen wäre – aber da verschwanden Menschen, für meine damalige Erfahrung ohne Abschied, ohne Worte, rätselhaft, schockierend bis heute.

So hoffe ich, dass eines Tages Deutsche, darunter ich selbst, und Israelis (wieder) miteinander jene Ambivalenz ertragen und fruchtbar machen können, die auch den Streit einschließt: Das wäre ein Merkmal von Normalität, wie mir ein israelischer Gesprächspartner unter vier Augen erklärte. Auch in Nazareth also die Macht der Amnesie, individuell, kollektiv, transgenerationell. Vieles blieb unausgesprochen. Ist das meiste unaussprechbar? Was ist ›das meiste?‹ Haben wir Deutschen die Vokabeln ›Menschlichkeit‹ und ›Grausamkeitsarbeit‹ (A. Mitscherlich) genügend buchstabiert und interpretiert, erfahren und verwirklicht? Nein, ›the Past in the Present‹ ist in dieser Hinsicht umso häufiger wirksam, als die mangelnde Unterscheidung zwischen Fantasie und Realität dem Einbruch transgenerationeller Fantasien aus dem NS in unser

Alltagshandeln wenig entgegenzusetzen hat. Zu Hause leide ich öfter an Albträumen, hier schlafe ich nach zwei Nächten wie in Abrahams Schoß. Manche meiner Patienten leben lieber traumfrei oder therapielos, als von ›the Past in the Present‹ betroffen zu sein. Eine Patientin ist Tochter des Bewachers in einer NS-Strafkompanie. Sie träumt angeblich nie. Ein Patient ist Sohn eines Mitgliedes von Erschießungskommandos. Bevor sich eine Klärung ergeben konnte, brach er die Therapie rabiat ab.

Traum (vorletzter Tag): Ich muss leider auf Dauer in einer psychiatrischen Klinik leben. Der Vorsitzende der DPV ist dafür unerheblich. Merkwürdig genug, aber ich fühle mich in dieser aussichtslosen Situation wider Erwarten nicht von Gott und Welt verlassen. Immer wieder erwache ich in dieser Nacht vom Schlaf in einer charakteristischen inneren Ruhe und ich erwache immer wieder, um mich dieser bleibenden inneren Ruhe zu vergewissern. Das Tagungshotel wird anscheinend Tag und Nacht unauffällig bewacht. Vorübergehend hatte ich Angst, für mich, für die Israelis, für die Palästinenser. Merkwürdig: Israelis beschützen mich, ein Mitläuferkind. Meine Fantasie von der Rache der Juden tritt vor diesem Hintergrund deutlicher ins Bewusstsein. Meine Körperbeschwerden sind fast gänzlich verschwunden. Rachel – erst saß ich unerträglich verloren neben der in Deutschland vor dem NS aufgewachsenen jüdischen Kollegin – brachte beim Abendessen die Rede auf ihre Trauer um den Verlust der deutsch-jüdischen Kultur. Sie arbeitet in einer Art ›Zentrum der Holocaust-Erinnerung‹. Dort können ältere Menschen, die im Holocaust verfolgt wurden, mit ihrer Hilfe die Erinnerungen aus der bisher tonangebenden Amnesie entwirren und als Erzählung auf ein Videoband aufnehmen lassen: Für die Erinnerung in den Familien, von Kindern und Kindeskindern« (Christoph Biermann).

**

»Milked« mit Gift

»Auf der Suche nach den Ursachen konflikthaften Erlebens stellte ein Mitglied des Staff, eine jüdische Frau der zweiten Generation aus Israel, einen Teil ihrer Einsicht in Wort und Bild zur Verfügung. Sie sagte auf einem Plenum: ›I was milked with tears.‹ Diese Bemerkung ließ mir keine Ruhe mehr. Ich musste nach einer Antwort suchen, obwohl ich nicht wissen konnte, wonach ich suchte und, wenn ich es gefunden hätte, ob es etwas wäre, das ich mit den anderen teilen könnte. Den Abend verbrachte ich in einem selbstanalytischen Prozess. Ich fand, wonach ich suchte, aber ich erschrak zutiefst darüber. Und mit meiner Antwort war ich allein. Am nächsten Morgen in der Small Study Group hielt ich es nicht mehr aus, mit dem mir Unerträglichen allein zu sein, und setze ein Zeichen, das der Consultant und die Gruppe verstehen und aufgreifen wollten. Beide halfen ein, der Consultant gab dem Gefühl Worte, etwas Unerträgliches müsse im Raum sein, und dann war es – ausgerechnet – eine jüdische Teilnehmerin aus Israel, die darum bat, zu teilen, was mir so unerträglich war. Ungläubig fragte ich zurück: ›Do you want to share a poison?‹ Ein beherztes und erkennbar von allen geteiltes ›ja‹ machte Mut und ich teilte mich mit. Ich hatte herausgefunden, dass ich wohl mit der Überzeugung zur Konferenz gekommen sein muss, alle Juden wären gleich. Ich hatte aber feststellen müssen, dass sie so verschieden sind, wie Menschen eben verschieden sind. Dann hatte ich mich gefragt, warum ich habe soviel Aufwand betreiben müssen, um herauszufinden, was ich schon immer wusste: dass Menschen verschieden sind. Nach und nach ›enttarnte‹ ich in mir meine Vorstellung, Juden seien alle gleich, als ›Symbol für eine Tötungsfantasie‹. Nun fand ich die Antwort, nach der ich gesucht hatte, und wagte erstmals in meinem Leben, diese Wahrheit über mich mit anderen zu teilen. Die Antwort hieß: ›I was milked with the poison of Nazi-Idea.‹ Tränen hatten meine Begegnung mit mir selbst am Abend zuvor begleitet und Tränen begleiteten meine Begegnung mit den anderen, als ich berichtete.

Es waren nicht nur diese beiden, die ihrer unbewussten Fantasie, mit Tränen bzw. Gift gestillt worden zu sein, auf die Spur gekommen waren. Andere, ebenfalls Frauen, der frühen Nachkriegsgeneration angehörend, machten, scheinbar völlig unabhängig voneinander, ähnliche Entdeckungen und fassten sie in ähnlichen Bildern. Nicht alle haben dabei bemerkt, dass ›to be milked‹ gar nicht, wie angenommen, den Vorgang des Stillens (›to nurse‹), sondern den des Melkens anspricht. Dieser Irrtum schien keine Rolle zu spielen, es war, als ob jeder verstand, wovon die Rede war. In seinem Bericht schlägt H. Shmuel Erlich für diesen Irrtum eine Deutung vor: Er könnte als Hinweis auf das unbewusste Erleben beim Gestillt-Werden verstanden werden, nämlich, zugleich gemolken und damit entleert worden zu sein. Es ist, als ob die Mütter ihre im oder gleich nach dem Krieg geborenen Kinder zum Überleben brauchten, als

›Quelle von Lebendigkeit, Hoffnung und Bestätigung von Leben und Zukunft‹. Ich bin noch nicht überzeugt, dass die Söhne gerade dieser Geburtsjahrgänge systematisch anders gestillt worden sind, auch, wenn Frauen darüber sprachen, Männer auf der Konferenz ganz besonders unterrepräsentiert waren und einer von ihnen, ein Deutscher, geradezu lospolterte, er habe von seiner Mutter ›immer frische Kartoffeln‹ zu essen bekommen. Wir brauchen Zeit, um mehr darüber zu verstehen und werden vermutlich feststellen, dass es auch an dieser Stelle mehr als eine Wahrheit gibt. Das anzuerkennen ist schwer, vielleicht in besonderem Maße für jene, die in der christlichen Tradition stehen« (Eva-Maria Staudinger).

***

»Es war April 1999, einer jener dunklen Tage Europas, Miloševitz. Ich bin auf einer Leicesterkonferenz. Universitätscampus, Tavistock Group Relations, Bion nach dem Zweiten Weltkrieg. Ich bin ein Mitglied einer Small Study Group, deren Consultant eine junge afroamerikanische Frau ist. Englische und dänische Männer in der Gruppe reden über ihre sexuellen Fantasien von jüdischen Frauen. Ein sehr angesehener Londoner Kliniker erzählt mir von seiner Gruppe im Institutional Event, die über ›jüdisches Zeug‹ gegangen sei. Er machte die typische Fingergeste für Geld. Später entdecke ich, dass es um ›Verantwortlichkeit und die Arbeit des Unbewussten‹ gegangen war.

Ich bin verwirrt und entsetzt und weiß nicht, wie ich diese neuen Daten mit meiner Erfahrung in Leicester und insgesamt mit meiner jüdischen Identität in Verbindung bringen kann. Ich bin überrascht, dass ich durch ein Gespräch mit einem deutschen Konferenzmitglied (das erste Mal in meinem Leben) Trost finde. Er erwies sich als ein wirklicher ›mensh‹ und wurde ein Freund.

Von dort ist der Weg nach Bad Segeberg kurz, nicht ohne Ambivalenz, wie mir das Verpassen des Verbindungsflugs von Italien nach Deutschland zeigte.

Es war im Sommer 1969. Rogers Plan war in der Luft. Goldman, der Präsident der zionistischen Bewegung redet mit Nasser, dem ägyptischen Präsidenten. Ich bin in Frankreich, auf einer Studentenkonferenz. Es gibt einen massiven Angriff aus der ganzen Europäischen Gemeinschaft, wiederum mit einer Ausnahme, einem Italiener, der wie der deutsche Typ im Jahr 1999 war. Ein türkischer Student klagt mich an, eine Rassistin zu sein, als ich auf die

Überlegenheit der israelischen Soldaten über die arabischen Soldaten hinwies. Angriffe auf Verbindungen, Bion. Das soll ich sein, eine Rassistin?

Sommer 2000, Bad Segeberg, Plenarsitzung, eine schöne deutsche Frau (weibliches Stereotyp aus SS-Filmen?) sagt: ›Ich bin die Tochter einer gewöhnlichen Nazimutter.‹ Der See und der Wald sind so schön, der ›Apfelkuchen‹, der ›Hering‹ und der ›Kartoffelsalat‹ schmecken so gut. Ich bin in einer Small Study Group mit einem deutschen Consultant, immer kritisch ihm gegenüber, habe meine Schwierigkeiten damit, eine deutsche Autorität zu akzeptieren, und dann kommt mein Satz – ›Ich habe eine gewöhnliche jüdische Nazimutter.‹ Ich? Wieder Angriffe auf Verbindungen.

Wie konnte ich solch eine schreckliche Sache über meine Mutter sagen? Warum habe ich es ausgerechnet in Deutschland entdeckt? Wohnen hier Grausamkeit und Schönheit zusammen? Wohnen Intelligenz und Vorurteil zusammen?

April 2001, der Traum von Frieden im Nahen Osten ist verdampft, Leicesterkonferenz, eine sehr vorsichtige Verhandlung mit dem Management, um den Passahfest Seder möglich zu machen/feiern zu helfen. Vier Israelis, alle Juden zusammen weniger als zehn, sitzen mit vielen nicht jüdischen Gästen um einen sehr großen Tisch. Ich bin stolz, der ›ganzen Welt‹ die Geschichte erzählen zu können: ›Lass mein Volk gehen‹ (vergiss dabei nicht das ›andere‹ Volk), und fühle mich nicht wohl bei den ›Hagada‹-Worten ›Gieße aus deinen Zorn auf das Volk, das dich nicht kennt‹. Am Ende des Seders kam eine schöne alte Melodie, ein traditionelles Lied aus dem Hause meines Vaters, gesungen von einem deutsch-jüdischen Psychoanalytiker, der nicht in Bad Segeberg teilnehmen konnte. Wieder ein Ausschluss.

Mai 2001, letzte Szene. Ich helfe meiner Mutter, ihr Haus für ihr Alter besser einzurichten. Ein Foto von einer schönen Frau fällt aus einem Briefumschlag. ›Diese Frau war eine Freundin deines Vaters im Krankenhaus in Deutschland‹, sagt mir meine Mutter und hilft mir auch das einzubeziehen.

Es gibt nie eine ›letzte Szene‹ in dieser endlosen Geschichte. Sommer 2001, der deutsche Außenminister Fischer besucht den Nahen Osten und fragt Arafat nach einem fürchterlichen Angriff auf einen Jugendklub in Tel-Aviv, ob er nicht die Terroristenaktivität mit der Wurzel ausreißen könne. Arafat fragt zurück, ob er, Fischer, den Antisemitismus ausreißen könne« (Daniela Cohen).

***

Erinnerte Augenblicke: Berichte von kritischen Ereignissen

Jeder Teilnehmer weiß Augenblicke zu nennen, die lange nach dem Ende der Konferenz in der Erinnerung und manchmal über Jahre frisch bleiben. Die erinnerten Augenblicke werden nicht nur erinnert, sie werden Anlässe dauernder Arbeit, werden betrachtet und wieder betrachtet: Sie werden durchgearbeitet bei dem Versuch, ihren Sinn und ihre Bedeutung zu entdecken. Es werden sehr persönliche Augenblicke sein, die nicht unbedingt von anderen bemerkt oder geteilt worden sind. Es können auch Augenblicke in Gemeinschaft sein, bemerkt von anderen und geteilt mit ihnen. Von besonderem Interesse sind jene Momente, die von mehreren Teilnehmern erinnert, aber aus verschiedenen Perspektiven, manchmal sich ergänzend, manchmal sogar gegensätzlich gesehen werden. Im Folgenden sind Beispiele dieser Art, verschiedene Erfahrungen von demselben Ereignis also, gesammelt.

Der »System Event« hat einen besonderen Platz unter den erinnerten Augenblicken. Das erstaunt nicht, weil diese Gruppenform die Bühne für das unbewusst dramatische Handeln der Konferenz bereitstellt, die Vergegenwärtigung der zentralen Themen schafft.

Der System Event unterscheidet sich von allen anderen Gruppenformen der Konferenz. Während alle anderen Gruppenformen vom Staff festgelegt werden – sei es die Plenarsitzung, an der alle teilnehmen, sei es die Small Study Group, die aus allen Nationalitäten gemischt ist, oder die Review und Application Groups, die national gebildet werden – sind es in diesem Falle die Mitglieder, die sich selbst in Gruppen aufteilen. Im System Event gibt es immer viel Bewegung, weil die Teilnehmer zwischen Gruppen und Räumen unterwegs sind. Das Management steht zur Verfügung, interagiert mit den Teilnehmern und wird von ihnen beobachtet, entsprechend gibt es viel Bewegung hin zum und weg vom Managementraum. Arbeitshypothesen über die gegenwärtigen Dynamiken werden in Umlauf gebracht. Alles dies schafft ein lebendiges Geschehen, das zeitweilig chaotisch werden kann und Gefahr läuft zu desintegrieren. Die intensive Beteiligung an den Ereignissen und das Nachdenken über einige Vorkommnisse nimmt einen zentralen Platz unter den erinnerten Augenblicken ein.

Mit dem System Event beginnt am zweiten Tag die Konferenz in gewisser Weise ein zweites Mal. Sein Beginn wirkt als neuer Anfang der Konferenz. Einige der Anfangsängste sind vergangen, man kann sich in dem Gesamtgefüge etwas orientieren, die Art der Arbeit und die Beziehungen haben angefangen sich zu entwickeln. Der Event beginnt mit zwei getrennten Vollversammlungen, eine für die Israelis und eine für die Deutschen, und geht dann über sieben Sitzungen.

Zum ersten Mal treffen sich beide Nationen als Gruppen – eine Gelegenheit, die Bewusstheit der eigenen Nationalität im Hier und Jetzt zu erleben. Zu diesem Zeitpunkt zusammen zu sein, weckt vertraute, aber auch unerwartete Reaktionen. Im Anschluss an die getrennten Eröffnungen beider Vollversammlungen besteht die Möglichkeit, sich in neue Gruppen aufzuteilen, um die Primary Task des System Event zu realisieren. Nach welchen Gesichtspunkten werden sich die Teilnehmer aufteilen? Wer wird die Initiative übernehmen? Auf welche Weise wird Führerschaft verwirklicht? Welche Diskussionsthemen wird es auf der bewussten Ebene geben, und um was geht es auf der verborgenen Ebene? Jede Untergruppe geht durch ihre eigene Entwicklung, hat ihr Ziel, ihre Kultur und ihre Art des Umgangs, intern wie extern. Die ganze Zeit während des System Event diskutiert der Staff öffentlich und formuliert Verständnisse dessen, was sich im Gesamtsystem abspielt. – Es ist kein Wunder, dass so viele Teilnehmerbeiträge mit den Gruppenereignissen des System Event zu tun haben.

Nazareth I

Die erste Nazarethkonferenz war eine Reise in ein unerforschtes Land. »Wie wenn man dahin reist, wo niemand vor uns gewesen ist.« Sie begann in einer Vollversammlung mit 55 Teilnehmern, Staff und Mitglieder. Es war ein großer Raum. Der Staff saß an einem Ende in einer langen Reihe mit Eric Miller als Direktor in der Mitte und mit Kathy White, der amerikanischen Vizedirektorin, an seiner Seite. Die 46 Mitglieder saßen in vier Stuhlreihen, die vorher in dieser Form angeordnet waren. Der erste Wortwechsel wurde schon erwähnt. Ein deutscher Teilnehmer hatte gesagt: »Ich bin enttäuscht. Warum sind so wenige Israelis hier?« »Wenn ihr nicht so viele umgebracht hättet, wären hier mehr«, war die sofortige Antwort gewesen. Der Angstpegel, der schon vorher hoch gewesen war, stieg nach diesem Wortwechsel. Es dauerte nicht lange, bis jemand sein Unbehagen mit der Sitzordnung äußerte: »Ich fühle mich auf meinem Platz überhaupt nicht wohl. Ich kann niemanden richtig sehen, nur

Rücken.« Ein anderer schloss sich der Klage an, und dann sagte jemand: »Wir können die Stühle ja anders stellen.« Innerhalb weniger Augenblicke waren die Stühle umgestellt. Ein großer Kreis entlang den Wänden des Raumes war gebildet. Einige Stühle waren wieder vor den anderen und störten »die Sicht«. Der Staff hatte seinen Platz nicht verändert und war jetzt von dem großen Kreis eingeschlossen. Zwei Teilnehmer, eine Deutsche und ein Deutscher, die nahe beieinander gesessen hatten, hatten ihre Stühle in dem Chaos nicht umgestellt. Sie wurden zu einer Insel. Sie hielten symbolisch das Zentrum. Die Mitglieder konnten sich jetzt mehr oder weniger sehen, mussten aber schreien, um gehört zu werden. Es war wiederum nicht »gemütlich«. Jemand sagte: »Ich wollte meinen Stuhl nicht umstellen, aber die Mehrheit hatte anders entschieden, also machte ich mit.«

Hatte eine Mehrheit entschieden? Wurde es überprüft? Nach zehn Minuten Konferenz gab es eine Aufforderung zur Aktion und der »Mob« folgte, ohne die vorher bestehende Ordnung oder die Wünsche von Einzelnen zu berücksichtigen. Dies war das erste Mal, dass die »Vergangenheit in der Gegenwart« auftauchte. Die beiden Mitglieder, die sich geweigert hatten, mitzumachen, waren Veteranen aus früheren Group-Relations-Konferenzen. Sie waren mit »Widerstand gegen Gruppendruck« ausgestattet. Für mich (M. E.-G.) war ihre Tat aller Ehren wert. Aber – nicht für alle:

***

»Als wir uns zuerst im großen Rechteck trafen (oder war es ein quadratischer Raum?), war die Sitzordnung so, dass Consultants in einer diagonalen Linie saßen, in der Art einer römischen Phalanx, die die Staffgruppe von den Teilnehmern trennte. Die Teilnehmer saßen eng in einem Halbmond. Das hatte die Wirkung, dass die Mitglieder der Staffgruppe von allen gesehen werden konnten, jene Mitglieder des Auditoriums, die es wagten das Wort zu ergreifen, nicht von den anderen Zuhörern gesehen werden konnten, es sei denn, man verdrehte seinen Hals wie ein Strauß.

Sie können sich daran erinnern, dass allein schon diese Anordnung von Anfang an eine Rebellion gegen das Management weckte. Als eine Sitzordnung im Kreis vorgeschlagen wurde, konnte man die starke Zurückhaltung in der Staffgruppe fühlen, diesem Vorschlag zu folgen, und außerdem war da noch die merkwürdige Opposition von zwei Teilnehmern, die sich weigerten, in den Kreis zu ziehen. Sie gaben keine Erklärung ihres Verhaltens; ich bekam in einem privaten Gespräch eine Erklärung von der Frau, die sich geweigert hatte umzuziehen. Sie sagte mir, dass sie so kurzsichtig wäre, dass sie fürchtete, in der großen Runde das Gesicht ihres Gegenübers nicht erkennen zu können. Was die Führung motivierte, eine Sitzordnung im Kreis abzulehnen, ist mir unbekannt. Sollte man denken, dass es von Anfang an einen Plan gab, den vorausgesetzten gegenseitigen Antagonismus in der Gruppe auf die Führung zu lenken? Wollten sie den angenommenen unbewussten Antagonismus zwischen Deutschen und Israelis auf sich verschieben, um den Anfang der Diskussion zu erleichtern?« (Martin Wangh)

***

Der erste Teil des System Event

»In der israelischen Gruppe diskutierten wir für uns, welches Thema wir für eine Zusammenarbeit mit unseren deutschen Kollegen vorschlagen sollten. Mehrere Themen wurden vorgebracht, und ich schlug die einfache Frage vor: ›Wie manifestiert sich die Vergangenheit in der Gegenwart?‹ Während der Diskussion kam eine Vertreterin der deutschen Gruppe herüber (Veronika) und schlug ein Thema vor, an dem einige Deutsche interessiert wären: ›Stereotypen, die jede Nation von der anderen hat.‹ Gila bemerkte, dass dieses Thema dem ähnlich war, das ich vorgeschlagen hatte. Das schien der Fall zu sein, und so verließen Gila, Irena und ich sofort – und, wie sich zeigte, zu hastig, die israelische Gruppe und trafen eine Gruppe von etwa zwölf Deutschen. Nach einigen Minuten schlossen sich uns noch vier Israelis an. Mit der Hilfe von Consultants stellten wir einen Arbeitsplan für diesen Tag auf.

Wir stimmten überein, dass wir am Ende des Tages entscheiden würden, was wir in den zwei Sitzungen machen wollten, die am nächsten Tag blieben. Ich erinnere diese Zusammenarbeit im Rückblick als angenehm, business-like und ganz besonders faszinierend.

Am Ende des Tages trennten wir uns – die Deutschen und die Israelis –, sodass jede Gruppe für sich entscheiden konnte, wie man fortfahren will. Da wir Israelis alle den Eindruck hatten, dass wir produktive Arbeit geleistet hatten, wollten wir den folgenden Tag in derselben Form fortsetzen.

An dieser Stelle mussten wir eine große Überraschung erleben. Die Deutschen entschieden, dass sie am folgenden Tag nur eine Sitzung lang mit uns arbeiten wollten, während sie die letzte Sitzung als ein ›rein deutsches‹ Forum haben wollten, um Themen unter sich zu klären.

Von hier an werden meine Eindrücke weniger und weniger objektiv. Auch die vorangegangenen Eindrücke sind von Subjektivität nicht frei, aber in ihrem Fall würde es, so scheint mir, nicht viele Meinungsverschiedenheiten über die Fakten geben. Von diesem Punkt an sind die Eindrücke selbst die Fakten, und so wird das Bild, das ich zeichnen werde, teilweise und eventuell egozentrisch sein, und jeder, der das Bedürfnis hat, ein vollständiges Bild von dem zu bekommen, was dort geschah, sollte es sicher nicht mit der folgenden Beschreibung tun.

Was denken die Israelis?
Im *Buch der Höflichkeitsregeln*, das wir unterzeichnet haben, gibt es ein Kapitel über die Art und Weise, wie man sich in Situationen benimmt, wenn eine Person von einer anderen verletzt wird. Wir handelten entsprechend diesen Regeln mit Rücksicht auf unsere deutschen Kollegen. Wir sagten, dass unsere Meinung über unsere gemeinsame Zukunft anders wäre, aber wir natürlich ihre Meinung respektieren. Wir würden den nächsten Tag entsprechend ihrer Entscheidung arbeiten. Die *Regeln der Höflichkeit* halfen uns, mit der Bedeutung von Beleidigung umzugehen, die wir zuerst fühlten.

Wir Israelis trafen uns dann, um zu erörtern, was geschehen war. Als wir begannen miteinander zu reden, verstanden wir sofort, dass es ein Beispiel von ›Vergangenheit in der Gegenwart‹ war. *Die Deutschen hatten beschlossen, ohne die Juden unter sich zu bleiben.*

Die verschiedenen Reaktionen erstreckten sich vom Wunsch, aufzustehen und die deutsche Gruppe sofort zu verlassen, bis zur Vorstellung eines ›Zusammentreffens zur Schlacht‹ – d. h. es als Thema für den nächsten Tag zur Sprache zu bringen, als genau das, wofür wir zur Konferenz gekommen waren.

Die Ausschlussbedeutung wirkte enorm stark. Es war, als ob wir wirklich ›dort‹ in den 30ern waren, und sie uns hinauswarfen. Das führte zu heftigen Wutgefühlen wie zu dem Wunsch, das Ganze auf keinen Fall im Schweigen verschwinden zu lassen. ›Dieses Mal zeigen wir es ihnen!‹, war die Essenz unseres Versprechens. ›Wir werden ihnen einen guten Kampf liefern.‹

An diesem Abend nahm ich bei den informellen Begegnungen mit den

Deutschen die dünne Trennlinie zwischen zivilisierten europäischen Manieren und dem intensiven Wunsch wahr, sie aufzufordern zur Hölle zu fahren, ebenso die Linie zwischen der menschlichen Begegnung mit mutigen Kollegen, die gekommen waren, um mit uns zusammen eine komplizierte Sache zu untersuchen, und dem verrückten Gefühl, dass die deutschen Bastarde schon wieder Rassengesetze einführen und ein ›rein deutsches‹ Forum für sich organisieren wollten.

Am nächsten Morgen
Für mich war diese Sitzung die wichtigste der ganzen Konferenz. Es ist nicht fair, so selektiv vorzugehen, aber ich denke besonders über diese Sitzung immer wieder neugierig nach und möchte jene Momente finden, die so schwer zu rekonstruieren sind, in denen das passierte, was die ganze Sache zu einem wirklich fühlbaren Ereignis machte.

Wir haben ihnen wirklich einen ›guten Kampf geliefert‹! Wir sagten den Deutschen, dass, auch wenn es anerkannte Regeln gibt, nach denen sie entschieden hatten, was sie tun wollten, und wir ihre Entscheidung respektierten, hier dennoch auf einer Ebene, über die im Allgemeinen nicht geredet wird, etwas ganz anderes stattgefunden hat, was für diese Konferenz absolut wesentlich wäre und deshalb deutlich erörtert werden müsse. Auf dieser Ebene wären die Deutschen wieder einmal unter sich geblieben, indem sie die Juden ausgeschlossen hätten. Wir sagten, dass der Unterschied zwischen damals und heute der ist, dass diese Juden sonst wohin gehen müssen, aber heute den Deutschen sagen können, dass sie sich zur Hölle scheren sollen.

Dieses Mal war der Schock ihrer. Zuerst verstanden sie nicht. Dann versuchten sie, alles zu erklären, und, das Schlimmste von allem, sich zu entschuldigen, falls sie uns verletzt hätten. Ihre Erklärung hieß, dass sie nur nach *den Regeln gehandelt* und nichts Illegitimes getan hätten usw. und dass dies ein Mehrheitsbeschluss gewesen sei. Es brauchte Zeit, bis auch sie die frostigen Töne hörten, die wir am Abend zuvor gehört hatten. Auch für sie tauchte dann das ›Gestern‹ im ›Heute‹ auf.

Ich dachte über den Albtraum derer nach, die keinen Staat oder ein Gästehaus in Nazareth hatten, verglichen mit den Deutschen, die jetzt mit damals konfrontiert waren. Ich dachte an meine Mutter und die unbeschreibliche Angst, die sie gegenüber den Deutschen erlitten hatte, und was es für sie bedeutet, dass ich jetzt hier bin. Sie verzeiht ihnen nie, und vielleicht wäre es wirklich besser gewesen, weit entfernt von der Konferenz zu bleiben und die Versuche, sich näherzukommen, späteren Generationen zu überlassen.

Ein anderer Gedankengang entwickelte sich ebenfalls aus diesen freischwebenden Assoziationen. Ich stellte sie mir vor, die Gesichter, die ich überwiegend nicht kannte. Als sie uns sagten, dass es ein Mehrheitsbeschluss war (dass die Deutschen unter sich blieben), versuchte ich zu raten, wer ›gegen uns‹ gestimmt hatte – wer hatte solch ein Nazigesicht. Ich machte eine Selektion, ich teilte sie in Gute und Schlechte ein und ich ›wusste‹, dass ich den Unterschied sehen könnte. Später dachte ich, ›sie sind alle gleich‹ und dass sie am Ende alle eliminiert werden sollten. Sie verdienen es – schließlich sind es Deutsche. Ich dachte sogar daran, wie man es machen könnte.

Als sie schrittweise zu verstehen begannen, was geschehen war, als sie eine ›Nur-Deutsche‹-Sitzung beschlossen hatten, blieb für mich nur Leere zurück, und ich wollte weg von diesen Leuten, die einen derartigen Hass in mir ausgelöst hatten. Ich erinnere mich an die nächste Sitzung nur noch vage; ich hörte nicht wirklich zu. Ich weiß nicht, was mich irgendwann dazu brachte, auf ihre Namen zu horchen und ihre Namen mit ihren Gesichtern zu verbinden. Zuerst passierte es, und erst dann wurde mir bewusst, dass es geschah. Ich spielte mit den Namen, manche von ihnen fremd und kalt – Rolf, Gertrude, Carl, Werner, Siegfried, Thomas – und andere etwas weicher – Michael, Gisela, Veronika, Christoph, Uschi. Ich weiß, dass es niemandem seltsam vorkommt, wenn ich sage, dass sie allmählich zu meiner völligen Überraschung anfingen, menschlich zu scheinen« (Yoram Hazan).

* * *

Eine deutsche Perspektive

»In der ersten Sitzung des System Event tagten Israelis und Deutsche getrennt. Die Sitzung der Deutschen haben hinterher einige Teilnehmer als tumulthaft und chaotisch beschrieben. Dazu trug sicher bei, dass hier zum ersten Mal alle deutschen Teilnehmer als Gruppe zusammensaßen. Ohnehin durch die Anreise am Vortage, die noch bestehende Unvertrautheit, den Beginn der Konferenz und die vorausgegangenen Kleingruppen- und Plenarsitzungen, schon bis an die Grenzen ihrer Stabilität belastet, sahen sie sich nun einer Großgruppensituation konfrontiert, die unpräformiert war, also keine sichernden Strukturen hatte. Die deutschen Teilnehmer mussten sich erst einmal zusammenfinden, aber waren zugleich vor die Aufgabe gestellt, in dieser einen Sitzung von 90 Minuten Entschlüsse zu fassen, in welchen Zusammensetzungen, mit welchen Zielen, in welchen Räumen sie weiter tagen wollten. Tumult und Chaos liegen unter solchen Umständen nicht fern.

Eine Grundströmung, die zunächst ich am deutlichsten vertrat, zielte darauf, eine Untergruppe zu bilden, die den israelischen Kollegen gemeinsame Sitzungen anbietet. Andere teilten meine Anregung und gegen Ende der Sitzung sprang eine Teilnehmerin auf und schlug vor, wer ein Interesse daran habe, den Israelis das Angebot zu unterbreiten, über gegenseitige Klischees zu sprechen, der möge ihr folgen. Wer gruppendynamische Erfahrungen hat, weiß, welche Dramatik, die von außen wie ein Sturm im Wasserglas aussieht, sich in einem solchen Augenblick entfaltet. Bald waren elf Interessenten versammelt, und die so entstandene Gruppe machte die Initiatorin sofort zur Emissärin, um das vorgeschlagene Angebot den anderswo tagenden Israelis zu unterbreiten.

Die Israelis diskutierten mit sehr viel mehr abwartender Ruhe in dieser ersten Sitzung. Sieben von ihnen folgten dem deutschen Angebot.

In der zweiten Sitzung des System Event, am Abend des zweiten Tages der Gruppenkonferenz, in der ersten Sitzung der gerade gebildeten Gruppe von Israelis und Deutschen, kamen beide Seiten überein, zunächst zusammen zu tagen und am Ende der Sitzung getrennt zu überlegen, wie die fünf verbleibenden Sitzungen des System Event am nächsten und übernächsten Tag gestaltet werden sollten.

Bei den Deutschen bildete sich rasch eine von der Mehrheit geteilte Meinung, vier Sitzungen mit den Israelis und die letzte Sitzung mit den übrigen Deutschen zu verbringen. Der Beschluss kam zustande. Das dumpfe Gefühl, falsch zu handeln, trieb mich dazu, die Mitteilung des Gruppenbeschlusses nicht dem Wortführer der Mehrheitsmeinung allein zu überlassen, sondern ihm zu folgen, um wenigstens noch eine Reservatio mentalis anzumelden.

Die Israelis entschieden einmütig, mit den deutschen Kollegen bis zum Ende des System Event zusammenzubleiben. Als die Resultate ausgetauscht wurden, wirkten sie überrascht und verletzt. Mir fuhr ein Stich ins Herz. Meine Versuche, die deutsche Position abzuschwächen, verhallten ungehört. Die Israelis nahmen den deutschen Vorschlag an.

Bewusst und gegenwärtig hatten die Deutschen vernünftige Gründe für ihre Entscheidung gehabt. Der Wunsch war deutlich, über die einzige Sitzung der deutschen Gesamtgruppe nachzudenken. Meine Einstellung war eine andere. Mit Deutschen, dachte ich, kann ich in Deutschland reden, hier sind die Gesprächspartner die Israelis. Ohne sie zu tagen, würde bedeuten, sie auszuschließen. Ging es dabei auch nur um eine von fünf Sitzungen, so verschob sich in symbolischer Verdichtung auf diese eine Sitzung alles. ›Die Deutschen schließen die Juden aus‹, hämmerte es mir durch den Kopf. Ich hatte zwar dagegen gestimmt, aber mich nicht dagegen gewehrt, dass die Meinung der Mehrheit entscheidet. Ich hätte sagen müssen: ›Ich mache hier nicht mit!‹

Zunächst völlig absorbiert von dem Versuch herauszufinden, wie ich mich anders hätte verhalten sollen, kam ich nach und nach dazu, mir stattdessen anzusehen, wie ich mich tatsächlich verhalten habe. Gegen meine klare Absicht hatte ich mich der Mehrheitsentscheidung gebeugt. Ich erinnerte mich an einen Satz von Hillel Klein: ›Das Problem sind die Mitläufer.‹

Als am nächsten Morgen die dritte Sitzung im System Event begann, saßen sich Israelis und Deutsche in beträchtlichem Abstand voneinander in zwei geraden Stuhlreihen gegenüber. Genau in der Mitte der Israelis saß ein schlanker blonder Mann. Ihn musternd fiel mir auf, dass ich mich, ohne darauf zu achten, genau in die Mitte der Deutschen gesetzt hatte, ihm also genau gegenüber. Mit ihm, dachte ich, muss ich mich auseinandersetzen. Erst später merkte ich mir seinen Namen. Er heißt Yoram.

Die Israelis schienen überzeugt, dass die Deutschen keine Ahnung von der Wirkung ihrer Entscheidung hatten. Diese Überzeugung bekamen die Deutschen in dem Vorwurf, eine ›pure german group‹ einzurichten, sehr zu spüren. Die Israelis sprachen von ›einer kalten Entscheidung‹.

Die zuvor geschilderte Sitzordnung warf Yoram und mir Leitungsfunktionen zu. Yoram machte sich zum Sprecher der israelischen Gruppe. Er hämmerte seinen Zorn in die gegenübersitzenden Deutschen hinein. Ich bekam von dem, was Yoram sagte, nur Bruchstücke mit. Meine Aufmerksamkeit wurde in dieser Sitzung durch eine illusionäre Verkennung gebannt, die vielleicht durch die Wiederkehr von Verdrängtem, sicher durch die Belebung von oft gesehenen Bildern mit mächtigen Affekten entstanden war: Die sieben gegenübersitzenden Juden erschienen mir wie eine verschworene Einheit, in der es keine Individualitäten mehr gab. Der Dehumanisierungsprozess der Vergangenheit hatte die hier versammelten Teilnehmer an der Gruppenkonferenz eingeholt. Das galt für beide Seiten, wie ich später erfuhr. Wie ich den Blick für die Individualität der gegenübersitzenden Israelis verlor, so machte deren Gegenwartsblindheit aus den ihnen gegenübersitzenden elf leicht voneinander unterscheidbaren Frauen und Männern aus Deutschland elf gesichtslose Nazis.

Der Wortwechsel geriet in den nächsten Sitzungen in ruhigere Bahnen. Ich war erschüttert von der Intensität abgründigen Hasses, hing sehr in Gedanken, hörte kaum zu, aber bemerkte, wie mit der ruhiger werdenden Gruppenatmosphäre für mich die den Deutschen gegenübersitzenden Juden Individualität gewannen, Namen bekamen, die ich mir, soweit ich sie nicht schon kannte, zu merken versuchte. Differenziertere Gefühle von Sympathie und Antipathie begannen die Bilder, die sich boten, mit Leben zu erfüllen. Dieser die Vergangenheit von der Gegenwart trennende Prozess der Re-Individualisierung war der eindrucksvollste Moment der gesamten ersten Konferenz« (Carl Nedelmann).

***

Dasselbe Ereignis – eine andere Version

»Während der gesamten Konferenz, aber besonders während des System Event, bekam ich mehr und mehr das Gefühl, zum Inbegriff des Bösen und der Unmenschlichkeit zu gehören. Es gab winzige Ereignisse, Nebenbemerkungen von der/dem einen oder anderen der Kolleginnen und Kollegen aus Israel, die in der Summe zu diesem Gefühl beitrugen, das ich damals nicht hätte in Worte fassen können. So wahrgenommen zu werden war nicht neu für mich, aber noch nie in meinem Leben war es mir so unmöglich gewesen, mich diesem Gefühl zu entziehen. Ich glaube, die frühe Aufspaltung der Untergruppe der Deutschen war Ausdruck der Abwehr gegen ebendies Gefühl gewesen.

Aber die Zusammenarbeit mit unseren israelischen Kollegen und Kolleginnen führte in eben die Erfahrung hinein, vor der wir zu fliehen versucht hatten.

Einige Deutsche und Israelis hatten versucht, sich während des System Event auszutauschen über ›Geheimnisse, die wir vor einander haben‹. Dies war ängstigend für uns alle, und wir konnten nicht damit beginnen, bevor die

Berater, um die wir gebeten hatten, zu uns gekommen waren. Dann äußerte ein Israeli die Vermutung, dass – wären sie heute in Deutschland – sie dort verfolgt würden wie seinerzeit ihre Eltern. Ich sagte darauf, dass dies ein Gedanke war, den ich am Tag zuvor auch gehabt hatte: Selbst heutzutage könnten die Israelis nicht sicher sein bei uns; und überdies fühlte ich mich nicht sicher mit ihnen. Wären sie weniger zivilisiert, würden sie uns nicht wieder nach Hause lassen, sondern Rache an uns nehmen und uns ihrerseits umbringen.

Offensichtlich war es nicht genug, diese Gedanken und Ängste auszusprechen – wir mussten sie agieren:

Wir hatten zwei weitere Sitzungen innerhalb des System Event vor uns, und beide Untergruppen mussten entscheiden, wie sie weiterarbeiten wollten. In der deutschen Untergruppe waren wir uns einig, dass wir mit den Israelis weiter zusammenarbeiten wollten. Dann kam jedoch die Idee auf, zu klären, was eigentlich in der deutschen Gruppe in der ersten Sitzung des System Event los gewesen war. War nicht das Tempo, in dem wir uns von den übrigen Deutschen getrennt hatten, ein Hinweis darauf, dass es etwas im Zusammenhang mit unserem Deutschsein gab, dem wir uns nicht aussetzen wollten? Könnten wir nicht mit den anderen Deutschen zusammen herausfinden, was wir versucht hatten zu vermeiden? Diese Überlegungen beschäftigten uns so, dass wir unseren israelischen Kolleginnen und Kollegen vorschlugen, eine weitere Sitzung miteinander zu arbeiten und uns in der letzten Sitzung mit den anderen Deutschen zu treffen. Die Israelis ihrerseits schlugen uns vor, beide Sitzungen für unsere gemeinsame Weiterarbeit zu nutzen.

Als wir uns für die erste vereinbarte Sitzung wieder trafen, konfrontierten uns unsere israelischen Kollegen mit dem, was unser Vorschlag für sie bedeutete: Wieder hatten wir – wie die Generation unserer Eltern – uns dafür entschieden, die Juden loszuwerden, ein weiteres ›Großdeutschland‹ zu errichten, ohne sie. Wir waren wie vom Donner gerührt! Wir begannen zu argumentieren, zu erklären, zu erläutern, uns gar zu entschuldigen, wir kämpften fast die ganze Sitzung miteinander – aber wir konnten das Bild nicht ändern, das wir hervorgerufen hatten.

Zwei Bemerkungen von Israelis halfen mir, schrittweise etwas von dem zu verstehen, was passiert war:

Selbst wenn wir nicht beabsichtigt hatten, sie hinauszuwerfen: faktisch hatten wir es getan; und selbst wenn wir sie nicht loswerden wollten: diese Bedeutung hatte unsere Entscheidung für sie.

Wir erweckten den Eindruck, als wollten wir unsere ›schmutzige Wäsche‹ nicht vor ihnen waschen.

Diese beiden Bemerkungen erreichten mich. Schließlich revidierten wir, die deutsche Untergruppe, unsere Entscheidung und einigten uns darauf, auch die letzte Sitzung des Event mit unseren israelischen Kolleginnen und Kollegen zu arbeiten, falls diese dazu noch bereit waren – und sie waren es!

Durch meine Korrespondenz mit einem der beteiligten Israelis nach der Konferenz begann ich mehr von dem zu verstehen, was mir in dieser Situation passiert war. Ich glaube, für mich war die Scham ein grundlegendes Thema gewesen. Ich hatte verstanden, dass die frühe Spaltung der deutschen Gruppe im Event ein Versuch gewesen war, nicht mit der Scham über mein/unser Deutschsein, mit der quälenden Frage nach der eigenen Schuldverstrickung konfrontiert zu werden. Deshalb wollte ich mich damit konfrontieren, indem ich mich den ›anderen Deutschen‹ aussetzte, die ich zurückgelassen hatte. Aber wenn ich diese Konfrontation selbst kaum ertragen konnte, wie konnte ich ertragen, die Israelis als Zeugen dabei zu haben? Der Versuch zu vermeiden, von meinen israelischen Kollegen als destruktiver faschistischer Aggressor gesehen zu werden, führte dazu, dass ich zu eben diesem Aggressor wurde. Und dennoch gab es auch ein Hoffnungszeichen: Die Israelis hatten sich nicht an uns gerächt, sie hatten uns konfrontiert, und wir, die Deutschen, hatten unsere Entscheidung revidiert. Anschließend konnten wir freier miteinander sprechen, und eine israelische Kollegin sagte zu uns: ›Heute Abend habt ihr uns zum ersten Mal ohne Schuldgefühl zugehört!‹ Und sie hatte recht« (Veronika Grüneisen).

***

Und noch ein Bericht:

Das »Führerprinzip«

»In der ›rein deutschen‹ Gruppe zu Beginn des System Event verhielt ich mich wie unter einem lähmenden Zwang als Mitläufer. Nach einem halbherzigen Diskussionsvotum zur Unterstützung einer möglichen Untergruppe zum Thema ›Deutsche und Juden in der DPV‹ zog ich mich schweigend zurück. Mein Gedanke, in der von ›Kampf und Flucht‹ (Bion

1961) beherrschten Gruppensituation den Vorschlag einzubringen, eine Gesprächsstruktur zu suchen mit der Bildung einer Diskussionsleitung, verfing sich innerlich in der Fantasie, damit auf Unverständnis, Gleichgültigkeit und Hohn zu stoßen. Ich kam auf keine weitere Idee, mein Kopf war wie entleert. Nein, ich gehörte nicht zum ›Widerstand‹, und es gab in der Gruppe der Deutschen in diesem Moment keinen Widerstand. John Rittmeister oder Helmuth James von Moltke waren nicht unsere Vorbilder und Lehrer. Bei der Spaltung dominierten drei weibliche Mitglieder das frappante Abhängigkeitsbedürfnis der Gruppe. Wir ›reinen‹ Deutschen waren dem ›Führerprinzip‹ erlegen.

In meiner deutschen Untergruppe beschloss man – ich möchte sagen blitzartig –, über gegenseitige Vorurteile von Juden und Deutschen zu diskutieren und lud dazu mit Erfolg israelische Teilnehmer ein, die zunächst vom Unterschied der deutschen ›Effektivität‹ und ihrer eigenen Diskussionsverhaftung beeindruckt waren. Außerdem entschied sich in einer ordentlichen Abstimmung die Mehrheit der Deutschen, eine rein deutsche Sitzung ohne die Israelis folgen zu lassen. Damit stießen die Deutschen auf entschiedenen Widerstand der inzwischen zur Gruppe gekommenen Israelis. In einer leidenschaftlichen Debatte interpretierten die Israelis, die Deutschen seien dabei, die Juden zu eliminieren. Das würden sie sich nicht gefallen lassen!

Ich kann an dieser Stelle aus dem Text ›Nazareth Impressions‹ von Yoram Hazan mit seinem Einverständnis zitieren. Yoram, einer der israelischen Teilnehmer in dieser Gruppe, beschreibt diese Situation nachträglich folgendermaßen:

›We really did give them a good fight. On this level, the Germans had once again remained together by removing the Jews from among themselves.‹

Überleben: Ein un-heimlicher Triumph der Täter?
Rückblickend frage ich mich: Welche mögliche Gruppen- und subjektive Dynamik haben wir deutschen Teilnehmer zu Beginn des System Event vermieden mittels der Orientierung an Grundannahmen wie ›Kampf-Flucht‹ und ›Abhängigkeit‹? Aus der Erfahrung der vorhergehenden gemischten Small Study Group ist mir peinlich in Erinnerung, wie deutsche Teilnehmer untereinander zwanghaft leidenschaftliche Gefühle, besonders Hass, ausschlossen und Übertretungen kontrollierten, wobei der kontrollierte Hass sich komplizenhaft der Kontrolle ohne rechten Widerstand unterwarf.

Aufgrund dieser Vorerfahrung denke ich psychoanalytisch an folgende Hypothese: Die Gruppe der rein deutschen Teilnehmer begann unbewusst mit einer Wiederholung der zunächst auf sich selbst gerichteten dehumanisierenden NS-Aktivität, also einem Stück ›Past in the Present‹.

Und noch ein anderer Umstand erinnerte an das Ersticken von Affekten. Zu Beginn des System Event trafen sich die Deutschen und Israelis auf Vorschlag des Staff in zwei getrennten Gruppen. Diese ›Deutsche Stunde‹ machte mich unerwartet hilflos und sprachlos: Es kam mir vor, als würde ich dieselben Zeichen kollektiv hektischer Aktivität, Arroganz, Verzweiflung und Dummheit aufweisen, wie man sie in Berichten über die Nazizeit findet. Dementsprechend schienen mir die affekttötenden Abwehrformen die Oberhand zu gewinnen: Wir Deutschen suchten blindlings Zuflucht in Gruppenspaltungen und Unterwerfung unter drei weibliche Führer von drei verschiedenen Untergruppen. Ja, ›Flucht‹: Zuflucht vor dem Manifestwerden einer Wahrheit aus der Latenz, die in der Erfahrung der Gruppe als Ganzheit hätte zu Bewusstsein kommen können« (Christoph Biermann).

***

Es gab eine besondere Dynamik im System Event, die mit einer Gruppe von drei Mitgliedern zu tun hatte, die sich räumlich den entferntesten Platz ausgesucht und sich mehr und mehr zurückgezogen hatte, ohne Verbindung zu dem sonstigen Geschehen. Die Gruppe bestand aus einer deutsch-jüdischen Frau und zwei Männern, einem Israeli und einem Deutschen. Je weiter die Sitzung voranschritt, schien es dem Staff, dass die gesamte Mitgliedschaft das Unakzeptable in diese Untergruppe projiziert und auf diese Weise eine hoch riskante Verrücktheitssituation geschaffen hatte. Die Staffgruppe verstand das Unakzeptable als Zusammenbringen von Deutschsein und Jüdischsein, wie es von dem deutsch-jüdischen Mitglied personifiziert wurde. Die Gesamtgruppe eliminierte das unakzeptable Element durch Ausstoßung. Der Staff brauchte mehrere Arbeitshypothesen, um die Bedeutung des Gesamtgeschehens herauszuarbeiten, was hier geschah und symbolisiert wurde, bis die Mitgliedschaft als Ganze sich diesen Konflikt, unverträgliche Elemente zu verbinden, zu eigen machen konnte und die Untergruppe von ihrer Last wieder befreite.

***

»Man kann sich fragen, warum schon ziemlich zu Beginn dieses Ereignisses in der deutschen Gruppe der Gedanke aufkam, kleinere Gruppen zu bilden und sich auf verschiedene Räume zu verteilen; warum nicht stattdessen die Gelegenheit genutzt wurde, in wenigstens einer von sieben Sitzungen als Großgruppe einen klärenden Prozess zu beginnen, sich Zeit zu nehmen und sich Fragen zu stellen und einen Konzeptanfang zu entwickeln. Irgendwann im Verlaufe dieses System Event entstand vage die Vermutung, dass es die deutsche Gruppe geängstigt haben könnte, der israelischen Gruppe zahlenmäßig überlegen zu sein. Der Gedanke verlor sich, tauchte später aber wieder in einem Plenum auf und verdichtete sich zu dem Bild von ›Großdeutschland‹, das nach dem Krieg in Westdeutschland, DDR und Polen/Russland aufgeteilt wurde. Und es wurde daran erinnert, dass der Zusammenschluss der beiden Teile Deutschlands nach der politischen Wende von 1989 immense Ängste ausgelöst hat.

Die kleinste der drei sich bildenden deutschen Untergruppen verschwand im Fortgang des System Event; die Gruppe verließ ihr Territorium, und die acht Teilnehmer verloren sich in einer der beiden anderen deutschen Gruppen.

Was mich noch heute nachhaltig verblüfft ist die Tatsache, dass ich zu gerade dieser kleinen Gruppe fand, die mit ihrem späteren Schicksal einen Aspekt meiner Lebensgeschichte widerspiegelte, als in Ostpreußen geboren und nach Westdeutschland vertrieben.

Die Aufspaltung der deutschen Großgruppe verlief chaotisch. Anfangs sprachen noch einige von ihren Vorstellungen und ihrem Verständnis von der Primary Task des System Event, dann löste sich plötzlich die ganze Gruppe auf, indem andere Teilnehmer handelten, aufstanden, sich hinter Wortführer stellten und erklärten, in deren Gruppe zu wollen. In dem beginnenden Tumult der Auflösung wurden weitere Losungen für Gruppenthemen ausgerufen, und in null Komma nichts rückten Stühle, zögerten die einen, eilten die anderen, formierten sich schließlich drei Kreise. Die Consultants saßen dabei, wollten noch einen Kommentar abgeben zum laufenden Geschehen, aber niemand hörte zu.

Ich fand mich in der Gruppe wieder, die sich der speziellen Fragestellung eines der Mitglieder widmen wollte; es ging um eine Identitätsfrage. Einer der Consultants hatte sich zu uns gesetzt und meinte, diese auf ein Mitglied zugespitzte Fragestellung könne die ganz Gruppe in eine Sackgasse führen; er schlug vor, dass sich stattdessen jedes Gruppenmitglied mit der Frage beschäftigen könne, was ihn bzw. sie gerade in diese Gruppe führe; d. h. also, sich mit dem eigenen Anteil an dem Gruppenthema zu beschäftigen.

Es war erstaunlich oder auch nicht, dass diese Beratung ignoriert wurde. Es zeigte sich wohl schon zu diesem Zeitpunkt, dass der Staff entwertet war.

Unsere Kleingruppe überstand gerade eine gemeinsame Sitzung, in der die Diskussion zunehmend, wie vorausgesagt, in einer Sackgasse mündete und bei mehreren Teilnehmern heftige aggressive Gefühle weckte, die auch ausgesprochen wurden.

In der darauf folgenden Sitzung fehlte, ohne Vorankündigung, das Gruppenmitglied, das diese Gruppe initiiert hatte, und in die Betroffenheit der übrig Gebliebenen wegen des sang- und klanglosen Abschiedes mischten sich Ärger über die Unzuverlässigkeit, Gewissensbisse über die eigene Heftigkeit und gegenseitige Anklagen. So angeschlagen verließen wir unser Territorium auf der Suche nach einem anderen Platz, einer anderen Gruppe, dem verschwundenen Mitglied ...; und wir verloren bei dieser Suche, die uns durch das weiträumige Hotelgelände führte, vorbei an duftenden Petunienrabatten und leuchtender Kapuzinerkresse, ein Mitglied nach dem anderen.

Vielleicht um einen neuen Impuls zu bekommen, wie wir die Aufgabe des System Event neu anpacken könnten, machten wir verbliebenen Drei eine Beobachtungspause beim Staff.

Später suchten wir Anschluss an eine Gruppe von vielleicht acht Israelis, die im schattigen Freien saßen und die so lebendig in ihrer Diskussion wirkten und gleichzeitig ruhig und gesammelt, nicht so aufgescheucht. Auf unsere Frage wegen eines Zusammenschlusses hieß es: ›Das geht zum jetzigen Zeitpunkt noch nicht.‹

Eine andere deutsche Gruppe schien uns in ihrer angespannten Konzentriertheit um einen sprechenden Führer so abweisend gegen Neuaufnahmen, dass wir keinen Impuls hatten, uns dort niederzulassen.

Wir landeten dann in der inzwischen gemischt-deutsch-israelischen Gruppe (etwa 15 : 5) und blieben bis zum Ende des System Event fünf Sitzungen zusammen.

Drei Schwerpunkte sind mir aus diesen Sitzungen in Erinnerung geblieben.

1. Das Fehlen von Gruppengrenzen führt zu großer emotionaler, intellektueller und sozialer Unsicherheit der einzelnen Gruppenmitglieder.

Was heißt das? Ebenso, wie wir drei übrig Gebliebenen bereitwillig in die

Gruppe eingelassen wurden, erlebten wir später immer wieder, dass Neue in die Gruppe kamen, alte eigene Gruppenmitglieder plötzlich verschwanden, wieder auftauchten oder auch nicht. Es war ein ständiges Kommen und Gehen, ohne dass darüber gesprochen wurde. Erst durch den Hinweis eines Consultants wurde der Gruppe so ganz allmählich bewusst, wie problematisch diese scheinbare Liberalität und Offenheit war. Es hatte etwas von großer Beliebigkeit und von Desinteresse an der Gruppe an sich und deutete darauf hin, dass die Gruppe kein Bewusstsein von sich und einzelnen Mitgliedern entwickelt hatte. Nach Meinung des Consultants war das Fehlen von ›Grenzen‹ ein Zeichen dafür, dass die Gruppe nicht arbeiten wollte.

›Boundaries‹ gehören zum Konzept von Tavistockkonferenzen und sind nicht, wie ich anfangs dachte, starre Grenzlinien, sondern eher zu verstehen als Grenzbereiche mit einer gewissen Ausdehnung, innerhalb derer es zu allen möglichen sozialen Akten kommen kann: Frage und Antwort, Verhandlungen, Erörterungen, verschiedene Schritte der Näherung und der Distanzierung, Wartenmüssen, Wartenkönnen, jedenfalls alles andere als ›überrumpeln‹. So hätte z. B. zu unserer Gruppe dazugehört, dass ein ›Türbeauftragter‹ mit jedem Neuankömmling über dessen Begehr spricht, dies der Gruppe mitteilt und dort darüber gesprochen und entschieden werden kann. Das hätte vorausgesetzt, dass die Gruppe eine Vorstellung von sich und ihren gegenwärtigen Interessen hat. Ein israelisches Gruppenmitglied brachte noch in der Phase des allmählichen Begreifens den Sachverhalt auf folgenden Punkt: Die Gruppe handele so und erlebe sich wohl auch so, als hätte sie keine Geschichte, keine Kontinuität, keine Vergangenheit und keine Verantwortung.

2. Auch Analytiker ›mit großer beruflicher Sensibilität und Erfahrung für Emotionen und unbewusste Prozesse‹ (Beland) gerieten in den Sog von desorientierenden Gruppenprozessen.

Im weiteren Verlauf der Gruppensitzungen wurde viel geredet, aber es gab wenig Gehaltvolles, über das sich nachzudenken lohnte. Es war eine zunehmend furchtbare Stimmung, und es war mikrogenau zu beobachten, wie Äußerungen und Kommentare als Anklagen empfunden und wie die vermuteten Anklagen auf andere abgewälzt wurden. Es war eine überaus schwierige Stimmung, unruhig, gereizt, irritiert, verletzlich, ratlos, aber heftige Gefühle blieben unter Verschluss. Hier hinein erreichte uns eine Botschaft vom Management, die unseren gegenwärtigen Bewusstseins- und Erlebniszustand reflektieren sollte. Wobei sich einige natürlich fragten, wieso der Staff gerade zu dieser Deutung kam, wo er doch schon seit einigen Sitzungen nicht mehr – weder als gesamter Staff, noch als einziger Consultant – an dem Gruppengeschehen in dem SE teilgenommen hatte. Es ging jedenfalls in der Botschaft um den Punkt, dass die Gruppe nicht ertragen könne, dass beides (Deutsches und Jüdisches) zusammen ist. Deswegen würden die Mitglieder, die beides in sich vereinen (etliche Teilnehmer waren jüdisch wie deutsch) ausgestoßen aus der Gruppe – eliminiert.

In der Tat war in dem Gruppenprozess vor der Botschaft des Staffmitglieds einige Male der Begriff ›ausstoßen‹ gefallen. Ebenso andere Reizwörter wie ›extinguish‹ und ›select‹. Wobei mir schien, dass die meisten in der Gruppe nicht besonders aufmerksam darauf wurden, denn es gab keinen Aufschrei, kein sichtbares Anzeichen dafür, dass dieser oder jener Begriff gehört wurde als einer, der direkt in die Nazizeit verweist.

Ich frage mich heute, wenn ich das in Nazareth Gelernte Revue passieren lasse, warum ich denn auch nicht aufgeschrien, sondern mich nur mit meinem Sitznachbarn verständigt habe.

Der Staff blieb auch mit seinen Botschaften der folgenden Sitzungen auf seiner Linie, das ambivalente Verhältnis der Gruppenteilnehmer dem ›Deutsch-Jüdischen‹ gegenüber (nämlich Hass und Attraktivität) zu thematisieren. Wobei ›deutsch-jüdisch‹ in einer Person oder in einem Paar vereinigt sein könne. Die Aussage zielte für mich darauf ab, zu zeigen, dass die Gruppe in einem Konflikt war, entweder an den hassvollen Projektionen auf das andere Gegenüber zu arbeiten, oder nicht zu arbeiten und das Hassvolle einfach auszustoßen. Ein deutsch-jüdisches Paar hätte ein Modell sein können, sich zu streiten und dabei doch zusammenzubleiben. Man denke dabei an Bions reifste Grundannahme der Gruppe, die Paarbildung, in der ein Paar ambivalent geschätzt und gewünscht wird, weil es kreativ ist und etwas Neues schaffen kann; d. h. nach einem kreativen Akt, und das kann ein Streit sein, der nicht in Zerstörung endet, eine reifere Lösung hervorbringt.

Ich hatte den Eindruck, dass die Botschaften des Staff das latent vorhandene und noch ohne kritisches Gewahrwerden ausgesprochene Wissen losgetreten hatten. In der Ziel- und Ratlosigkeit der sich fortsetzenden Gespräche wurde immer wieder Erschrecken spürbar, und es gab etliche Anzeichen dafür, das Teilnehmer sich andere ausguckten, die sich vielleicht als Sündenböcke eigneten und zu Nazis gemacht werden könnten.

Ich möchte jedoch an mir verdeutlichen, wie sich dieser innere Prozess über mehrere Sitzungen erstreckte.

Die Botschaft des Staff über das ›Ausstoßen‹ hatte mir spontan heftige Magenschmerzen verursacht, die einige Tage anhielten. Begleitend zu meinem Involviertsein in den verschiedenen Gruppensitzungen versuchte ich zu begreifen, welche inneren Bewegungen mir diese Symptome machten. Ein Traum, in dem ich das Klo in meinem Bad erst sah, als ich in einen Spiegel guckte, und ein fantasierter heftiger Angriff auf den Staff mit starkem Herzklopfen und Wutgefühlen in einer der letzten Plenarsitzungen, ließ mich erkennen, dass ich entgegen meinem wachen Bewusstsein negative Gefühle und Vorurteile projizierte und viel Anstrengung unternahm, in dem hässlichen, weil gehassten, Gegenüber diese Gefühle als wahrgenommene und daher wahre Eigenschaften des anderen zu deponieren. Als mir meine innere Befindlichkeit klarer werden konnte, ließen die Magenkrämpfe nach, und ich konnte verdauen, was in mir wütete. Ich begriff, dass ich eine Wut auf ein jüdisches Gruppenmitglied nicht richtig wahrhaben wollte und dann auch nicht direkt äußern konnte, das überließ ich einem Stellvertreter; dass ich stattdessen meine Wut verschob auf den Staff und mir erst durch den fantasierten Angriff darüber Gedanken machen konnte« (Angelika Zitzelsberger-Schlez).

***

Wie sich im Folgenden zeigt, ist der System Event eine Gelegenheit für die Erforschung von Unerwartetem, Unbewusstem, Ungedachtem, Unsagbarem.

***

»Es passierte in der dritten Plenarsitzung der ersten Nazarethkonferenz. Lange vor Beginn des Workshops hatte ich mir Sorgen gemacht, ob irgendetwas Antisemitisches in mir auftauchen könnte und ich dann mit einem intensiven und bedrohlichen Schamgefühl dastünde.

Es war so weit, als ein deutscher Teilnehmer um eine Diskussion oder vielmehr um eine Erklärung dafür gebeten hatte, dass die deutsche Gruppe sich am ersten Nachmittag dreigeteilt hatte. Mir fiel sofort eine Frau aus der herumziehenden Gruppe ein, die sich und ihre Kollegen als ›Displaced Persons‹

bezeichnet hatte und dass ich schon da gedacht hatte: ›Sie war wie ein deutscher Flüchtling auf der Suche nach einer neuen Heimat.‹

Für mich war das Deutschland also dreigeteilt: Bundesrepublik Deutschland, Deutsche Demokratische Republik und die verlorenen Gebiete östlich der Oder-Neiße-Grenze. Die erste Überraschung kam für mich von deutscher Seite einschließlich deutscher Mitglieder der Leitung. Es bedurfte einiger Erläuterungen wie der Erwähnung von Ostpreußen und Schlesien, um mich verständlich zu machen und um die Verwirrung über den Eisernen Vorhang und die Oder-Neiße-Grenze aufzuklären. Dann erst, im zweiten Anlauf, traf mich der volle Vorwurf, weil ich mich nicht genügend um die israelischen Mitglieder der Plenarsitzung gekümmert hätte, was darin zum Ausdruck gekommen sei, dass ich mich für verlorene Gebiete statt für verlorene Menschen interessiert habe.

Die Mitteilung meines Einfalls in der großen Gruppe hatte offensichtlich eine Menge Angst und möglicherweise Feindseligkeit geweckt. Die einfache Erklärung dafür hätte sein können, dass ich mich als nationalistischer Deutscher gezeigt hatte, der über den Verlust der deutschen Ostgebiete jammerte.

Ich bin mir aber ziemlich sicher, dass das nicht meine Position ist. Ich erinnere mich, wie ich in politischen Studentengruppen schon 1960 eindeutig für eine unumkehrbare Anerkennung der Oder-Neiße-Grenze eintrat, dem Jahr übrigens, in dem ich zum ersten Mal Israel besuchte. Ich ziehe es vor, die beschriebene Situation mit dem Augenblick von Furcht und großer Peinlichkeit in Verbindung zu bringen, als am ersten Tag der Konferenz ein deutscher Teilnehmer naiv die Frage stellte, warum die Teilnehmerzahl von Israelis und Deutschen im Workshop so unausgeglichen sei und die postwendende Antwort war: ›Warum bist du überrascht? Ihr habt sie alle umgebracht.‹

Viele Jahre haben nur Deutsche vom rechten Rand des politischen Spektrums Interesse an der Dreiteilung Deutschlands gezeigt und sogar den Slogan geprägt: ›Deutschland dreigeteilt – niemals.‹ Die große Mehrheit meiner Mitbürgerinnen und -bürger bevorzugte unbewusst die Situation, so wie sie war: die Existenz der beiden kleineren Deutschlands erleichterte es sehr, die deutsche Größe und damit einhergehend die deutschen Verbrechen zu vergessen.

Ich glaube, dass die Teilung der Deutschen in drei Untergruppen zu Beginn des System Event unter anderem ein verzweifelter Versuch war, nicht groß, gefährlich und vielleicht auch aggressiv zu sein. Die wiederkehrende Aufforderung israelischer Teilnehmer an uns Deutsche, endlich unsere Aggression gegen die Juden zu zeigen, war letztlich schon stimmig, nicht weil wir Deutschen unbedingt so voller Hass waren, sondern weil wir selbst vor dem geringsten Anzeichen von Aggression gegen Juden Angst hatten. Wie können wir sicher sein, dass wir solche Gefühle unter Kontrolle halten können, wo doch die meisten von uns Kinder Nazideutschlands sind?

Es war mühevoll für die Israelis, denke ich, Zeugen dieser ganz besonderen deutschen Auseinandersetzung zu sein. Ich glaube aber auch, dass es den Beziehungen zwischen Deutschen und Israelis gut tun würde, wenn wir Deutschen mit unserer natürlichen Größe klarkämen, ohne erschrocken zu sein und ohne Schrecken zu verbreiten.

Was meine gemischten Gefühle von Scham, Verletztheit, Wut und abgelehnt zu werden angeht, so konnte ich die Dinge zusammen mit einem unserer israelischen Freunde am Abend auf die Reihe kriegen. Es ergab sich so, dass wir beide ein Bedürfnis danach verspürten. Wie ich dann erfuhr, hatte sein Vater tatsächlich in Breslau jenseits der Oder-Neiße-Grenze gelebt und liebte immer noch die deutsche Kultur, allerdings ohne jemals wieder seinen Fuß auf deutschen Boden setzen zu wollen. Hier war also jemand, der wirklich mehr Verluste erlitten hatte, als man erträgt: seine Verwandten, sein Gebiet und seine Heimat. Ich hatte nicht die Möglichkeit im Sinn gehabt, dass unter den anwesenden Israelis jemand sein könnte, für den die Gebiete östlich der Oder-Neiße-Grenze eine ganz besondere Bedeutung hatten.

Es mag sehr wohl sein, dass ich zu wenig bezogen war, als ich meine Bemerkung in der Plenarsitzung machte. Ich wollte nicht über den Gebietsverlust klagen, wie ich hoffentlich deutlich gemacht habe. Ich glaube aber, dass mein israelischer Kollege Recht hat mit seinem Plädoyer für die Trauer über die verlorenen Menschen, die verlorenen jüdischen Menschen« (Armin Pollmann).

***

Nazareth II

In jeder Konferenz entwickelt sich der System Event anders und, obwohl er dieselbe Struktur hat und derselben Primären Aufgabe dient, enthüllt er neue, unerwartete Themen. Und obwohl jede Konferenz andere Teilnehmer hat und viele von ihnen zum ersten Mal dabei sind, war es unser Eindruck, dass jeder

System Event auf den vorangegangenen aufbaute, mehr wagte und uns alle weiter voran schob.

***

System Event

»Anfangs empfand ich es als eine enorme Belastung, mit der Trauer und Hilflosigkeit einiger Teilnehmer aus vergangenen Zeiten und Kämpfen umgehen zu sollen. Ich fand es sehr bemerkenswert, wie aus dem Kontrast zwischen der Unfähigkeit eines Mitglieds, ein erschreckendes Erlebnis als kleines Mädchen angemessen auszudrücken, und ihrer aktuellen Angst vor allem, was an Abhängigkeit erinnern konnte und offensichtlich aus einer Hilflosigkeit stammte, die mit Abhängigkeit assoziiert war, überhaupt nichts gemacht wurde. Sie hatte als kleines Mädchen gegen Ende des Krieges in einem Bunker gesessen, voller Angst vor den vergewaltigenden Russen und mit einer unfähigen Mutter zusammen, die die Situation nicht beherrschte und nicht als Schutzschild diente. Ihre Rede erzeugte nichts als höfliches Interesse, das nicht weiter auf die Besonderheiten der geschilderten Szene und ihre deutlichen Gefühle einging. Nach einer Zeit von Schwanken und unangenehmen Spannungen kam in der Gruppe eine starke Idee auf, die die Vorstellungskraft entzündete und ein ziemliches Durcheinander brachte. Alle waren wir vom Thema Rache gefangen genommen. Von nun an nannte sich diese System-Event-Gruppe ›Revenge Group‹. Für mich war es gefühlsmäßig sehr schwierig, zu dieser Gruppe zu gehören und in ihr festzusitzen, aber es bewies mir, dass es sich gelohnt hat, an der Nazarethkonferenz teilzunehmen.

Ich muss zugeben, dass, wenn ich meine Erinnerung befrage, was als nächstes geschah, mich eine Narbe sehr beschäftigte, die von einer Verletzung aus der Frühzeit meines Lebens stammt und in der Small Study Group bereits Thema war: die Tendenz mich unversöhnlich zurückzuziehen, wenn ich mich in der Gruppe nicht respektiert oder anerkannt und deshalb beschämt fühle. In solchen Fällen neige ich dazu, mich wie eine Person zu verhalten, die sehnlich Aufmerksamkeit wie einen Schutzmantel um sich wickelt. Ich nehme die Haltung eines beobachtenden Ethnologen ein, um mich zu schützen.

Für diese eigene Problemlösung musste und muss ich mit Vertrauensverlust gegenüber meinen Gruppenmitgliedern bezahlen. In diesem Falle schwand mein Vertrauen in die Mitglieder meiner System-Event-Gruppe, und ich fühlte mich mehr und mehr isoliert. Vertrauen kam mir in diesem Moment als gefährlicher Luxus vor. So war ich von denen getrennt, die beispielsweise ganz unschuldig und spielerisch überlegten, welches Staffmitglied sie einladen möchten und weshalb die Gruppe Beratung haben sollte. Mir war nicht mehr nach Spielen zumute.

Als eines der israelischen Mitglieder den Geist von ›Amalek‹ als typische Rachegeschichte beschwor, berührte mich das sehr und half mir, mit meinem Problem voranzukommen. Abgesehen von der biblischen Geschichte, die von Kämpfen und gnadenloser Zerstörung handelte, wurde ich A. Galante Garrones *Amalek, il dovere della memoria* erinnert, das ich kurz vor der Abfahrt nach Israel gelesen hatte. Das Buch betont, wie wichtig es ist, alles auszusprechen, Geschichten traumatischer Erinnerungen zu erschaffen und sie mit vertrauenswürdigen Menschen zu teilen.

Ganz plötzlich sprang mich die Frage an: Wäre es möglich für mich, ein vertrauenswürdiger Zuhörer für Johana, Chaim, Ruth, Mishael, Silvia und die anderen zu sein oder zu werden? Oder müsste ich mich zurückziehen, um mich zu schützen und vor Erfahrungen von Verlust, Kummer, Wut zu bewahren? Was ich in diesem Augenblick gelernt hatte, war dies: Wenn ich zu Unrecht angegriffen oder zurückgestoßen wurde, ist eines der wichtigsten Dinge, die ich tun kann, mit den Leuten darüber zu reden. Als einige Israelis anfingen über das zu sprechen (wahrscheinlich nicht zum ersten Mal), was ihnen und ihren Familien passiert war, schufen sie eine Atmosphäre, die bald starke Einwirkungen auf die Zuhörer wie auf den Erzähler selbst hatten.

Ich weiß nicht, ob ich mein Ziel erreicht habe, ein vertrauenswürdiger Zuhörer für Israelis und Juden zu sein, als sie ihre Erfahrungen mit Missbrauch, Misshandlung und Entsetzen erzählten. Ich werde es jedenfalls als bleibende Aufgabe ansehen und versuchen, alles zu tun, damit nicht das Gesetz des Vergessens und der Verleugnung, das in der gegenwärtigen deutschen Gesellschaft, von der ich ein Teil bin, weiterhin sehr stark ist, dauernd herrschen bleibt. Ich halte dies für außerordentlich lohnend.

Bald nach der Rückkehr nach Deutschland las ich Myriam Anissimovs kürzlich erschienene Biografie über Primo Levi. Dieses Buch machte großen Eindruck auf mich, teilweise weil Nazareth II vor meinem geistigen Auge stand.

Hatte Hety Schmitt-Mass recht, als sie in einem Brief an Primo Levi schrieb: ›Was das Verstehen der Deutschen betrifft – sie werden es nie erreichen. Sogar wir selbst schaffen es nicht, weil Dinge in jener Epoche geschehen sind, die niemals hätten geschehen dürfen.‹

Ich frage mich, was geschehen würde, wenn einige dieser Deutschen wirklich bereit wären, die individuellen Berichte von Holocaustüberlebenden anzuhören oder die von den Kindern der zweiten und dritten Generation. Würde dann die Schwärze jener Periode Nazideutschlands stark und bewegend erhellt werden, sodass menschliche Belehrung für andere und zugleich menschliche Beziehungen entstünden?« (Odo Schulte-Herbrüggen)

***

»Wenn ich mir nach einem Jahr Klarheit darüber verschaffe, was die zweite Nazarethkonferenz für mich bedeutet, ist mir das herausragendste Ereignis mein wütender und verzweifelter Angriff auf den Staff während der letzten Plenarsitzung am letzten Konferenztag. ›Ich habe eine Wut im Bauch.‹ Mit diesen Worten in Deutsch schoss ich auf Eric Miller, den Leiter der Konferenz. Ich griff den gesamten Staff an, Eric Miller als den Verantwortlichen aber besonders, weil wenigstens zwei Staffmitglieder ihre Aufgaben nicht zufriedenstellend erfüllt hatten.

Aus früheren Tavistockkonferenzen in Israel, aus der Aufgabenbeschreibung des Staff in der Broschüre zu Nazareth, aus einer Arbeit von Eric Miller, weiß ich, dass *die Aufrechterhaltung von time, territory und task zu den zentralen Aufgaben des Staff in den Leicesterkonferenzen gehört.*

Ich habe in der letzten Plenumssitzung den Staff dafür angegriffen, dass er seine eigenen Regeln lax handhabt und dass er, und das ist der Punkt, den ich ihm ankreide, darüber nonchalant hinweggeht, was mir vorkommt wie das Fehlen eines Gewissens. Ich habe versucht, deutlich zu machen, dass dadurch mein Vertrauen in die Redlichkeit des Staff erschüttert wurde. Dass ich nicht mehr annehmen kann, das er das auch meint, was er sagt, und dass ich mich dadurch sehr alleingelassen gefühlt habe. Ich stehe auch heute noch zu meiner Kritik, aber es ist wichtig, zu sagen, dass die Vehemenz, mit der ich Eric Miller zum Zusammenzucken brachte, einen Hintergrund hatte. Hier möchte ich festhalten, dass ich froh bin über mein erschüttertes Vertrauen in den Staff und besonders in mein erschüttertes Vertrauen in die idealisierte ›Vaterfigur‹ Eric

Miller. *Denn ich habe dadurch die innere Kraft gefunden, meinen leiblichen Vater zu rehabilitieren.*

Um das Gesagte verständlich zu machen, ist ein weiter Rückgriff in die Vergangenheit notwendig. Ich war bei der Konferenz 1988 in Jerusalem dabei zu dem Thema ›Die Bedeutung des Holocaust für die, die nicht direkt betroffen sind‹, und ich habe in meiner kleinen Gruppe damals über eine wichtige Entdeckung über meinen Vater gesprochen, der zu dem Zeitpunkt schon zehn Jahre tot war. Ich will die Geschichte, die ich damals erzählte hier nicht ganz wiedergeben, sondern nur den Aspekt, der einem jüdischen Gruppenbeobachter als Vorwand diente, seinen Hass auf die deutschen Nazis auszudrücken, indem er meinen Vater verunglimpfte. Ich hatte in der Gruppe erzählt, dass ich kurz vor der Konferenz von meiner Mutter einige persönliche Papiere meines Vaters erhalten hatte, u. a. ein dünnes Notizheft mit Mitschriften aus einer medizinischen Vorlesung in Königsberg, 1938. Damals hatte mein Vater die offizielle Lehrmeinung notiert, dass bei psychiatrisch Erkrankten wegen der Vererbbarkeit ihrer Erkrankung die Sterilisation angewendet werden müsste. Und ich beschäftigte mich in der Gruppe mit der Frage, was es für meinen Vater wohl bedeutet haben mag, dass sein ältester Sohn, mein Bruder Alexander, mit 20 Jahren an einer schizo-affektiven Psychose erkrankte.

Ich bin heute auf meinen damaligen Beitrag stolz, und vor allen Dingen stolz darüber, dass ich ungeschützt meine Zweifel und Unsicherheit äußern konnte, weil ich mich nur dadurch herantasten kann an die ›Wahrheit‹. Etwa ein halbes Jahr später bekam ich von einem deutschen Teilnehmer dieser Konferenz eine Kopie eines Interviews, das in Amerika mit dem damaligen Gruppenbeobachter Herrn X geführt wurde. Herr X war in der Sitzung anwesend, in der ich gesprochen hatte, und er hat gehört, was ich gesagt habe. In seinem Interview sprach er dagegen von einer deutschen Teilnehmerin, die darunter litt, dass ihr Vater ein aktiver Nazi gewesen sei, der sich für die Euthanasie eingesetzt hatte. Herr X hat gelogen. Ich war damals empört und wollte ihm schreiben, aber der deutsche Teilnehmer riet mir ab, *es habe sowieso keinen Zweck.* In den vergangenen neun Jahren habe ich mich immer darüber gewundert, warum ich Herrn X nicht geschrieben habe, um seine Behauptungen richtigzustellen, ›auch wenn es keinen Zweck hat‹, d. h., auch wenn ich ihn nicht davon überzeugen könnte, dass sein Hass und seine Rachsucht seine Wahrnehmung verzerrt haben. *Mir kommt es so vor, als ob ich Herrn X insgeheim zugestimmt hätte. Ich konnte nicht widersprechen, weil ich meinen Vater innerlich entwertet hatte.* Auf der Suche nach Wahrheit und Wahrhaftigkeit hatte ich mich an anderen ›Vätern‹ orientiert und zwar an *idealisierten jüdischen Vätern,* deren Äußerungen und Haltungen ich bis zu der zweiten Nazarethkonferenz nie in Zweifel zog. Sie schienen mir immer glaubwürdiger, und *so habe ich meinen leiblichen Vater verraten.*

Etwas anderes ist in diesem Zusammenhang auch noch wichtig. Nach der ersten Konferenz in Nazareth, 1994, hatte ich von jedem der damaligen über 40 Teilnehmer einen Eindruck. Es mochte ein Gespräch sein, eine Geste, ein Ausdruck, eine Handlung. Mit jedem der über 40 Namen konnte ich etwas Persönliches verbinden, nur mit einem Einzigen nicht. Wenn ich dessen Namen in der Teilnehmerliste las, war er ein Niemand für mich. Und dieser Teilnehmer hat den gleichen Vornamen wie mein Vater: Siegfried.

Ich glaube, es wird verständlich, warum ich dankbar bin, dass ich in Nazareth II endlich meine Idealisierungen in Zweifel ziehen konnte und einen realistischeren Blick bekam für Glaubwürdigkeit und Unglaubwürdigkeit. Der Boden für meinen Ausbruch gegen den Staff wurde bereitet u. a. in meiner System-Event-Gruppe.

Es war dieses leidige System Event, das für mein Empfinden und meine Erfahrungen am tiefsten in die Emotionen greift. Vor allem verdrängte, unliebsame Emotionen werden angerührt. Ich weiß nicht, wer den Titel ›Rache‹ vorschlug, vielleicht war es Ruth, die darüber arbeiten wollte. Ich dachte nach, es machte mir Angst, ich wusste auch nicht so recht, ob ich wirklich damit etwas anfangen könnte, und doch entschied ich mich aus einem vagen Gefühl heraus für eben diese Gruppe. Ich suchte den Ort der größten Angst auf, auch aus meiner Erfahrung von früheren Tavistock-Seminaren her, dass mir das meist den größten Gewinn gebracht hat.

Wir waren zwei Deutsche, ein israelischer Mann und zwei israelische Frauen.

Ich hatte mich gleich zu Beginn erinnert, dass mir einer der Teilnehmer dieser Gruppe auf einem Kongress in Deutschland vor Jahren die Frage gestellt hatte, ob ich Angst vor der Rache von Juden hätte. Damals wurde ich zum ersten Mal überhaupt mit so einem Gedanken konfrontiert und hatte mich dann immer wieder mit dieser Frage beschäftigt. Bei meiner ersten Leicesterkonferenz in Zichron Yaakov, Israel 1992, war ich an einem Abend mit einigen anderen Seminarteilnehmern in einem Whirlpool. Wir waren uns am zweiten Tag noch fremd, mit einer jungen Frau kam ich im dampfenden Wasser ins Gespräch, und sie sagte mir, dass sie nichts gegen Deutsche habe, aber empfindlich sei, wenn sie die deutsche Sprache höre. Ich schwamm drei Tage später tief in der Nacht im Swimmingpool des Hotels, außer mir drei israelische Männer, auch diese waren Teilnehmer der Konferenz. Die Atmosphäre bekam etwas Bedrohliches durch das schummrige Licht, die beschlagenen Glasscheiben und natürlich durch das Aufgewühltsein der erlebten Gruppensitzungen, und ganz plötzlich bekam ich rasendes Herzklopfen und einen furchtbaren Angstanfall. Ich fürchtete, die drei Männer, die gerade langsam in meiner Nähe schwammen, könnten mich ertränken.

Etwa ein Jahr später auf einem Gruppenkongress in Heidelberg wurde mir in einem Seminar deutlich, dass ich sehr enttäuscht war, dass einige Kontakte mit Israelis, die auf Kongressen mit großer Freundlichkeit und gegenseitiger Sympathie geknüpft worden waren, sich nicht aus der Distanz heraus weiterentwickeln ließen. ›Das ist vielleicht die Rache‹, sagte ein israelischer Teilnehmer.

Ich brachte meine Erlebnisse in der Kleingruppe in Nazareth ein. Ich erinnere mich nicht mehr, wie darauf reagiert wurde und auch nicht mehr an viele andere Beiträge. Die deutsche Kollegin in unserer Gruppe wurde in einer Sitzung gefragt, was sie mit dem Thema Rache verbindet. Sie hatte sehr umwölkt und in sich verkrochen dagesessen. Sie sprach dann im Zusammenhang mit der Beziehung zu ihrer Mutter von Rachegefühlen.

In einer Sitzung entstand ein kurzes Gerangel zwischen mir und der anderen deutschen Frau, das ich bald abzublocken versuchte. Ich hatte den Eindruck, das Opfer ihrer Mutterprojektionen zu werden und verspürte keine Lust, das mit ihr zu klären. Während einer anderen Gruppensitzung wurde mir plötzlich äußerst unbehaglich über unser gemeinsames differenziertes Bemühen, diese komplizierte Thematik sachlich und im gegenseitigen Einverständnis zu behandeln. Ich dachte und sprach es auch aus: ›Es ist zu schön, um wahr zu sein!‹ Dass wir hier sitzen, Töchter und Söhne von Opfern und Tätern und so einen gepflegten, tiefschürfenden Umgang miteinander haben. Eine Israelin, die zu Beginn der gemeinsamen Arbeit von ihren sehr zwiespältigen Gefühlen sprach, spürte eine starke Spannung in unserer Gruppe und vermutete auch erotische Fantasien.

Aus meinen Aufzeichnungen entnehme ich, dass wir als Gruppe sehr frustriert waren, weil unsere Kontaktversuche mit den anderen Subsystemen von allen zunächst zurückgewiesen wurden. Keiner wollte sich mit uns zusammensetzen und sich austauschen. Wir fühlten uns als der ›shit‹ der gesamten Konferenz und wie aussätzig behandelt. War es unser Thema, das für mein Empfinden am tiefsten archaische Gefühle mobilisierte?

So auch in der Arbeitsgruppe. Es gab Momente von Vertrauen und Zuneigung und großer Offenheit, dagegen standen plötzliche Äußerungen von Misstrauen und Ablehnung, ausgeprägter und stärker als in der ›geleiteten‹ Small Study Group. Es tauchten bei mir dann Zweifel auf, ob die wahrgenommene freundliche Zuwendung echt und persönlich gemeint war oder als ein Mittel zum Zweck benutzt wurde, um möglichst viel ›heraus zu kitzeln‹. Im Rückblick festigt sich mein Eindruck, dass wir als Gruppe nicht nur über Rache (-impulse, -fantasien, -handlungen) sprachen, sondern in der Dynamik der kleinen Gruppe (der an Teilnehmern kleinsten in dem Event) auch gelegentlich ausagierten. Das war der wabernde Grund, auf dem ich das ›Versagen‹ zweier Staffmitglieder erlebte und reflektierte und was sich schließlich in dem oben geschilderten Ausbruch entlud, weil ein misstrauischer Gedanke überhand nahm, als Deutsche eine Beute geworden zu sein.

Ich hatte eine Wut im Bauch. So habe ich meinen Bericht überschrieben. Was geblieben ist, ist eine wohltuende Skepsis gegenüber den ›Erwachsenen‹ (dahinter steckt auch eine Interpretation!) und ihren ›Verheißungen‹. Was geblieben ist, ist außerdem eine Gewissheit, den Herren X klar und aggressiv gegenübertreten zu dürfen. Das habe ich in Nazareth II gelernt« (Angelika Zitzelsberger-Schlez).

***

»Im letzten Plenary fiel mir mein Kugelschreiber deutlich hörbar aus der Hand auf den Boden. Peinlich erschreckt schaute ich mich um, ob das denn jemand bemerkt hätte. Ich war so urplötzlich überrascht, überrumpelt von meiner Angst vor der offenen Auseinandersetzung eines Gruppenmitgliedes mit einem Leitungsmitglied über Fotografieren in der Sitzung. Das Mitglied hatte gedroht: ›Was machen Sie, wenn ich es doch tue?‹ Das Leitungsmitglied konnte diese Attacke aufnehmen und halten, indem sie sagte: ›Wahrscheinlich passiert gar nichts, außer was diese Überschreitung von Grenzen für die Gruppe selbst bedeutete.‹ Offensichtlich war mein Notizenmachen meine Grenzüberschreitung. Damit hatte ich aufzuhören. Schreiben war meine ›natürliche‹ Abwehr angesichts der gerade aufgetretenen Angst in der Gruppe. Für eine gute Beziehung in und zu der Gruppe müsste ich nun meinen lebensrettenden Schutz, mitzuschreiben, was auf der Ebene der Gruppeninteraktion stört, ablenkt, andere Gruppenmitglieder verletzen mag, aufgeben.

Ich hörte auf mitzuschreiben. Es klappte. Was für eine Erleichterung.

M. E. ist ein solcher Moment von großer Bedeutung als eine Wegkreuzung, in neurotisches Handeln zurückzufallen, als Verlötungs-Klebestelle in der Problematik der ersten oder zweiten Generation benutzt zu werden oder als eine Grenzverletzung, die die weitere Entwicklung der Arbeit der einzelnen Mitglieder in der Gruppe und der Gruppe als Ganzes hemmen könnte« (Thomas Erdmann).

***

Bad Segeberg – Die dritte Konferenz: »*Diesmal in Deutschland*«

Gestillt mit Tränen – Gestillt mit Gift
Schon am Beginn des ganzen Projekts wurde die Möglichkeit einer Konferenz in Deutschland erwogen. Sie wurde mit dem Argument verworfen, dass »die Israelis nicht kommen würden«. Es wäre schwer genug für sie, in Israel an einer derartigen Konferenz teilzunehmen, sie in Deutschland stattfinden zu lassen, wäre zu viel. Fünf Jahre später galt dasselbe für einige Teilnehmer weiterhin, aber es war nicht länger gültig, dass eine Konferenz in Deutschland unvorstellbar ist.

Zwei Jahre nach der zweiten Nazarethkonferenz schloss ein Treffen israelischer Teilnehmer zur Diskussion dieser Frage mit der Empfehlung: »Diesmal in Deutschland.« Es wäre jetzt richtig, die nächste Konferenz in Deutschland stattfinden zu lassen. Bei den Deutschen gab es gemischte Gefühle. Einerseits freuten sie sich sehr darüber, als Gastgeber bestätigt zu sein, andererseits lastete die Verantwortung schwer, auf der Konferenz für die Sicherheit der jüdischen Teilnehmer Sorge zu tragen, dass ihnen in Deutschland nicht wiederum Schaden zugefügt würde. Erstaunlicherweise gab es auf dieser Konferenz mehr Teilnehmer aus Israel als auf beiden Nazarethkonferenzen zuvor. Trotzdem, eine Konferenz in Deutschland würde den Prozess in viele Richtungen lenken, die man nicht vorhersehen konnte, wie die folgenden Beiträge belegen.

***

»*Geh nicht mit ihnen, sie haben deine Großeltern umgebracht!*«
»Nach den ersten beiden Konferenzen zum Thema ›Germans and Israelis – The Past in the Present‹ 1994 und 1996 in Israel fand die dritte Nazarethkonferenz in Deutschland statt. Der Entschluss der israelischen Kolleginnen und Kollegen, der Einladung der deutschen Gruppe nach Deutschland zu folgen, wirft bereits ein Licht auf das Besondere dieser dritten Konferenz. Sie in Deutschland auszurichten, war ein Wagnis für einige Teilnehmer beider Nationen. Für einige der 21 israelischen Teilnehmer war diese Konferenz mit einem ersten Besuch Deutschlands überhaupt verbunden. Die deutschen Teilnehmer hatten die belastende Verantwortung, Gastgeber in einem Land zu sein, in dem einige Eltern, Großeltern und andere Familienangehörige der Gäste von den Deutschen ermordet worden waren.

Im Abschlussplenum berichtet ein israelischer Teilnehmer sehr bewegt über ein Telefonat mit seiner in Israel lebenden Mutter an diesem Morgen: Er erzählte ihr, mit einem deutschen Freund noch einige Tage in Berlin verbringen zu wollen. Die Antwort der Mutter war: ›Tu das nicht, trau ihnen nicht, sie haben deine Großeltern umgebracht.‹ Es war spürbar, wie sehr ihn schmerzte, seine Mutter zu verletzen, die Loyalität mit ihr durch seinen Besuch Berlins noch mehr zu brechen, als er es ohnehin schon durch seine Teilnahme an dieser Konferenz getan hatte. Auf der anderen Seite war seine Entschlossenheit spürbar, diesen Schritt nach Berlin zu tun« (Ursula Kreuzer-Haustein).

***

Der System Event

Die Israelis
»Direkt bevor der System Event begann, sagte mir einer meiner deutschen Kollegen, wie ängstlich er wegen der bevorstehenden Sitzung wäre. Ich hingegen dachte, dass meine Erfahrungen während der letzten Konferenz

(Nazareth II) mich irgendwie auf das, was kommen sollte, vorbereitet hätten. Später merkte ich, wie sehr ich Unrecht hatte.

Der Machtkampf begann sofort. Es ging um Stühle. Die israelische Gruppe befand sich in dem Raum, in dem die Vollversammlungen abgehalten wurden, sodass viele der Stühle immer noch in einem Halbkreis standen, einer Reihe hinter der anderen. Als die Leute begannen sich zu setzen, sagte ein Teilnehmer (ein ›Neuer‹): ›Lasst uns einen Kreis bilden.‹ Sofort antwortete eine Teilnehmerin, eine der ›Veteranen‹, dass die Sitzordnung sie nicht stören und dass sie sich wegen der Leute, die hinter ihr sitzen, nicht unwohl fühlen würde. Sie sähe keinen Grund, die Stühle neu anzuordnen.

In derselben Weise ging es weiter, und es war von Anfang an sehr deutlich, dass ein Machtkampf um die Führung im Gang war. Dieser Kampf wurde besonders (obwohl nicht ausschließlich) von den ›Veteranen‹ geführt, die Mehrheit der ›Neuen‹ hatte keine Idee, was hier los war. Ich wurde sehr daran erinnert, wie ich mich selber in der ersten Sitzung des System Event in Nazareth II gefühlt hatte, verloren und ohne eine Ahnung davon zu haben, was um mich herum geschah.

Ich wusste, dass ich nicht Teil dieses Machtkampfes sein wollte. Ich hasste die Art, wie Teile der Gruppe um die Führung kämpften. Plötzlich erschien die Rettung: Zwei deutsche Teilnehmer kamen und fragten, ob wir einverstanden wären, wenn sie als Beobachter bei der Arbeit in der israelischen Gruppe dabeisäßen. Um nicht übertroffen zu werden, beschlossen die Israelis, Beobachter zur deutschen Gruppe zu schicken. Ich bot mich sofort an: Ich hatte einen Ausweg gefunden!

Die Szene in der deutschen Gruppe war völlig anders als in der israelischen Gruppe. Alles war sehr ordentlich; das Verfahren war ruhig und genau. Es schien eine klare Führung zu geben, weil alle Kommentare fast ausschließlich an einen bestimmten Teilnehmer gerichtet schienen.

Die Themen in der deutschen Gruppe kreisten um Regeln und Verfahren; sie erörterten, weshalb die Deutschen so starr mit Regeln wären, und warum sie es so schwierig fänden, flexibler zu sein. Ironischerweise geriet die Gruppe in Aufruhr, als die beiden deutschen Beobachter von der israelischen Gruppe zurückkehrten um zu berichten. Sie hatten sich nicht an die Abmachungen gehalten und waren einige Minuten vor den verabredeten 20 Minuten zurückgekommen. Ich fragte mich, ob irgendjemand in der Gruppe die Ironie des Ganzen sah.

Wir israelischen Beobachter verabschiedeten uns an dieser Stelle und kehrten zu unserer eigenen Gruppe zurück, wo ich fand, dass die Situation sich sogar noch verschlechtert hatte. Die Machtkämpfe hatten sich verschlimmert, und es fühlte sich an, als ob der Wahnsinn in der Gruppe ausgebrochen wäre. Eine Teilnehmerin schrie mit schriller Stimme: ›Ihr versteht nicht, dass es in diesem Augenblick geschieht!‹ – ›Es‹ war der Holocaust. Niemand schien in der Lage zu sein, sie zu beruhigen, und andere Teilnehmer hatten sich ihrer Definition der Realität angeschlossen. Es war ihr gelungen, den Rest der Gruppe davon zu überzeugen, dass, wenn sie sich in kleinere Gruppen auflösen würden, ein Mitglied die ganze Zeit in diesem Raum zurückbleiben müsste, weil er ursprünglich von den Israelis benutzt wurde, – ›um das Mutterland zu schützen‹. Ich sagte der Teilnehmerin, die sich für diese Aufgabe angeboten hatte, dass sie jetzt eine Vestalin, eine Jungfrau wäre, damit betraut, das heilige Feuer zu bewahren. Erst später in der Konferenz, als bei einem sozialen Treffen ihr komischer Sinn für Humor deutlich wurde, war ich ihrer geistigen Gesundheit wegen wieder beruhigt.

Ich fand alles völlig absurd. Wenn ich zuerst vermieden hatte, in Machtkämpfe verwickelt zu werden, so wollte ich inzwischen aus einer Situation herauskommen, die, wie ich fand, an Wahnsinn grenzte. An dieser Stelle wollte ungefähr die halbe israelische Gruppe gehen, um an gemischten Gruppen teilzunehmen. Ich schloss mich einer gemischten Gruppe an, die überwiegend deutsch war, mit nur einem kleinen israelischen Kontingent. Nur zwei von uns in dieser kleinen israelischen Vertretung blieben dauernd in dieser Gruppe; die anderen fuhren fort, zwischen der ›ursprünglichen israelischen Heimat‹ und der Diaspora zu wandern.

In dieser gemischten Gruppe entwickelte sich eine andere Art Führung, die viel mehr nach meinem Geschmack war und nicht auf Machtausübung, sondern auf Bedürfnisbefriedigung beruhte. Einer der deutschen Teilnehmer begann, sich um die Gruppe zu kümmern. Er wurde der Pförtner und bewahrte alle davor, dass der Gruppenprozess gestört würde. Wenn Teilnehmer von anderen Gruppen mit Nachrichten kamen oder Vertreter des Staff als Beobachter kamen, nahm er es auf sich hinauszugehen, sich danach zu erkundigen, was sie wollten, um dann zu berichten. Auf natürliche Weise wurde er zum Gruppenleiter, der weder zu Zwang noch zur Bildung von Koalitionen griff, sondern sich lieber um die Bedürfnisse der Gruppe kümmerte.

Aus dem Blickwinkel dieser gemischten Gruppe erinnerte uns die israelische Gruppe an die Juden in der Diaspora, die immer davon beansprucht wurden, miteinander zu kämpfen und ihre Aufmerksamkeit nicht auf das richten konnten, was um sie herum geschah.

Im Verlauf der Gruppe berichtete eine deutsche Teilnehmerin, wie, als sie zu spät zu einer Sitzung kam, eine andere deutsche Teilnehmerin beunruhigt war, sie könnte Selbstmord begangen haben. Seitdem kümmerte ich mich um die ›außerordentlich Besorgten‹, und für die Dauer der Konferenz hielt ich meine Augen offen für Menschen wie sie.

Die geschilderten Ereignisse brachten mich darauf, dass ich hier in einem gewissen Maße einen Teil meines Lebens wiederholt hatte. Ich hatte allein in die Welt hinausgehen wollen, weil ich zu einer geisteskranken Familie gehörte, in der der Wahnsinn zu intensiv war, als dass ich in der Lage gewesen wäre, eine beruhigende Wirkung auszuüben. Meine einzige Wahl war zu gehen; um gesund zu bleiben, musste ich darauf verzichten, dazuzugehören. Das war es auch, was mich nach Israel gebracht hatte: Weniger der Zionismus als die Notwendigkeit, dem Wahnsinn zu entkommen (oder ihn durch eine andere Art Wahnsinn zu ersetzen). Um eine Parallele zu ziehen: In Bad Segeberg verließ ich die israelische Gruppe, weil ich dem Wahnsinn entkommen musste, mehr aus diesem als aus irgendeinem anderen Grund.

Wenn in Nazareth II meiner Erfahrung nach das Thema *Gewalttätigkeit und Töten* vorherrschte (die Konferenz fand bald nach dem Attentat auf Rabin statt), so lagen auf deutschem Boden *Verrücktheit und potenzieller Selbstmord* viel stärker in der Luft« (Johana Gotesfeld).

***

Derselbe Prozess: Die israelische Gruppe im System Event. Eine andere Sicht:

»Die Führung [der israelischen Gruppe], die sich während des System Event bildete, war eine kollektive. Sie bildete sich früh und blieb trotz heftigem Widerstand, wiederholten Angriffen wie Herausforderungen erhalten. Sie bildete sich allmählich, war aufgabenorientiert, war in erster Linie mitfühlend und schließlich fähig, entschieden zu handeln.

Wir nehmen hypothetisch an, dass die besondere Form von Führung, die sich in der israelischen Gruppe entwickelte, eine Antwort besonders auf die regressiven Tendenzen und auf die großen Spannungen war, die eine israelisch-deutsche Konferenz auf deutschem Boden hervorrief.

Die enorme Furcht vor Diktatur, die die Konferenz so stark bestimmte, besonders die vor einer maskulin-phallischen und rücksichtslosen Diktatur, war ein wichtiger Faktor bei der spezifischen Formung der Führungsgruppe, als sie sich spontan bildete. Die Gruppe gestaltete die Form des Führungsteams unbewusst. Es gab keine bewusste freie Diskussion oder Abstimmung, weder über die Zusammensetzung der Führungsgruppe, noch über die Arbeitsteilung innerhalb der Gruppe, noch gab es ein demokratisches Nominierungsverfahren für ihre Mitglieder.

Überall im System Event führten Teile oder Untergruppen der israelischen Mitglieder wiederholt Angriffe gegen eine Führerschaft überhaupt. Führerschaft wurde angeklagt als grausam und totalitär (bolschewistisch), fühllos gegenüber individuellen Bedürfnissen, ohne Sensibilität und intolerant gegenüber jeder Vielfalt, übermäßig zielorientiert beziehungsweise konkretistisch.

Wie die Analyse der Führungsweise der Führungsgruppe eindeutig zeigt, bestand ihre zentrale Rolle zuallererst in der Eindämmung (containment) von Angst. Unter den sehr spezifischen Bedingungen der Deutsch-Israelischen Konferenz hatte sich diese Aufgabe herauskristallisiert. Angesichts gefühlter Panik und der Gefahr von Fragmentierung waren Zielsetzungen oder die Mobilisierung produktiver Handlungen erst dann wieder möglich, als die ganze Aufmerksamkeit darauf gerichtet war, die Gruppe zusammenzuhalten. Wir haben auf die Mitglieder geachtet, die sich überwältigt, ausgeschlossen, feindselig und kämpferisch oder hilflos und verloren fühlten.

Die kollektive Führung, die sich auf der dritten Deutsch-Israelischen Konferenz formte, war eine Second-Generation-Gruppe mit vier Untergruppen: (1) Israelis mit deutschem Ursprung; (2) Holocaustflüchtlinge; (3) Holocaustüberlebende; (4) Aschkenasim-Immigranten aus anderen Ländern der jüdischen Diaspora. Traumatische Entwurzelung, Verlust, körperliche und seelische Folter waren in einem bestimmten Maß das Erbteil jeder dieser Gruppen. Sie alle sahen die Zerstörung der Welt, aus der sie gekommen waren.

Diese Führung war unbewusst mobilisiert worden, um die ganze israelische Mitgliedschaft darzustellen.

Widerstand gegen Führerschaft
Angst war von Anfang an gegenwärtig. Sie verschlimmerte sich und reichte an Panik heran, als Delegierte der deutschen Gruppe mit einer Liste von Themen eintraten, die die israelische Gruppe berücksichtigen möchte.

Die israelischen Mitglieder wollten nicht zulassen, dass sich eine aktive und selbstgewisse Führerschaft entwickelte. Implizite Autorität wurde nur für Containment und Einfühlung gestattet. Es war, als ob die israelische Gruppe ein Patient wäre, der sich zu zerbrechlich für einsichtsorientierte Therapien fühlte und nur fähig war, eine stützende Therapie zu tolerieren.

Trotzdem formierte sich eine Führung. Sie bildete sich und schloss sich während der ersten zwei Sitzungen des System Event zusammen. Sie tat es angesichts ständig wachsender Angst und der enormen Drohung eines Zusammenbruchs.

Die vorherrschende Grundannahme während jener Anfangssitzungen und möglicherweise während des ganzen System Event war ›Kampf/Flucht‹. Die Mitglieder planten entweder ihre Flucht oder sie protestierten wütend und opponierten gegen alle produktiven Handlungsideen. Die Angst steigerte sich schnell. Sofort herrschte Verwirrung. Die Gruppe strebte in verschiedene Richtungen, sie drohte sich zu spalten, nein, zu zersplittern! Einige Mitglieder wollten bleiben, sie froren, während sie ihren Platz überwach schützten. Andere wollten unbedingt fliehen und eilten hinaus, ohne auch nur die geringste Zielvorstellung zu haben.

Auf einer tieferen Ebene jedoch war die Situation in der israelischen Gruppe eine unmittelbare Wiedererschaffung der Verhältnisse des Vor-Holocaust und des Holocaust der Juden.

Wir nehmen hypothetisch an, dass der vorschnelle Eintritt der deutschen Delegierten in der ersten Sitzung des System Event von den Nicht-Vorbereiteten als plötzliche deutsche Invasion (oder als Machtergreifung der Nazis) erlebt worden war. Sie verkörperte deutsche Effizienz. In der dritten Sitzung wurde die Initiative einiger israelischer Mitglieder, die die bisherigen Erfahrungen integrieren wollten, und ihr Aufruf, sich in Gruppen aufzuteilen, mit einer internen Machtergreifung von Gemeindeführern (Judenrat) assoziiert. Das löste tiefes Misstrauen aus, verursachte unmittelbar eine Zersplitterung und war auf diese Art eine Wiederholung der Massenpanik gegenüber der Drohung von Entwurzelung, Deportation und Vernichtung.

Wir möchten einige entsprechende Auszüge aus der Hypothese zitieren, wie sie zwischen der zweiten und dritten Sitzung des System Event formuliert wurde:

> ›Die Begegnung zwischen Israelis und Deutschen auf deutschem Boden impliziert und aktiviert das Gefühl einer nahenden Katastrophe. Auf der Ebene der

Mitglieder trat eine Retraumatisierung ein, als die Botschafter der deutschen Gruppe sich der israelischen Gruppe präsentierten. Dies wurde als eine chaotische Invasion wahrgenommen, die in der israelischen Gruppe widergespiegelt wurde und parallel entsprechend Chaos, Brutalität und Lähmung schuf. Es gab eine Unfähigkeit, Führerschaft zu gestatten. Die Hypothese dazu lautete, dass jede Führung entweder als grausame Diktatur erfahren würde oder als impotent, was zu einer unbeherrschbaren Anarchie führen müsste.‹

Wenn wir die Beobachtungen zusammenfassen, dass es in der israelischen Gruppe einen dringenden Führungsbedarf gab, andererseits einen vehement verzweifelten Widerstand gegen seine Realisierung, können wir jetzt postulieren, dass dieser Konflikt ein unbewusster Ausdruck im Hier und Jetzt war, der die gegenwärtige wie die historische Erfahrung der Gruppe mit ihrer Führerschaft wiedererstehen ließ.

Für die Juden, die direkt oder indirekt mit dem Holocaust verbunden waren, für Immigranten, von denen nach der Katastrophe verlangt wurde, eine Führerschaft zu akzeptieren, die zu beurteilen sie weder Energie noch Sprache noch Sozialkompetenz besaßen, sowie für israelische Juden, die erst vor wenigen Jahren die unerträglich traumatische Ermordung eines demokratisch gewählten Führers erlebt hatten, war Führerschaft mit lebensbedrohlich schrecklichen Assoziationen geladen und Freiheit mit der Gefahr von Wiederholung der Geschichte. Bei potenziellen Nachfolgern weckte es Assoziationen von Impotenz, Abwesenheit, Verrat, Chaos, Grausamkeit und Verlassenheit. Bei potenziellen Führern entstanden Gefühle von quälender Selbstbeschuldigung, Vereinsamung, herzzerreißenden Unausweichlichkeiten und das Bewusstsein einer Realbedrohung der eigenen Existenz« (Ilana Litvin und Izhak Mendelson).

***

Eine deutsche Perspektive desselben »Events«:
»Ich möchte meine Erfahrung im System Event beschreiben. Anscheinend wurde in beiden Teilnehmergruppen, der deutschen wie der israelischen, die Aggression ausagiert. Seit dem Beginn der ersten Plenarsitzung gab es ein unbestimmtes Gefühl einer aufkommenden Katastrophe, eine bedrohliche Angst, etwas Schreckliches könnte passieren. Ich hatte keine Furcht vor Vergeltung vonseiten der Israelis; ich erwartete sehr traurige Geschichten von

den Erfahrungen der Opfer zu hören und anzuhören. Als Deutsche, die erstmalig mit diesen Erfahrungen konfrontiert war, als ich nach England gezogen war, um dort zu leben, war mir klar, diese Geschichten sind in Deutschland nicht genug gehört worden, mit Sicherheit nicht während meiner Kindheit und Jugendzeit und auch nicht, als ich in den 60er Jahren zur Universität ging. Meine Furcht galt der israelischen Gruppe, was mit ihnen geschehen würde, nicht in Form grober Verletzungen. Aber ich fürchtete, was ich aus meiner deutschen Vergangenheit kannte: bestimmte Einstellungen den Juden gegenüber leben in den Deutschen der Gegenwart weiter: der Mangel an Einfühlungsvermögen, die ›Unfähigkeit zu trauern‹, eine allgemeine Egozentrizität des Charakters, der defensive Panzer, das Ausagieren von projektiven Identifikationen.

Es war vielleicht nicht so überraschend, dass die deutschen Teilnehmer, die an dieser Konferenz teilgenommen haben, mit einer größeren Sensibilität ausgestattet waren als die durchschnittlichen Deutschen, die einem im Alltag begegnen. Ich hatte den Eindruck, die deutschen Teilnehmer versuchten, sich ›gut‹ gegenüber den Israelis aufzuführen, Aggression war ein Tabu. Als die Gruppen jedoch in ihre jeweiligen nationalen Gruppen aufgeteilt und getrennt wurden, spaltete sich die deutsche Gruppe und fragmentierte, indem vielfältige Argumente zu Fragen politischer Natur ausgetragen wurden (unsere Beziehung zur Autorität, das Verhältnis von Deutschen zu Israelis, in welcher Sprache wollen wir sprechen, wenn wir in der deutschen Gruppe unter uns sind, sprechen wir Deutsch oder Englisch, die Sprache, die wir mit den Israelis teilen, unsere Konferenzsprache). Die deutsche Gruppe erwies sich als dysfunktional, paralysiert und zeigte sich behindert. Ich hatte den Eindruck, destruktive Aggression wurde ausagiert, was dazu führte, dass Teilnehmer sich wechselseitig attackierten, anstatt sich auszutauschen und in einer rationalen Weise über unterschiedliche Standpunkte zu verständigen und als Gruppe funktions- und handlungsfähig zu bleiben. Unter dem Deckmantel intellektualisierter politischer Argumente wurde etwas Primitiveres, Katastrophisches agiert, das nicht als solches erkannt, benannt und durchdacht werden konnte. Erst durch die Anwesenheit von zwei Beratern des ›Staff‹ wurde die Gruppe fähig, sich aus ihrem Stillstand herauszubewegen, und sie begann als Gruppe so weit zu funktionieren, dass wir uns auf unseren Arbeitsauftrag einstellen konnten, zu den Israelis Beziehungen aufzunehmen, zu entwickeln und zu sehen, wie wir zusammenkommen können. Ein ›Bote‹ wurde als Beobachter zu den Israelis geschickt, und ein israelischer ›Bote‹ kam, um die deutsche Gruppe bei ihrem Diskurs zu beobachten. Schließlich stellten wir fest, als wir die israelische Gruppe nach ihren Themenvorschlägen fragten, auf deren Grundlage sich die Gruppen in Subgruppen aufteilen sollten: Sie konnten umgehend eine Liste von Themen nennen, die sie mit uns diskutieren wollten. Es waren Themen von großer Bedeutung für uns alle, aber die deutsche Gruppe war nicht fähig gewesen, sie selbst zu formulieren. Stattdessen hatten die Deutschen durch Agieren von spaltenden Attacken ihre Fähigkeit zur Wahrnehmung vernichtet, um nicht die unerträgliche psychische Wirklichkeit der deutschen Vergangenheit sehen zu müssen. Ein Abwehrmechanismus, der sie jedoch funktionsunfähig machte.

Ein vergleichbarer Prozess, wo die Gruppe unter dem Deckmantel von Politik von primitiven psychotischen Mechanismen dominiert worden ist, wie wir es in der deutschen Gruppe erlebt haben, scheint sich auch in der israelischen Gruppe abgespielt zu haben, während sie als Gruppe unter sich war. Zwar habe ich das nicht persönlich miterlebt, aber die Erfahrungen, die uns von einigen israelischen Teilnehmern vermittelt worden sind, deuten daraufhin. Aber es gab einen deutlichen Unterschied. Einige Israelis haben, was in ihrer Gruppe passiert ist, als Machtergreifung durch eine Subgruppe erlebt, die sich als politische Partei benahm. Diese Gruppe scheint in einer ähnlichen politischen Verkleidung ein organisiertes Abwehrsystem gegen die Ängste in ihrer Gruppe mobilisiert zu haben: akute paranoide Ängste, die in der israelischen Gruppe vorhanden waren, weil sie nach Deutschland gekommen waren.

Der System Event setzte sich dann fort in den einzelnen Subgruppen, die sich gebildet hatten, um die Themen zwischen Deutschen und Israelis weiter zu diskutieren.

Ich beschreibe weiter den System Event aus der Perspektive meiner Teilnahme an einer großen Gruppe von Deutschen und Israelis. (Eine beträchtliche Anzahl von Israelis hatte sich entschlossen, sich von ihrer Gruppe zu trennen und nicht an dem Prozess teilzunehmen, der in der israelischen Gruppe im System Event vorging.) Diese große Subgruppe von deutschen und israelischen Teilnehmern war unter dem Thema ›Identifikation mit den Tätern und Opfern‹ zusammengekommen. In dieser Gruppe hatten wir die bemerkenswerte Erfahrung, uns auf das zu konzentrieren, was das wesentliche Thema der Konferenz war, dem ›anderen‹ zu begegnen, sodass wir den Dingen gemeinsam ins Auge schauen konnten. Allerdings drangen bei unserem Versuch, es zu tun, immer wieder die verstörenden Nachrichten aus der israelischen Gruppe zu uns, die uns daran hinderten und bei dem Versuch unterbrachen, über unser Thema nachzudenken. Wir wurden immer wieder abgelenkt, erregten uns darüber, was in der israelischen Gruppe vor sich ging, was von einigen israelischen Teilnehmern in unserer Gruppe als verrückt angesehen wurde, als Versuch, das Konferenzthema zu rauben (hijacking), und als Machtübernahme durch eine politische Partei. Eine interessante Parallele: Beide nationale Gruppen, auf sich selbst gestellt, begaben sich in politische Auseinandersetzungen und wichen damit den wirklichen Problemen und dem Arbeitsauftrag der Konferenz aus. An einem Punkt schickte die Staffgruppe eine Nachricht an alle Subgruppen im System Event, in der das Geschehen im System Event interpretiert wurde. Nachdem die Gruppe diese Interpretation angehört hatte und sich damit befassen wollte, stellten wir fest, niemand konnte sich an den Wortlaut erinnern, außer dass uns bewusst war, sie hatte unmittelbar mit unserem Thema und Bemühen zu tun. Gemeinschaftlich versuchten wir dann, die Interpretation aus den von verschiedenen Mitgliedern der Gruppe erinnerten Fragmenten zu rekonstruieren. Es ging um folgende Hypothese:

> ›Die Teilnehmer haben sich durch ihr Kommen zu dieser Konferenz in eine schmerzliche Lage versetzt, die als grausam empfunden werden kann. Das führt zu größerer Abhängigkeit vom Staff, um sich aufgehoben zu fühlen (Containment), gleichermaßen zu Befürchtungen und Enttäuschung über Fantasien mangelnder Ressourcen des Staff. Diese Angstfantasien mögen mit unerwarteten, mächtigen Veränderungen der eigenen Identität verbunden sein und dem Aufgeben hoch geschätzter Anteile der Identität wie die Rolle des Opfers (für die Israelis) oder die Schuld der Täter (für die Deutschen).‹

In der folgenden Arbeit der Gruppe an diesem Thema gewann unsere Diskussion an Fokus. Wir stellten fest, wie behindert, zerstreut wir waren und abgelenkt von den mächtigen Geschehnissen in einer anderen Gruppe im System Event. Dies ermöglichte, uns darauf zu konzentrieren, was wir, Deutsche und Israelis, in der Gruppe gleichermaßen als eigentliches Thema zwischen uns erkannten. Wir fragten um Unterstützung beim Staff nach und einigten uns nach einiger Diskussion auf einen bestimmten Consultant, eine Frau, die weder die Israelis noch die Deutschen repräsentierte, sondern Neutralität versprach. Wir suchten einen analytischen Standpunkt und befanden uns damit in einer dritten Position, die es uns ermöglichte, unsere Gruppe neu zu gebrauchen. In Gegenwart dieses Consultants begannen wir zu formulieren, worüber wir zusammen nachdenken wollten. Sie war erstaunt über die Reife dessen, was wir durchzudenken versuchten und dass unsere Bemühungen im System Event fast verloren gegangen wären. Da wir die ganze Zeit mit dem Staff keinen Kontakt gehalten hatten, war unser Beitrag und die geleistete Arbeit dem Staff unbekannt geblieben. Der System Event kam kurz nach dieser Intervention zu Ende. Bevor er endete, tauchten noch einige wichtige Themen auf: Zwei deutsche Mitglieder der Gruppe brachten zum Ausdruck, wie sie sich mit verfolgenden, inneren Objekten herumschlagen, von denen sie sich verurteilt und angeklagt fühlen, ›Du bist schuldig!‹, ›Du hast meine Eltern und Großeltern umgebracht!‹. Dieses kam in der Gruppe auf, als wenn diese Anklage von den israelischen Mitgliedern der Gruppe gekommen war, die nichts dergleichen zum Ausdruck gebracht hatten. Es konnte dann in der Gruppe geklärt werden, dass sie nicht wirklich in dieser Weise schuldig gesprochen und verurteilt werden können, als hätten sie die Eltern und Großeltern der Israelis tatsächlich ermordet. Es wurde von ihnen als große Erleichterung empfunden, als sie erkannten, dass sie nicht wirklich dieses Verbrechens schuldig sind; sie hatten es geglaubt und es war ihnen unerträglich. Ein anderes Thema, vielleicht dasjenige, was dem schwierigsten Aspekt im Thema unserer Gruppe am nächsten kam, wurde von einer deutschen Teilnehmerin aufgebracht. Sie war halb jüdisch und hatte eine jüdische Mutter, die sich zu ihr wie ein Nazi verhalten hat. Sie konnte der Gruppe ihre Verzweiflung über diese Erfahrung mitteilen. Es gab nicht mehr Zeit, das weiter durchzuarbeiten. Die aufgekommene Verzweiflung war jedoch so akut, etwas musste damit ›getan‹ werden. Jemand fand den Ausweg einen Witz daraus zu machen, voller Bitterkeit: ›Wenn ein Deutscher und ein Jude zusammenkommen, dann gibt es nur noch eins: Selbstmord begehen!‹ Wir gingen vom System Event weg mit einem kurzen, hohlen Lachen über diesen Witz, der keiner war. Eigentlich hatte sie gemeint, wenn sie in einer Person zusammenkommen, gibt es keinen Ausweg. Wäre mehr Zeit da gewesen, hätten wir diese Verzweiflung ernst nehmen und vielleicht über ein besseres Ende nachdenken können. Unglücklicherweise hatte ein anderer Teilnehmer diesen ›Witz‹ aufgeschrieben und ans Notizbord der Konferenz geheftet. Da stand dann dieser Satz, außer Kontext, eine Provokation und Einladung zu Missverständnissen mit potenziell katastrophischer Wirkung. Dieses Ereig-

nis und sein Ende mit Schrecken macht deutlich, der System Event entließ uns mit dem Wunsch nach einer neuen Konferenz:
Die Arbeit hatte gerade erst begonnen« (Hella Ehlers).

***

»Die Begegnung zwischen Deutschen und Israelis auf deutschem Boden beschwor in der israelischen Gruppe das Gefühl herauf, eine ›Katastrophe könnte sich anbahnen‹. Angst breitete sich aus, einige begannen zu zittern. Der Wunsch der Deutschen, mit ihnen in Arbeitsgruppen zusammenzukommen, wurde als zerstörerische Invasion erlebt, die in den eigenen Reihen ›Chaos, Brutalität und Paralyse‹ hervorgebracht habe. Aus dieser ›paranoiden Position‹ versuchte sich eine Gruppe der Israelis dadurch zu befreien, dass sie ihr Erleben in einer ›Arbeitshypothese‹ zusammenfasste, die sie allen Konferenzteilnehmern im selben Wortlaut, aus dem ich in eigener Übersetzung zitiere, zur Verfügung stellte mit dem Ziel, darüber mit den anderen, insbesondere mit den Deutschen, ins Gespräch zu kommen. Eine Szene auf einem Plenum, die sich zwischen Staffmitgliedern gestaltet hatte und die von ihnen als brutal erlebt worden sei, habe sie in große Sorge gestürzt, mit ihrer Angst vom Staff alleingelassen zu werden. Diese, hier unvollständig vorgestellte ›Arbeitshypothese‹ war Teil und nahm Einfluss auf die Geschehnisse im System Event. Die gewünschte Diskussion darüber kam aber dann doch nicht zustande. Die Notwendigkeit zur Affektregulierung zehrte an den Kräften. Schließlich intervenierte der Staff mit einer – der einzigen – Deutung auf dieser Konferenz, die verschiedene seiner Mitglieder etwa zum selben Zeitpunkt in allen Arbeitsgruppen, die sich inzwischen gebildet hatten, verlas:

> ›Die Teilnehmer, die zu dieser Konferenz gekommen sind, haben sich in eine schmerzhafte Situation gebracht, die als grausam erlebt werden kann. Das führt zu größerer Abhängigkeit vom Staff, der doch alles aufnehmen sollte, zusammen mit Ängsten, ob er es kann, und mit Enttäuschungen wegen ungenügender Unterstützung. Diese ängstigenden Vorstellungen könnten zu tun haben mit unerwarteten, aber wirksamen Veränderungen im eigenen Identitätsgefühl und mit der Angst, wertgeschätzte Teile der eigenen Identität aufzugeben wie die Rolle des Opfers (bei den Israelis) oder die Schuld der Täter (bei den Deutschen).‹

Damit hatte der Staff, wie mir scheint, etwas Ungeheuerliches ausgesprochen: dass nämlich die Rolle des Opfers bei den Israelis und die Schuld der Täter bei den Deutschen ›wertgeschätzte‹ Teile der eigenen Identität seien. Das anzuerkennen ist schwer. Die Deutung zieht in Betracht, diese Teile der Identität könnten aufgegeben werden. Aber was dann? Würde das nicht bedeuten, dass sich die jüdische Gruppe desidentifizieren müsste von der Opferrolle und sich die nicht jüdische, deutsche Gruppe desidentifizieren müsste von der Schuld der Täter? Hieße das nicht, sich in tiefem Sinne zu trennen von den Eltern, die doch, nicht nur in der Welt der inneren Objekte, sondern oft auch im wirklichen Leben, als Ort zur Verfügung stehen mussten, an dem eigene Vernichtungsängste bzw. -wünsche unbewusst gut untergebracht werden konnten? Wohin mit diesem Erleben, wenn es seinen Ort verlöre? Was hätte das für Folgen, für einen selbst, aber auch für die Begegnung mit den anderen? Wird nicht, wer ein Tabu berührt, selbst zum Tabu? Bange Fragen, die diese Deutung aufgeworfen haben könnte, und noch viel mehr davon sind vorstellbar« (Eva-Maria Staudinger).

***

Die Perspektive eines israelischen Staffmitglieds
»Die Atmosphäre im System Event ist bezeichnenderweise ziemlich angespannt und geladen. Von Euphorie und einem manischen Gefühl von Macht und Tatendrang kann sie umschlagen in Konfusion, depressive Passivität und gefährliche Resignation. Es ist die Gruppenform, die am stärksten für aktuelles Ausagieren unbewusster Themen und Inhalte geeignet ist.

Auf den beiden Nazarethkonferenzen schien die Gruppe der Deutschen aktiv, effizient und durchsetzungsbereit zu sein, während die Israelis passiv hilflos und resignativ erschienen. Die Intervention eines Consultants auf der ersten Nazarethkonferenz dazu war: ›Während die Deutschen marschierten, saßen die Juden und debattierten, was zu tun wäre.‹ In Bad Segeberg war die Gruppe der Israelis sehr aktiv, ganz anders als auf den bisherigen Konferenzen. Es gab Führungskämpfe, die damit endeten, dass eine dominante Gruppe, die entschlossen und durchsetzungsfähig war und glaubte, das Spiel zu kennen, die Oberhand gewann. Dies ließ Empörung und Uneinigkeit zwischen den Israelis entstehen. Einige erlebten das als eine Art faschistischer Machtübernahme, womit sie sich nicht identifizieren wollten. Eine Reihe von Israelis verließ die Großgruppe, um entweder eine eigene Gruppe zu gründen oder sich einer anderen anzuschließen. Der erste Israeli, der hinausging, gehörte zur Vorkriegsgeneration. Er wollte zusammen mit Deutschen eine Gruppe bilden, um die Ereignisse von 1933–1945 in Deutschland zu untersuchen. Eine Zeitlang war er eine Ein-Mann-Gruppe, verwirrt umherwandernd wie ein Flüchtling auf der Flucht, seine Habseligkeiten in einer Plastiktüte mit sich führend. Sieben oder acht Deutsche, die ihm zuvor Zuflucht und Schutz geboten hatten, schlossen sich ihm später an. Die Gruppe gab sich den Namen ›Die deutsche Katastrophe‹. In hochgradig emotional aufgewühltem Zustand kam eine Israelin zum Staff, bezweifelte, ob dieser tatsächlich wüsste, was vorging. Sie war verwirrt, wütend und desorientiert. Sie konnte nicht sehen, was dies alles mit ihren in Auschwitz ermordeten Großeltern zu tun haben sollte.

Die deutsche Gruppe, die auf den vergangenen Konferenzen ziemlich aktiv gewesen war, war diesmal eher passiv und in gedrückter Stimmung. Sie bemühte sich, korrekt und demokratisch zu arbeiten, und belastete sich mit prozeduralen Debatten. Die Gruppe verblieb in dieser Lähmung, die sich erst auflöste, als sie um Konsultation bat und diese auch bekam. Daraufhin bildeten sich verschiedene Untergruppen, denen sich israelische Teilnehmer anschlossen. Die Namen, die sich diese Gruppen gaben, waren aufschlussreich: ›Gewalt und Empfindsamkeit‹ (alle Mitglieder weiblich), ›Mangel an Sicherheit‹, ›Die Ermordeten und die Mörder‹ und die bereits erwähnte Gruppe ›Die deutsche Katastrophe‹.

In schroffem Gegensatz zu Nazareth I und II zeigten die Deutschen während der gesamten Konferenz in Bad Segeberg zunächst völlig unbewusst, wiederholt Inkompetenz als Form der Abwehr. Diese hatte verschiedene Gesichter: Die Deutschen idealisierten die Kompetenz der Israelis und werteten unangemessen ihre eigene ab. Es war evident (z. B. in den Small Study Groups), dass die Deutschen sich ›lobotomisierten‹, Kopf und Gehirn abtrennten und sich dadurch ihrer Fähigkeit, zu denken und zu fühlen, beraubten. Wiederholt beklagten sie ihre Unfähigkeit, zu denken und ihren Verstand zu gebrauchen, eine Erfahrung, die an Wahnsinn grenzt. Dazu passte die Beobachtung, dass Deutsche dazu neigen, sich in internationalen Gremien inadäquat, inkompetent und stumm zu verhalten. Dies ging mit sehr großem Scham und Schuld einher, die Deutschen sehnten sich aber auch nach ihren jüdischen Kollegen und Gegenüber. Ohne diese fühlten sie sich depriviert, sehr behindert und so, als fehlte ihnen etwas. Sie sehnten sich nach dem Geschmack der jüdischen Brust und Milch, deren sie sich selbst beraubt hatten« (H. Shmuel Erlich).

***

Die Perspektive eines deutschen Staffmitglieds
»In Bad Segeberg breitete sich in der israelischen Gruppe sehr bald eine enorme Angst vor den Deutschen aus. Die Entscheidung für einen deutschen Konferenzort war in Israel gefallen. Es war uns allen deutlich, dass eine Konferenz auf deutschem Boden die Angst der israelischen Teilnehmer vor den Deutschen, aber auch die Bedrückung wegen eines möglichen Verrats der eigenen Familien enorm erhöhen würde. Als ich in der zweiten System Event Sitzung die israelische Gruppe miterleben konnte, war ich beeindruckt von dem Konkretismus der Angstüberzeugungen. Einige zitterten. Sie erlebten sich ohne jeden Schutz und führerlos. Sie würden in den Holocaust gehen, hieß es, wenn sie nach nebenan zu den Deutschen gehen würden. Vernichtungsangst und Erniedrigung waren massiv gegenwärtig. Kathy Pogue-White, unsere stellvertretende Direktorin, eine farbige Professorin und Analytikerin aus New York, gab als Consultant die Interpretation, dass die Gruppe den eigenen israelischen Faschismus, den es zu Hause doch gäbe, auf die Deutschen nebenan projiziert hätte. Deshalb die enorme Angst. Die Deutung war so freundlich und nüchtern, dass sie wirkte. Die Gruppe konnte besser arbeiten. Sie bildete eine Anzahl von Themen, um die Deutschen einzuladen.

Heute weiß ich nicht, ob die Deutung dem Phänomen richtig entsprach, das wir miterlebten. Ich vermute heute, dass es sich um das Bewusstwerden eines israelischen Kollektivsymptoms handelte, eine traumatische Vergegenwärtigung des Holocaust, gegen die die Gruppe sich nicht wehren konnte, die zugleich die Toten ehrt, um sie nie zu vergessen, und die mit der Wiederkehr der Vernichtungsmentalität rechnet und sie verhindern will. Vielleicht ergänzen sich beide Interpretationen.

Aus den Arbeitsgruppen ›Die Katastrophe ihres Gewissens‹ und ›Grausamkeit, Allmacht und Herrschaft in der Konferenz‹ kam in der vierten System Event Sitzung folgende Hypothese an alle, die die durchgemachte Angst vor den Deutschen ausdrückte:

›Die Begegnung von Israelis und Deutschen auf deutschem Boden ruft das Gefühl einer sich nähernden Katastrophe hervor. [...] Es gab eine Unfähigkeit in der israelischen Gruppe, irgendeine Führerschaft hochkommen zu lassen. Eine Hypothese zur Erklärung dessen lautete, dass jede Führerschaft entweder als grausame Diktatur oder als impotent geglaubt wird, was zu unsteuerbarer Anarchie führt. Jede Führerschaft wird deshalb als Machtausübung im schlimmsten Sinne des Wortes erlebt. Ein Teil der Anarchie äußert sich als perverse Auslöschung von Unterschieden zwischen Macht und Schwäche, zwischen Opfern und Verfolgern.

Um uns von dieser sich wiederholenden paranoiden Position lösen zu können, brauchen wir die deutsche Gruppe, um darüber zu sprechen und um zu sehen, wie sie mit ihrer eigenen Katastrophe umgehen.‹

Folgende Hypothese des Staff fasste dann die Dynamik des ganzen System Event zusammen:

›Die Teilnehmer, die zu dieser Konferenz gekommen sind, haben sich in eine schmerzhafte Situation gebracht, die als grausam erlebt werden kann. Das führt zu größerer Abhängigkeit vom Staff, führt zu Ängsten, ob er überhaupt aufnehmen kann, was er soll, und geht einher mit der Enttäuschung darüber, er würde sich nicht kümmern. Diese Verunsicherungen könnten zu tun haben mit unerwarteten, aber wirksamen Veränderungen im eigenen Identitätsgefühl, besonders mit der Angst, wertgeschätzte Teile der eigenen Identität aufzugeben wie die Rolle des Opfers (bei den Israelis) oder die Schuld der Täter (bei den Deutschen).‹

Es war das erste Mal, dass eine derart zentrale Änderungsidee und die Angst davor im Rahmen der Konferenzen auftauchten. Ich fand sie außerordentlich wichtig. Sie machte die Konferenzdynamik verständlich und wirkte befreiend. Besonders der zweite Teil der Deutung nahm für mein Gefühl Entwicklungen vom Ende der zweiten Konferenz in Nazareth auf, wo sich auf deutscher Seite eine Hoffnungslosigkeit und kollektive Lähmung abzeichnete, nicht zur Menschheit zu gehören. Diese merkwürdige Lähmung kann als kollektives Symptom, als akzeptiertes Kainszeichen angesehen werden. Auf der dritten Konferenz gab es zum ersten Mal eine interpretierende Infragestellung dieser deutschen Lähmung, die in Gegenwart anderer Nationen auftritt, als in gewissem Sinne (für die Nichtdeutschen) ärgerliche Verweigerung gemeinsamer Arbeit. Das ging mir zu schnell, aber ich war dankbar, dass dieses merkwürdige Phänomen erstmalig Existenzberechtigung als

Kollektivsymptom bekam. Ich denke, dass es unbedingt weiter erforscht werden muss, bevor es als heimlich wertgeschätzter, leidvoller Teil der eigenen Großgruppenidentität in Arbeit genommen und vielleicht beherrscht werden kann« (Hermann Beland).

***

IV.4 Die Gefahr falscher Versöhnung und die Angst davor

»Ich bin nicht mein Vater, sondern seine Tochter.«

Im Unterschied zu anderen Konferenzen, die mit dem Holocaust zu tun haben, lautete die Hauptaufgabe in der Konferenzbroschüre:
»To provide opportunities for participants to explore how feelings and fantasies about »German-ness« and »Israeli-ness«/»Jewish-ness« influence relations within and between the two groups in the conference.«
(»Die Konferenzteilnehmer sollen Gelegenheit bekommen für eine Untersuchung, wie Gefühle und Fantasien über Deutschsein und Israelisch-/Jüdischsein die Beziehungen in beiden Konferenzgruppen und zwischen ihnen beeinflussen.«)
Als Ziel wird nicht Versöhnen, sondern Untersuchen genannt. Trotzdem, es gab einen Wunsch nach Versöhnung und eine Angst vor »falscher Versöhnung«. Falsche Versöhnung sagt: »Lasst uns den Holocaust ein für alle Mal beiseite tun und nur menschlich miteinander umgehen.« Es war klar, dass es obszön gewesen wäre, die Konferenz von einem derartigen Standpunkt aus zu betrachten.

***

»Ich erlebte ›sie‹ (die Deutschen), als ob sie ›elternlos‹ gekommen wären. Einige verleugneten ihre Eltern, manche analysierten sie, manche hassten sie ganz offen, ohne jede Identifizierung mit ihnen. Bis jetzt kann ich mir diese Art von Ware im Tausch ›nicht kaufen‹. Es scheint, dass sie in Schroffheit und Aggression heranwuchsen, zeitweilig in Bosheit und ohne Erbarmen. Sie kamen zu uns wie zu guten Eltern, an deren jüdischen Herzen sie sich wärmen wollten. Ihre harten Eltern waren nicht mit ihnen zur Konferenz gekommen, obwohl sie und ihre Taten in ihren Kindern verborgen waren. Hier und dort kamen sie doch zum Vorschein, aber nur wie wildes Kraut, das ausgerissen werden muss, damit der Garten wieder schön wird.

Ich sehe es so, dass Kontakt zwischen uns möglich ist, wenn sie nicht als Büßer zu uns kommen, die Vergebung suchen. Es wäre auch besser für sie selbst, und vielleicht erreichen sie dann etwas. Denn soweit ich betroffen bin, schafft jene Haltung keine Versöhnung« (Robi Friedman).

**

»Neben der Angst vor einer Wiederbelebung des Holocausttraumas in Deutschland war eine ganz andere, jedoch damit verbundene Angst wirksam: die Angst vor einer *falsch verstandenen Versöhnung*. Sie könnte dann entstehen, wenn Teile der Opferidentität und Teile der Täteridentität infrage gestellt würden. Diese Gefahr ist auch Teil einer Deutung, die der Staff am dritten Tag in alle System-Event-Gruppen hineingab:

> ›Die Teilnehmer haben sich in eine schmerzliche Situation gebracht. An der Konferenz teilzunehmen, kann als grausam erlebt werden. Das führt zu einer größeren Abhängigkeit in Bezug auf den Wunsch, vom Staff gehalten zu werden. Möglicherweise gibt es eine Enttäuschung über ein Ungenügen der Staffleistungen. Diese Fantasie mag dazu führen, wertvolle Teile der Identität als Opfer oder als Täter aufzugeben‹ (Übersetzung U. K.-H.).

Die Gefahr falsch verstandener Versöhnung, einen ›Schlussstrich‹ unter den Holocaust zu ziehen, war bereits während der ersten Nazarethkonferenz ein zentrales Thema. Diese Gefahr einer falsch verstandenen Versöhnung ist durch die entstandenen kollegialen und persönlichen Beziehungen gewachsen. Es gab während dieser Konferenz vielfältige Szenen, in denen diese Gefahr atmosphärisch präsent war. All diesen Szenen gemeinsam ist die Schwierigkeit, eine Balance zu finden zwischen dem Wunsch nach nur individuellen, ›menschlichen‹ Beziehungen zwischen Deutschen und Israelis und der Gewissheit, dass eine solche ›Normalität‹ letztlich nicht möglich und auch nicht wünschenswert ist. Während einer Sitzung einer System-Event-Gruppe mit deutschen und israelischen Teilnehmern erzählt eine deutsche Teilnehmerin, wie gebrochen ihr Vater aus dem Krieg zurückgekehrt sei.

Atmosphärisch-szenisch wendet sie sich mit dieser Erzählung v. a. an die israelischen Teilnehmer.

Der Wunsch steht im Raum, die Israelis mögen dazu etwas sagen, vielleicht etwas Versöhnliches. Der israelische Kollege, der im Abschlussplenum über das Telefonat mit seiner Mutter erzählte, antwortet, er sei mit der unverrückbaren Unversöhnlichkeit seiner Mutter aufgewachsen, nie mehr mit den Deutschen zu sprechen. Die deutsche Teilnehmerin bringe ihn in eine schwierige Situation. Was solle er dazu sagen? Auf einer menschlichen Ebene könnte er Mitgefühl entwickeln, doch der Holocaust sei für ihn ›unforgivable‹. Der Wunsch der Deutschen nach Versöhnung, vielleicht sogar Vergebung vonseiten der Israelis taucht immer wieder auf, eine unlösbare Situation. Er zeigt sich auch in dem Wunsch einiger deutscher Teilnehmer, zu den Juden dazuzugehören, sie zu idealisieren, sie als ausschließlich gutes Objekt zu fantasieren.

Diese Fantasien und Wünsche erwiesen sich u. a. als Ausdruck eines Schuldentlastungswunschs, als Wunsch, auf der ›richtigen‹ Seite, der Seite der Opfer, zu stehen und die historische Verantwortung, die sich für einige deutsche Teilnehmer mit einem persönlich belastenden Schuldgefühl mischt, endlich los zu sein. Gleichzeitig ist der primitive Entwurf des ›guten Juden‹, des mit besonderem Wissen ausgestatteten Juden in den Dienst der Abwehr von feindseligen Affekten gegen die Juden gestellt: Die Idealisierung lenkt von antisemitischen, destruktiven Bereitschaften ab.

Das in der Literatur zum Antisemitismus häufig beschriebene Phänomen der Dialektik von ›Philosemitismus und Antisemitismus, einer hartnäckigen Idealisierung und Entwertung‹ zeigt sich auch hier. Ein Traum einer deutschen Teilnehmerin enthält auf den ersten Blick die beschriebene Sehnsucht, zu den Juden dazuzugehören: Sie sieht im Traum eine Zusammenkunft von Juden, einige mit der Kippa, und wacht weinend auf, weil sie sich vollständig ausgeschlossen und nicht dazugehörig fühlt. Auf den zweiten Blick erschließen mehrere Details und Assoziationen die darunterliegende Bereitschaft zu Klischees und Antisemitismen: Eine jüdische Familie in diesem Traum erinnert die Träumerin an eine flüchtig bekannte, sehr unsympathische, asketisch-geizige schwäbische Familie; das Zusammentreffen der Juden im Traum findet in einer Synagoge statt, doch die Synagoge ist die ›Deutsche Bank‹. Die Gefahr falsch verstandener Versöhnung war jedoch nie so groß, dass die Täter-Opfer-Grenze verschwand.

Am zweiten Tag kommt es zum ersten System Event: Israelis und Deutsche kommen als nationale Gruppe getrennt voneinander zusammen. Die Deutschen erarbeiten einige Themen, die sie mit den israelischen Kolleginnen und Kollegen zusammen diskutieren wollen, zum Beispiel das Thema des ›ugly German‹ oder die Frage, ob während dieser Konferenz eine Verschiebung der Aggressivität zwischen Deutschen und Israelis auf die Beziehung der Deutschen und Israelis untereinander wirksam sei. Gegen Ende der ersten System Event Sitzung schicken die Deutschen einen Botschafter zu den Israelis und unterbreiten die Themenvorschläge. Die Israelis antworten, mehr Zeit zu brauchen, sie seien mit ähnlichen Themen beschäftigt, jedoch mit weitaus schärferen Formulierungen. Die Deutschen versuchen nun, ihre Themen weiter zu präzisieren, sind jedoch fast ausschließlich mit den israelischen Kolleginnen und Kollegen beschäftigt. Es entsteht Ungeduld, vielleicht auch Angst, ob es überhaupt zu einer Zusammenarbeit kommt.

Aus dieser hastigen Atmosphäre heraus wird während der nächsten System Event Sitzung erneut ein Botschafter zu den Israelis mit dem Auftrag geschickt, eine halbe Stunde als Gast zuzuhören und dann in die deutsche Gruppe zurückzukommen. Dieser deutsche Kollege kommt zehn Minuten früher als vereinbart zurück und verstärkt mit dem Stichwort ›Retraumatisierung‹ die Unruhe und Angst der Deutschen. Die Israelis, so sein Bericht, diskutierten Gefahren einer falsch verstandenen Verbrüderung, in der es zu romantischen Reaktionsbildungen komme, ein Themenvorschlag sei z.B. ›Schmalz und Kitsch‹. Die Israelis fühlten sich von unserer Freundlichkeit ›missbraucht‹ (abused). In der deutschen Gruppe sind plötzlich nicht nur Angst und Misstrauen, sondern auch Wünsche nach Abschottung spürbar.

Auch die zwei hinzugezogenen Berater, eine Deutsche und ein Israeli, deuten Prozess und Atmosphäre als Ausdruck des Wunsches nach einer Schutzmauer; ebenso sei offensichtlich, dass die Deutschen für ihre verschiedenen Themenvorschläge keine Gruppenleiter bilden wollten, weil diese Art von Führerschaft den Juden gegenüber vielleicht zu gefährlich sei. Auch in den Small Study Groups wird das Thema der Retraumatisierung weiter diskutiert; ein Teilnehmer sagt, er wolle als Gastgeber nicht retraumatisierend sein und sei es auch nicht. Einige Israelis beantworten diese Statements mit der knappen Tatsache: Hier in Deutschland zu sein, ist für uns immer eine Retraumatisierung.

So war die Grenze zwischen Deutschen und Israelis immer wirksam, die Gefahr falscher Verbrüderung, Reaktionsbildung (›Schmalz und Kitsch‹) existierte jedoch und wurde immer wieder mit Gegenbewegungen beantwortet. Sehr deutlich war das auch zu spüren, wenn einige Israelis, vor allem die, die noch in Deutschland geboren waren, von ihrer Liebe zu Deutschland sprachen: die Kultur, der Apfelkuchen, das Grün der Natur, die Seen und vieles mehr.

Diese spürbare Liebe zu Deutschland erschütterte einige Deutsche und konfrontierte sie mit der immer wieder fassungslos machenden Frage, warum die Nazis die deutschen Juden, die Deutschland so geliebt haben, umgebracht haben.

Wenn die Juden während dieser Konferenz über ihre Liebe zu Deutschland sprechen, ist immer klar erkennbar, dass es um ihre Liebe zu Deutschland geht und nicht um die zu den Deutschen. Eine israelische Teilnehmerin ist begeistert von den vielen Seen der Holsteinischen Seenplatte und sagt, sie würde am liebsten einen See mit nach Israel nehmen. Ein anderer Israeli ergänzt: ›Ein See aus Deutschland ohne die Deutschen‹« (Ursula Kreuzer-Haustein).

***

»Für die Gegenwart und Zukunft mag Hoffnung in der Möglichkeit zum Wechsel der Perspektiven bestehen. Es ist keine Suche nach Symmetrie. Ich glaube, dieses ist eine falsche Hoffnung, eine Illusion, der allerdings viele Deutsche noch anhängen. Ebenso illusionär ist der Glaube, der durchschnittliche, gewöhnliche Deutsche sei unschuldig, weil er niemanden eigenhändig getötet habe. Das ist eine Selbsttäuschung von derselben Art wie die alte Lüge: Die Deutschen haben vom Holocaust nichts gewusst. Die Deutschen heute sind immer noch in ein Netzwerk von Lügen und Selbstlügen verwickelt. Das hindert sie klar zu sehen und anzuerkennen, was sie wirklich getan haben, und aus dem Schatten der Vergangenheit herauszutreten. Diese Lügen und Selbstlügen sind das Gift, das wir mit uns herumtragen. Es ist etwas Lebloses, Totes an dieser Art zu leben, ein beschädigtes Leben, es ist immer gegenwärtig und schwierig zu überwinden.

Der österreichische Schriftsteller Ernst Jandl, der in seinen Gedichten diesen Lügenzusammenhang aufzudecken versucht hat, beschreibt das in folgendem Gedicht:

Nach altem Brauch

Keiner schließlich
hat es gewollt
jeder schließlich hat es getan

das hört sich an wie Lüge
und ist es auch.

(Hella Ehlers)

***

»Mein Eindruck von dem, was in unserem Land im Blick auf die Vergangenheit geschieht, hat sich geschärft, und ich habe begonnen, die Abwehr von Scham und Schuld bei mir und anderen selbst in der aufrechten Kritik an Anzeichen von Antisemitismus in unserem Land zu entdecken – es ist so eine Erleichterung, ihn bei anderen zu sehen! Es ist so schwer, meine/unsere eigene Verwicklung anzuerkennen« (Veronika Grüneisen).

***

»Dies ist mein kleiner Sieg über das gewesen, was dort geschah. Wo die Leute darum kämpfen, im anderen den Menschen zu finden, – und wer kann ›anderer‹ sein als Deutsche und Juden, – da siegt nicht die Zerstörung. Dieser Kampf ist es wert, auch im schriftlichen Wort vergegenwärtigt zu werden. Dieselben Wörter, die sie als Instrumente der Realitätsverzerrung verwendeten, können jetzt verwendet werden, um das auszudrücken, was (in meiner eigenen subjektiven Wirklichkeit) wirklich zwischen Deutschen und Juden in Nazareth I geschah« (Yoram Hazan).

***

»Auf dieser Tagung (Nazareth II) gab es auch andere, freiere, weniger quälende Kontakte mit israelischen Kollegen, und ich glaube, es war etwas sehr Berührendes, Heilsames, als mich eine sehr alte, vielleicht die älteste jüdisch-israelische Teilnehmerin der Konferenz an einer Stelle in die Arme schloss – nicht zur Versöhnung oder Vergebung, sondern aus Mitmenschlichkeit.

Letztlich fühlte ich mich durch den Kontakt mit meiner möglichen Schuld, der Täterseite, so erschüttert und so beschämt, dass ich mich von weiterer Bearbeitung und damit vom Verstehen zunächst zurückziehen musste.

Meine Erfahrung mit der Review and Application Group hat meinen inneren Zustand nur verstärkt.

Zuallererst hatte ich zu kämpfen, ein Thema für die Arbeit in der Gruppe zu finden. Es war mir damals nicht einmal möglich mitzuteilen, dass ich nicht in der Lage war, ein Thema zu finden und was das bedeuten könnte. Heute verstehe ich, dass es mir damals nicht möglich war über eine ›Zukunft‹ zu fantasieren, eine Zukunft mit meinen inneren Objekten« (Thea Wittmann).

***

»Als deutsche Mitglieder dieser Gruppe müssen wir uns der Tatsache stellen, dass wir nach allem, was die Deutschen während der Nazizeit getan haben, verantwortlich für den Holocaust, nicht erwarten können, von den israelischen Kollegen als Individuen gesehen zu werden. So ist es nun. Aber wir möchten erklären, dass wir keine generalisierte Schuld akzeptieren, sondern nur jene Schuld, für die man *persönlich* verantwortlich ist.

Ich fühlte mich durch diese Tatsache außerordentlich erleichtert, durch die einfache Konsequenz: *Ich bin nicht mein Vater, sondern seine Tochter*« (Jutta Matzner-Eicke).

***

»In der Kaffeepause musste ich erfahren, dass meine Einladung nach Deutschland rigoros abgelehnt wurde. Für viele Israelis ist ein Besuch in Deutschland immer noch unmöglich. Nach Bad Segeberg kann ich das verstehen, aber ich war traurig und auch etwas beschämt wegen meiner ›einfachen Frage‹.

Als ich zu der Konferenz aufbrach, hoffte ich, einen Abgrund endlich überwinden zu können, dabei oft eifrig bemüht, die deutsche Geschichte und deren Verleugnung aufzudecken. Als ich zurückkam, war ich viel ruhiger, weil ich realisierte, wie riesig der Abgrund ist und wie schwer es ist, ihn zu überwinden. Meine Sinne für Verleugnung wurden geschärft, aber mein Respekt für diejenigen, die sich dieser Geschichte nicht stellen können, nahm ebenfalls zu: es ist eine sehr persönliche Entscheidung und es kann sehr schwer sein.

So möchte ich mit einem Seufzer sagen, dass wir noch viele solcher Konferenzen brauchen« (Eva Mack).

***

»Ich glaube, es gibt eine Antwort auf Miras Frage: ›Was kommt nach Asymmetrie?‹ Es ist die Möglichkeit zu einer Betrachtungsweise in wechselnden Perspektiven. Darin mag die Hoffnung für die Gegenwart und Zukunft liegen. Es ist keine Suche nach Symmetrie. Ich glaube, das ist eine falsche Hoffnung, eine Illusion, der allerdings viele Deutsche noch anhängen. Ebenso illusionär ist der Glaube, der durchschnittliche, gewöhnliche Deutsche sei unschuldig, weil er niemanden eigenhändig getötet habe. Das ist eine Selbsttäuschung von derselben Art wie die alte Lüge: Die Deutschen haben vom Holocaust nichts gewusst« (Hella Ehlers).

***

Als Ergebnis: Heraus aus dem Gefängnis der Vergangenheit

»Von Blut zu Tränen, von Tränen zu Worten«

Was ist das Ergebnis dieser Konferenzen? Das ist eine schwierige Frage. Ist es das Lernen der Mitglieder? Die Möglichkeit, aus dem Gefängnis der Vergangenheit herauszukommen? Die Möglichkeit, das Gelernte zu integrieren und es in einer größeren beruflichen oder sozialen Gemeinschaft anzuwenden? Alles das und manchmal – nichts von alledem. Verschiedene Teilnehmer haben unterschiedliche Erwartungen und definieren unterschiedlich, was aus den Konferenzen für die Teilnehmer und für das Gesamtprojekt herauskommen müsste. Das wird im Folgenden deutlich werden. Die Hauptspannung ist in dem Wunsch enthalten, sich »von Blut zu Tränen und von Tränen zu Worten zu bewegen«, weil diese Bewegung mit der Angst einhergeht, jede Veränderung dieser Art würde die Eltern und die Opfer verraten. Trotzdem konnten wir von einer Konferenz zur nächsten eine Entwicklung feststellen: Es gab eine Bewegung weg von dem anfänglichen starken Bedürfnis, meine Geschichte dem anderen als Zeugen erzählen zu wollen, hin zu einem inneren Bereich der jenseits meiner Geschichte liegt. Dieser Bereich ist charakterisiert durch größere Freiheit von stereotypen Rollen, sodass zum Beispiel Juden sich auch einmal aggressiv und als Täter zeigen konnten und die Deutschen zu Opfern wurden.

***

»Ich glaube, dass die meisten Teilnehmer der drei Konferenzen zustimmen würden, auf den Konferenzen vieles von dem erreicht zu haben, was die Hauptaufgabe formulierte. Einige Hundert zentrale Erfahrungen sind gemacht worden, waren und sind individuell gültig und kollektiv wichtig. Sie strahlen aus. Jede und jeder Einzelne, beide Gruppen haben Erfahrungen gemacht und Erkenntnisse gewonnen, die vertiefte Identitätswahrnehmungen beider Völker als subjektive Erfahrung enthielten, die, wie es ein Teilnehmer von Nazareth I formuliert hatte, einer Reise glichen dahin, wo noch niemand vor uns gewesen ist, mit den einzig möglichen Partnern, um dorthin zu kommen.

Wenn ich trotz meines begrenzten Blickwinkels und vielleicht vorzeitig versuche, einige Veränderungen auf beiden Seiten zu beschreiben, die ziemlich ersichtlich *kollektiv strukturiert* waren, dann waren es folgende:

Die Teilnahme an den Familienschicksalen auf beiden Seiten beendete die kollektiv gehaltenen Vorurteile über die Angehörigen der anderen Nation. Die Entwicklungsschäden, je jüdische, je deutsche, von denen jeder hörte, beendeten die unpersönlichen und stereotypen Vorstellungen von ›den‹ Kindern der Nazis und ›den‹ Kindern der Überlebenden, ›den‹ Deutschen, ›den‹ Israelis.

Es gab eine Verringerung von paranoider Angst vor unentrinnbarer Beschuldigung und vor kollektiver Vergeltung bei vielen deutschen Teilnehmern und eine Zunahme im Anerkennen deutscher Motive und Taten, die zum Holocaust geführt und die den Völkermord verübt haben.

Es gab eine Befreiung von der nationalen und familiären Verpflichtung bei einigen Israelis, die Deutschen als Nazis hassen zu müssen.

Es gab Freundschaften bei großer Aufmerksamkeit für entgegengesetzte Erfahrungen und nicht verleugnete Unüberbrückbarkeiten.

Die Anerkennung eines deutschen kollektiven Symptoms wurde erreicht, das bei Anwesenheit von Gruppen anderer Nationen virulent wird und die Verantwortung für den Holocaust widerspiegelt: nicht berechtigt zu sein zu normaler sozialer Kompetenz (das Kain-Syndrom).

Die Integration von deutschen Wurzeln vieler israelischer Teilnehmer wurde eingeleitet.

Ich finde, dass das außerordentlich große und wichtige Veränderungen sind, die, ausgelöst durch das gruppendynamische Erfahrungswissen solcher

Gruppenkonferenzen, nur durch die Gegenwart von Menschen beider Nationen möglich wurden« (Hermann Beland).

***

»Wenn ich mit dem Abstand von Wochen zu einem Resümee dieser Konferenz gelange, so ragt für mich heraus, dass eingefahrene Haltungen erschüttert wurden. Es war möglich, in dem schwierigen Dialog zwischen den deutschen und israelischen Teilnehmern Ungereimtes, Unklares, Verhärtetes, Verletzliches zu erleben und zur Sprache zu bringen. Und das hat in dieser Beziehung etwas sehr Befreiendes. Wir gelangten immer wieder zu Offenheit und Skepsis« (Angelika Zitzelsberger-Schlez).

***

»Die Auswertung einer Konferenz muss im Wesentlichen subjektiv sein. Fühlte sich der Prozess, der sich von Ereignis zu Ereignis weiter bewegte, authentisch an? Bot er den Mitgliedern die Gelegenheit, sich mit der Hauptaufgabe zu beschäftigen? Ermöglichte er ihnen, zu lernen? Einige Antworten auf diese Fragen werden in anderen Beiträgen dieses Buches gegeben. Eine andere Frage ist: Lernte der Staff? Wenn ich hier für mich selbst spreche: ich tat es gewiss« (Eric Miller).

***

»Eine Veränderung der Identität destabilisiert das Bild, das wir uns von uns, den anderen und der Welt gemacht haben, und das ist unvermeidbar mit krisenhaftem Erleben, bangen Fragen und viel Beunruhigung verbunden. Beunruhigend z. B. war für einige in der israelischen Gruppe, wenn sie wahrnehmen mussten, wie der Apfelkuchen duftete und ihnen das gar nicht fremd war, wenn sie wahrnahmen, wie der Regen die Bäume in frisches Grün tauchte und dann Sehnsucht nach solchen Farben aufkeimte. ›Ach, könnte ich doch nur‹, sagte eine Kollegin aus Israel bei Tisch, ›wenigstens einen von diesen wunderschönen Seen mit nach Hause nehmen.‹ Andere traten dem entschieden entgegen: ›Deutschland ist schön, die Deutschen sind hässlich.‹

Sich im Angesicht des anderen die Vergangenheit zu vergegenwärtigen, kann aus ihrer Gefangenschaft entlassen. Und das kann einer – allerdings ungewissen – Zukunft den Weg ebnen. Hinschauen können, kann helfen, zu erkennen, wie sich der andere von meinen Fantasien über ihn unterscheidet. Das entlässt mich aus der Knechtschaft meiner Fantasien und den anderen aus der Welt meiner inneren Objekte, über die ich verfüge, in die Welt derer, die mir als Subjekt gegenübertreten können und über die ich nicht mehr verfüge. Dann, aber erst dann, haben beide die Freiheit, eine Beziehung zueinander einzugehen, oder aber, es sein zu lassen. Um das zu erreichen, müssen wir Erfahrungen miteinander teilen, denn wir brauchen den anderen, der sich als anders zu erkennen gibt. Das hilft uns, der Kollektivverpflichtungen gewahr zu werden, in denen wir uns gefangen halten und die wir Gefahr laufen, stumm an die nächste Generation weiterzugeben: der Verpflichtung z.B. zu ewiger Trauer und Hass auf der einen Seite und der Verpflichtung z.B. zu ewiger Schuld und Ahnungslosigkeit auf der anderen Seite. Erfahrungen zu teilen kann helfen, Mythen, Tabus und Fantasien zu überführen in Begegnung mit der Wirklichkeit.

Falsch verstandene Versöhnung, die nichts anderem als Abwehrzwecken dienen kann, wäre ein ›obszönes‹ Unternehmen. Die Konferenz hinterließ mich mit einer unerwarteten Hoffnung: der Hoffnung, dass es auf beiden Seiten gelingen könnte, uns und jene Menschen, die unsere inneren Objekte konstituieren, in die Freiheit zu entlassen, damit es möglich würde, in das Antlitz des anderen schauen zu können, ohne von unseren Fantasien über ihn überflutet zu werden. Das ist zugleich eine Zumutung, denn dafür müssen wir Rollen aufgeben, die ›wertgeschätzte‹ Teile unserer Identität sind. Solange aber die Vergangenheit keinen Platz in der Erinnerung haben darf und solange die Erinnerung nicht als von der Gegenwart verschieden erlebt werden darf, solange wird die Vergangenheit kraftvoller, als jede Gegenwart es vermögen könnte, unsere Identität bestimmen. Niemals ist die Vergangenheit abgeschlossen, so sehr sich manche von uns das auch wünschen mögen – sie ist ein Prozess! Aber, wenn wir der Gegenwart keine Chance geben, haben wir keine Zukunft, die wir als von der Vergangenheit verschieden erleben könnten.

Die Konferenz in Bad Segeberg ist inzwischen, wie die Konferenzen Nazareth I und II, Teil der Vergangenheit geworden. Ein Blick zurück wirft Fragen auf, Fragen nach Erfolg oder Misserfolg der Konferenzen. Hat sich irgendetwas in ›Selbst, Leben oder Arbeit verändert, das mit der Konferenz in Verbindung gebracht werden kann?‹, fragte ein Staffmitglied im Internet, wo eine Website für Konferenzteilnehmer eingerichtet wurde.

Was sich für mich in ›Selbst, Leben oder Arbeit‹ verändert hat, ist die Frage der Verantwortung. Verantwortlich für die Vergangenheit sind jene, die Teil dieser Vergangenheit waren. Verantwortlich für die Gegenwart sind jene, die ihr angehören. Die Forderung nach Verantwortung für die Vergangenheit lähmt – wir können sie niemals ändern. Es ist gut genug, sich für die Gegenwart verantwortlich zu fühlen, denn wir könnten die Kompetenz haben, etwas zu ändern. Und wenn das Gift der Nazi-Idee nach wie vor wirksam ist, tragen wir alle, die wir Teil der Gegenwart sind, die Verantwortung dafür. Und wenn wir etwas ändern wollen, müssen wir uns verantwortlich fühlen, und das wird die nötige Kompetenz bereitstellen.

Hinschauen kann zahlreiche Phänomene in Deutschland als Folge des aktuell wirksamen Giftes der Nazi-Idee zu erkennen geben, von denen die Konferenz einige an den Tag brachte. Zwei weitere will ich erwähnen.

Mein erstes Beispiel möchte ich unserer psychoanalytischen Gemeinschaft entnehmen. Wenn wir hinschauen, können wir erkennen, dass die Nazizeit in Deutschland kein selbstverständlicher Teil des psychoanalytischen Prozesses ist. Wenn über unsere Patienten berichtet oder veröffentlicht wird, ist dieser Teil unserer Geschichte gewöhnlich nicht Gegenstand des Berichtes, weder als etwas, das für die Erkrankung des Patienten von Bedeutung sein könnte, noch als etwas, das den Psychoanalytiker in irgendeine Not bringen könnte. Es gibt keine systematische Diskussion über technische Probleme in diesem Zusammenhang – wie z. B. über Gegenübertragungsphänomene. Und es ist, als ob niemand etwas vermisst. Die Nazizeit auszuklammern ist üblich. Lediglich einige wenige, mutige Psychoanalytiker scheinen sich für dieses Thema verantwortlich zu fühlen und veröffentlichen darüber. Aber es ist die seltene Ausnahme, wenn sie in klinischen Studien veröffentlichen. Üblicherweise müssen sie sich einen besonderen Ort suchen, außerhalb des Mainstream. Ein Blick auf klinische Fallstudien zeigt eindrucksvoll, für welch winzig kleine Details wir imstande sind, Interesse zu entwickeln. Nicht, dass sie nicht wichtig wären, aber es gibt doch ein spezielles Missverhältnis zwischen dem Ausmaß dieses Interesses im Vergleich mit jenem für das wirklich nicht kleine Detail der Nazizeit und ihrer Auswirkungen auf die Seele unserer Patienten. Das Maß der Zerstörung durch Krieg und Nazizeit war immens und es ist nicht vorstellbar, dass es keine zerstörerischen Folgen in der Seele jener geben sollte, die am Leben blieben – auf beiden Seiten. Und es ist auch nicht möglich, dass diese Zerstörung nicht an die nächste und die nachfolgenden Generationen weitergegeben sein sollte. Zerstörte Häuser wurden wieder aufgebaut, zerstörte Seelen wurden vergessen. Und solange die Nazizeit kein selbstverständlicher Teil des psychoanalytischen Prozesses in Deutschland ist, lassen wir uns und unsere Patienten allein mit jenen Teilen ihrer beschädigten Seele, die mit dieser gemeinsamen Geschichte korrespondieren. Wir können daran etwas ändern, wenn wir wollen, aber dafür müssten wir es als ein Phänomen anerkennen, das zu ändern nötig und wert ist, und dafür müssten wir uns verantwortlich fühlen.

Mein zweites Beispiel sind die Neonazis in Deutschland. Im besten Fall sind wir gegen sie. Höchstens rufen wir nach der Polizei oder nehmen an Demonstrationen gegen sie teil. Aber, wir sprechen nicht mit ihnen. Wir wollen nicht wahrhaben, dass sie unsere Kinder sind, dass sie aus den eigenen Reihen kommen und ihr Hass eine Botschaft an uns ist. Es sind junge Leute ohne Containment für ihren Hass, ohne Hoffnung, schwankend zwischen Größenfantasien und Ohnmacht. Sie zeigen uns eine gebrochene Identität und wir lassen sie allein. Wenn wir uns für dieses hässliche Phänomen in unserer Gesellschaft verantwortlich fühlen wollen, können wir etwas verändern.

Es muss einen Grund geben, wenn wir uns weigern, mit unseren Patienten über die Nazizeit und über den Einfluss auf ihre Seele zu sprechen, und wenn wir uns weigern, mit den Neonazis ins Gespräch zu kommen. Wir könnten es als etwas Wohlbekanntes erkennen. Wir sprechen nicht mit ihnen, wie unsere Eltern nicht mit uns gesprochen haben. In beiden Fällen gibt es einen Mangel an Bereitschaft, sich verantwortlich zu fühlen. Dieser Mangel hat mit der gemeinsamen Geschichte zu tun. Durch unsere psychoanalytische Arbeit wissen wir, dass wir uns unseren Patienten als ein anderer zur Verfügung stellen müssen, um ihnen dadurch Gelegenheit zu geben, mit dem Eigenen in Kontakt zu kommen. Dass wir gewöhnlich nicht Teil der Vergangenheit unserer Patienten sind, hilft uns, uns als von den Fantasien der Patienten verschieden zu erkennen. Die Nazizeit jedoch ist eine gemeinsame Geschichte, beide sind – persönlich oder in Folge – Teil dessen, und wenn wir uns der destruktiven Wirkung dieser Geschichte auf unsere Seele nicht bewusst sind, können wir uns nicht als anderer zur Verfügung stellen, der gut genug wäre. Dann entsteht Abwehr, und stummes Schweigen ist die Folge. Mit Neonazis zu sprechen ist nicht minder schwer, vielleicht mehr noch, als mit unseren Patienten. Neonazis verweigern eine Begegnung mit den zerstörerischen Seiten ihrer eigenen Seele, und was immer ein anderer sein könnte, versuchen sie anzugreifen und zu zerstören.

So fürchten wir sie in doppeltem Sinn. Wir fürchten, durch eine Begegnung mit ihnen mit dem Eigenen in Kontakt zu kommen, und wir fürchten, durch ihre Angriffe auf den anderen zerstört zu werden, weil wir nicht in der Lage sind, ihnen ein anderer zu sein, der gut genug wäre.

Mehr als in jedem anderen Zusammenhang scheint bewusste Kenntnis vom Eigenen hier nötig. Diese Kenntnis zu erlangen und sich damit in die Lage zu versetzen, sich als ein anderer, der gut genug ist, zur Verfügung stellen zu können, setzt eine Begegnung mit dem Eigenen voraus, und das ist, was die Konferenzen ermöglichen. Sie organisieren Zeit, Raum, sichere Grenzen und einen anderen, der gut genug ist, sodass eine Begegnung mit dem Eigenen möglich wird. Die Integration destruktiver Fantasien und Impulse ist der einzig sichere Weg, destruktives Handeln zu unterbinden, aber auf dem Hintergrund dieses Teils unserer Geschichte scheint das ein fast unmögliches Unterfangen. Deswegen möchte ich schließen mit einem Zitat von Ernesto Che Guevara: ›Seien wir realistisch, versuchen wir das Unmögliche‹« (Eva-Maria Staudinger).

**

»Die Berliner Konferenzteilnehmer beschlossen, durch die Konferenz in Bewegung gebracht, in der gegenwärtigen deutschen Gesellschaft ›etwas zu tun‹. Wir dachten, die Gesellschaft/Öffentlichkeit, wer immer das ist, vor ihren antisemitischen und Fremdenhassströmungen zu warnen, indem wir deren Psychodynamik in Form kritischer Aufsätze von jedem von uns zu Unterthemen psychoanalytisch erklärten, methodisch als Antwort auf ein jüngst datiertes rechtsradikales Pamphlet, ›Deutsches Manifest‹. Und was schälte sich in diesem überlangen, zähen, nicht abgeschlossenen gemeinsamen Arbeitsprozess heraus? Unsere ganz konkreten Ängste vor direktem Kampf mit den ›Rechten‹, vor deren tatsächlichen Angriffen auf unser Eigentum und unsere Familien: ›Diese Leute *sind* gefährlich.‹

Also, was wir herausfanden ist, dass wir uns sehr leicht in ›diese Leute‹ verwandeln könnten, wenn wir zu viel Angst vor unseren Befürchtungen von innen und/oder auch vor tatsächlichen äußeren Gefahren haben, was sich in einem Teufelskreis verbinden kann.

Als wir in der Gruppe laut unsere ›Affektübersetzung‹ (als ein Teil der verschiedenen theoretischen Komponenten) dieses ›Deutschen Manifestes‹

vorlasen, nahm es uns den Atem, wir konnten das kaum aushalten, wollten heraus aus dieser Affektlage. Das war der Ausdruck unserer Gegenübertragungsreaktion« (Thomas Erdmann).

***

Zusätzlich zur Primary Task der Konferenzen kamen andere Themen auf und wurden zum Zentrum unerwarteter Aufmerksamkeit und Arbeit. Nazareth I brachte die beiden deutschen psychoanalytischen Vereinigungen (die DPG und die DPV) erstmalig zusammen. Die Planungsgruppe lud beide Vereinigungen ein, weil sie beide die Mitgliedskriterien erfüllten. Erst während der Konferenz wurde klar, dass es sich um eine ungewöhnliche und historische Begegnung handelte und dass es die offensichtlich dafür notwendige Gegenwart der Israelis war, die sie ermöglichte. Diese erste Begegnung gab den Anstoß für eine Arbeitskonferenz beider Gesellschaften, die 1996 stattfand, die Seeon-Konferenz.

***

»Dass beinahe nebenbei auch das Thema der *Geschichte von DPG und DPV* zu weiterer Entspannung zwischen den Mitgliedern beider Gesellschaften führte, hat etwas mit dem Interesse der israelischen Kolleginnen und Kollegen an dieser Geschichte zu tun. Sie wollen wissen, warum wir zwei Gesellschaften haben. Indem wir es ihnen erzählen, entwickeln wir gemeinsam mehrere Versionen und kommen schließlich auf die ›Vorzeit‹ der Spaltung zu sprechen: Eitingon, jüdischer Psychoanalytiker und Vorsitzender des ersten analytischen Instituts in Deutschland, wurde von den nicht jüdischen deutschen Kollegen vertrieben und ging nach Israel. Vielleicht, so eine der Fantasien in der Gruppe, sind wir auch deshalb in Israel zusammengekommen, um zu sehen, dass er und seine Urenkel, die jetzt dort leben und arbeiten, überlebt haben« (Ursula Kreuzer-Haustein).

***

Für einige Teilnehmer war das Ergebnis geringer als erwartet.
»Ich möchte wiederholen, dass für mich über das gegenseitige Kennenlernen

und über die Demonstration hinaus, dass Deutsche und Israelis miteinander freundlich und zivilisiert reden können, nicht wesentlich mehr bei dieser ersten Konferenz (Nazareth I) herausgekommen ist. Ich weiß nicht, ob eine andere Form von Gesprächen mehr erreicht hätte und mehr Einsichten hätte bringen und die Verleugnungsmethoden der Einzelnen besser hätte aufdecken können.

Es ist natürlich möglich, dass ich hier voreile, weil ich seit Jahren mit vielen Deutschen vertraut bin und hier mehr als eine Anfangsbekanntschaft erwartet habe, auch wenn sie für die meisten Teilnehmer eine notwendige und nützliche erste Stufe gewesen sein mag. Deshalb glaube ich, dass eine Folgekonferenz wirklich zu größerer menschlicher Offenheit füreinander führen und eine tiefere Selbsterkenntnis über den Grund der eigenen Trauer, der Vorurteile, von Hass und Schuld gewinnen würde. Solch ein Ziel ist überaus wünschenswert.

Psychoanalytische Selbstbeobachtung und psychoanalytische Beobachtung von anderen haben mich überzeugt, dass nur in wirklichen Kontakten mit Personen von der ›anderen Seite‹ eine Verbesserung der intrapsychischen, interpersonalen und sogar territorialen Einschränkungen entstehen kann, Einschränkungen, mit denen die Täter von Naziverbrechen als auch ihre überlebenden Opfern leben mussten, und die in das Leben ihrer Nachkommen weitergetragen wurden. Ich fürchte, dass jene, die die Naziperiode und ihre Schrecken tatsächlich überlebten, nicht imstande sein werden, die durch die Traumatisierung während des Naziterrors verursachten Icheinschränkungen völlig durchzuarbeiten. Was in ihrem Fall am ehesten erreicht werden kann, ist eine Milderung der von diesen Ereignissen geschaffenen Verwundbarkeiten. Unbewusste und bewusste Schuldgefühle und Gefühle von Scham und großem Kummer werden wahrscheinlich als bleibende Schatten ihr ganzes Leben begleiten. Dies wird gültig sein für die Täter von Naziverbrechen wie für die überlebenden Opfer. Aber es gibt eine gewisse Hoffnung, dass die Nachkommen – nur tangential vom Horror dieser Verbrechen berührt und vom Holocaust durch ›Delegation‹ oder andere persönliche Faktoren betroffen – durch gruppentherapeutische Mittel eine Entlastung von den oben genannten Icheinschränkungen bekommen. Das ist es ja, was durch die Nazareth-Treffen erreicht werden soll. In der Tat sind die von beiden Seiten zur Konferenz gekommenen Personen im Wesentlichen Kinder der zweiten oder dritten Generation nach dem Holocaust.

Ich glaube, dass schon jetzt ein gewisser Erfolg bei diesen Meetings zu verzeichnen war. Wenn im Folgenden eine kritische Analyse versucht wird, geschieht sie allein mit dem Ziel, weiteren Fortschritt und eine Vertiefung des Prozesses zu erleichtern. Wenn es das Ziel unseres Treffens ›Deutsche und Israelis – The Past in the Present‹ gewesen ist, Wege zu finden, unsere wechselseitigen Feindbilder zu revidieren, dann glaube ich, dass eine Kombination von affektiv expressiven, kognitiv bereichernden und die Übertragungen aufdeckenden Methoden angewendet werden muss. Eine derartige Erfahrung könnte es den teilnehmenden Personen ermöglichen, die eigene Selbsterforschung alleine fortzusetzen, die durch die Begegnung mit Kollegen der anderen Nation angeregt wurde« (Martin Wangh).

***

»Auf einer persönlichen Ebene war dieses Ereignis für viele von uns äußerst hilfreich und bereichernd, insofern wir einige Gefühle durchgearbeitet haben, die seit so vielen Jahre in uns existiert haben. Dennoch konnte ich in Anbetracht einiger Ereignisse, die in den letzten Jahren in Deutschland geschehen sind, nicht vermeiden zu denken, dass diese Erfahrung, trotz ihrer Wichtigkeit für uns, *nur ein Tropfen im Meer ist und dass die Realität nicht unbedingt das ist, was in Nazareth geschah*« (Irene Melnick).

***

»Ich glaube, wir müssen mit dem Thema Kompetenz/Inkompetenz vorsichtig umgehen. Ich sehe mit Schrecken dem Tag entgegen, an dem die Deutschen wieder marschieren, die Musik mag dann eine andere sein: Politik ist eine wirksame Verkleidung. Persönlich fühle ich mich als Deutsche unter Deutschen leichter, wenn ich mit ihnen die Anerkennung einiger bitterer deutscher Tatsachen und Wahrheiten teilen kann, und mich unter Menschen befinde, die darüber menschlich, bescheiden und weiser geworden sind.

Ein anderes Thema, das Untersuchung verdient, ist die Frage der deutschen Behinderung im menschlichen Umgang mit anderen. Sie ist ein wichtiges Phänomen, das ich aus eigener Erfahrung als Deutsche im Ausland kenne. Der kleinianische Beitrag zur Erforschung des ich-destruktiven Über-Ichs mag hier von Nutzen sein. Doch muss ich es mit dieser Anmerkung an dieser Stelle belassen« (Hella Ehlers).

***

»Einige deutsche Teilnehmer schilderten übereinstimmend, dass sie etwas von den lähmenden Schuldgefühlen und Skrupeln überwunden hätten, sodass sie den Erzählungen einzelner Israelis über das Grauen des Holocaust nun freier und interessierter zuhören konnten. Die schmerzliche Akzeptanz historischer Schuld war gewachsen, unproduktive, diffuse Schuldverstrickungen waren milder geworden. Korrespondierend dazu hatten einige Israelis den Eindruck, wir wollten nun wirklich etwas von ihnen, ihrer persönlichen (Leidens-)Geschichte hören. Es kommt zu einem interessierten, lebendigen Austausch über die eigenen Väter und Mütter, ›das Jüdische‹ und ›das Deutsche‹, über politische Einschätzungen des gegenwärtigen Rechtsradikalismus und Antisemitismus in Deutschland und darüber, was dort dagegen geschieht. Eine Israelin, deren Mutter das KZ überlebt hat, erzählt davon, wie viel entspannter ihre kleine Tochter mit der Oma über die Spuren der KZ-Erfahrung sprechen könne als sie selber. Sie habe als kleines Mädchen erst sehr spät nachgefragt, was die Nummer zu bedeuten habe, die ihrer Mutter in den Arm tätowiert war. Mit der Version, alle Mütter hätten eine solche Nummer, habe sie sich viele Jahre vor dem Schock geschützt, zu erfahren, dass die Tätowierung eine KZ-Nummer war« (Ursula Kreuzer-Haustein).

***

»Tränen sind besser als Blut, und Worte sind besser als Tränen«
»Die Nazarethkonferenz ist für mich ein Weg nicht zu versteinern durch Zurückblicken wie Lots Weib. Ich meine das ganz physisch: Nicht in Stücke zu fallen, nicht zu Asche zu werden, sondern stattdessen zu lachen und mich an die Friedhöfe zu lehnen, wo ich leben muss, es gibt keinen anderen Platz. Nächstes Mal hoffe ich nicht so viel zu bluten. Mein Körper scheint der Container für das zu sein, was im Moment nicht erträglich ist.

Tränen sind besser als Blut, und Worte sind besser als Tränen; es ist ein permanenter Kampf, zu den Worten durchzudringen« (Irmgard Salzmann).

***

»Schmerz ist es, nicht Hass, Schmerz, den sie in unserer echten Begegnung erleiden. Wie dankbar bin ich für dieses Erleben. Im letzten Plenary fragte jemand, ob der wieder ausgestellte Scheck gegenseitigen Vertrauens denn auch gedeckt wäre (Anknüpfungspunkt war ein Traum).

Ich fühle mich befreit, sodass es mir unendlich leid tut, und voller Scham. Dieser Prozess hat die Qualität, wieder zum Leben zu kommen, durch den ›Schmerz‹, den mir mein jüdischer Freund übergab, als er sich zerrissen fühlte zwischen seinem Wunsch, meiner Einladung zu mir nach Hause in Berlin zu folgen, und der Warnung seiner Mutter: ›Mach es nicht, sie töteten deine Großeltern.‹

Das war ein unerträglicher Moment, als wir im Holocaust-Turm des Jüdischen Museums in Berlin standen, schweigend, ›mitsammen‹« (Thomas Erdmann).

***

»Vielleicht haben einige Leute im Vorfeld gefragt, ob man hinterher etwas berichten könne. Plötzlich will fast niemand mehr etwas davon wissen. Vielleicht möchte man auch selbst seine innersten Empfindungen nicht preis geben. Wenn man Glück hat, hat man ein paar Freunde, aber man darf nicht enttäuscht sein, wenn dies nicht der Fall ist.

An solch einer Konferenz teilzunehmen, ist wie eine Bergwanderung: Es gibt schöne Momente und gefährliche Strecken und hinterher erzählt jeder von etwas anderem, was ihn am meisten beeindruckt hat. Und manchmal ist es erstaunlich, wie tiefe Abgründe hinterher bagatellisiert werden« (Eva Mack).

***

»Was ich geschrieben habe, umfasst bei Weitem nicht alle meine Erfahrungen während und nach der Konferenz. Es enthält vielmehr diejenigen Ideen, die ich – mit Unterstützung einiger israelischer und deutscher Kolleginnen und Kollegen – bisher erarbeiten konnte. Und diese Arbeit geht weiter. Meine Wahrnehmung von dem, was in unserem Land im Blick auf unsere

Vergangenheit geschieht, ist geschärft, und ich habe begonnen, die Abwehr von Scham und Schuld selbst in der aufrichtigen Kritik von mir und anderen an den gegenwärtigen Anzeichen von Antisemitismus zu entdecken. Es ist so eine Erleichterung für mich/uns, ihn bei anderen zu entdecken. Es ist so schwer, die eigene Verwicklung zu erkennen und anzuerkennen« (Veronika Grüneisen).

***

»Ich erinnere mich an die nächste Sitzung nur noch vage; ich hörte nicht wirklich zu. Ich weiß nicht, was mich irgendwann dazu brachte, auf ihre Namen zu horchen und ihre Namen mit ihren Gesichtern zu verbinden. Zuerst passierte es, und erst dann wurde mir bewusst, dass es geschah. Ich spielte mit den Namen, manche von ihnen fremd und kalt – Rolf, Gertrude, Carl, Werner, Siegfried, Thomas – und andere etwas weicher – Michael, Gisela, Veronika, Christoph, Uschi. Ich weiß, dass es niemandem seltsam vorkommt, wenn ich sage, dass sie allmählich zu meiner völligen Überraschung anfingen, menschlich zu scheinen« (Yoram Hazan).

***

IV.5 Als Staff in diesen Konferenzen

Die Arbeit als Staff ist in diesen Konferenzen eine andere als in gewöhnlichen Group-Relations-Konferenzen. Die Kollegen, die in der Staffgruppe zusammentrafen, kamen mit persönlicher Motivation und Geschichte, die beide für das Thema relevant waren. Es gab einen höheren Grad von Involviertsein. Während der Konferenzen geschah es Staffmitgliedern nicht selten, dass sie von Emotion überwältigt wurden, oder es sehr schwer wurde nicht überwältigt zu werden. Weinen zu müssen, war nicht ungewöhnlich. Es gab häufiger Albträume.

Die Eigendynamik des Staff steht in Wechselbeziehung zur Dynamik der Gesamtkonferenz: Sie spiegelt sie wider und wird zugleich reflektiert. Ein Beispiel mag die Dynamik und ihre Intensität illustrieren. Einen oder zwei Tage vor Konferenzbeginn arbeitet der Staff an seiner eigenen Dynamik und bereitet sich für die Konferenz vor. Als wir in dem Stafftreffen vor Nazareth I über uns und unsere Motive sprachen, sagte ich, dass die automatische Reaktion von Israelis beim Zusammentreffen mit Deutschen die Überprüfung des Alters der anderen Person wäre: »Wie alt war er während des Krieges?« Dann kommt die Frage, was er oder seine Eltern während des Krieges getan haben. Die Gruppe fiel in Schweigen. Ein deutsches Staffmitglied begann zu berichten, was sein Vater während des Krieges getan hat, ein weiteres deutsches Mitglied tat dasselbe. Das dritte deutsche Mitglied erklärte empört, dass sie nicht bereit ist, sich durch eine derartige Frage generell verdächtigen zu lassen! Dieser Moment war das Ende des Stafftreffens, aber die Frage, die Antworten und die Nichtantworten lauerten im Hintergrund der ganzen Konferenz.

***

Identität

»Ich bin 1937 in Frankfurt am Main geboren. Meine Familie, meine Eltern, meine ältere Schwester und ich, haben die Schrecken der Verfolgung, die in der Kristallnacht gipfelten, und ebenso die Flucht aus Deutschland in das Land, das dann Israel werden sollte, durchgemacht. Ich bin in einer Atmosphäre groß geworden, in der ich fast täglich den Schmerz gefühlt habe, als unerwünscht aus einer Kultur und Sprache herausgerissen, verstoßen, ausgespien zu werden, die trotz allem ein unveränderlicher Teil der Identität der Eltern blieben, und über sie auch von mir. Während der prägenden Jahre war ich zwar nie ›ein Jude in Deutschland‹, wohl aber für die längste Zeit sehr deutlich ›ein deutscher Jude‹. An meinem 40. Geburtstag kam ich das erste Mal nach Deutschland zurück. Seitdem war ich oft dort und hatte jedes Mal das unheimliche Gefühl, wieder zu Hause und gleichzeitig ein Fremder, ein völliger Außenseiter zu sein, mal sehr willkommen oder kaum verhüllt abgelehnt, wie es sich gerade ergab.

Ich finde diese Gegenübertragungsverwicklung schwierig und kompliziert. Die Grundelemente der persönlichen Identität werden auf der Konferenz in einer unheimlichen und aufwühlenden Weise in Bewegung gebracht. In der Konferenz ging es in der Tat um Gefühle und Fantasien zu drei Komponenten: Deutschsein, Israelischsein, Jüdischsein. Das ist jedenfalls meine

Interpretation jener Feststellung in der Konferenzbroschüre, die diese drei als zwei Komponenten behandelt. Persönlich bin ich durch alle drei bestimmt. Ich erlebe diese unterschiedlichen Teile meiner Geschichte, Entwicklung und Gewohnheit, als würden sie mich in verschiedene Richtungen ziehen und ganz verschiedene Antworten und Handlungen befehlen oder fordern. Ich konnte mich als Diasporajude fühlen, als Israeli und trotzdem mit einem deutschen Teil von mir in Verbindung sein. Der deutsche Teil hängt an Muttermilch und Muttersprache. Ich bin also mit einer persönlichen Frage beschäftigt, wenn ich an diesen Konferenzen teilnehme und über sie spreche. Es geht um die Frage, wie ich diese inneren Teile besitzen kann, ohne von ihnen zerrissen zu werden und ohne sie zu verleugnen. Die Entdeckung persönlicher Verbindungen zwischen sich bekämpfenden eigenen Teilobjekten ist das, was diese Konferenzen ermöglicht und unterstützt. In letzter Analyse ist das ihr ganzer Sinn und Zweck« (H. Shmuel Erlich).

***

»Ich bin in Ost- und Westberlin aufgewachsen. Die Folgen von Hitlers Krieg waren in meiner Kindheit und Jugend in der geteilten Stadt voller Ruinen immer und überall gegenwärtig. Meine Eltern kamen beide aus konservativen Familien, hatten aber zur ›Bekennenden Kirche‹ gehört, der kirchlichen Opposition gegen Hitler, Antisemitismus und Krieg. Dennoch war es nie eine Frage gewesen, ob mein Vater zur Wehrmacht gehen sollte. Meine Eltern wussten sehr früh von den Konzentrationslagern und vom Holocaust. Meine Mutter sorgte dafür, dass auch wir Kinder darüber Bescheid wussten. Als Jugendliche verachtete ich alle, die behaupteten, sie hätten ›nichts gewusst‹. Ich musste zur Konferenz nach Nazareth kommen, um zu entdecken, dass es Fragen gab, die ich in meiner Familie nie gestellt hatte und dass ich trotz all meiner Kenntnisse nie hatte wissen wollen, was mein Vater als Wehrmachtssoldat erlebt und getan hatte. Ich hatte mich so sicher gefühlt in dem Glauben, dass es für mich keine Verwicklung gab in das, was die Nazis getan hatten. Meine Erfahrung als Teilnehmerin an Nazareth I half mir, mich mehr mit meiner eigenen Verwicklung und der Abwehr dagegen zu konfrontieren.

Ich hatte viele Jahre in der Fortbildung für Mitarbeitende in der Erwachsenenbildung gearbeitet. Als mir klar wurde, dass ich selbst dafür Fortbildung benötigte, entschied ich mich für die Psychoanalyse. Ich arbeite inzwischen als Analytikerin und DPG-Lehranalytikerin in eigener Praxis. Die Psychoanalyse hat mir geholfen, mich der Grundtatsache der Ambivalenz zu stellen, ebenso der Macht, die mit Leitungsrollen verbunden ist. Mithilfe der Weiterbildung konnte ich meine Arbeit mit unbewussten Prozessen in den Fortbildungs-Gruppen entwickeln. Später habe ich am Programm für Advanced Organisational Consultation des Tavistock Institute teilgenommen. So konnte ich ein Fortbildungsprogramm für leitende Mitarbeiter in sozialen Organisationen weiterentwickeln, das einiges von der Group Relations Tradition enthält, und arbeite inzwischen zusätzlich als Organisationsberaterin.

Meine Erfahrung als Staffmitglied bei der Konferenz in Bad Segeberg, 2000, war vor allem bestimmt von dem Gefühl, keinen ›sicheren Boden unter den Füßen‹ zu haben. Es begann bereits in der Vorbereitungszeit, begleitete mich durch die Konferenz und hörte auch danach zunächst nicht auf. Es kam auch sofort zurück, als ich gebeten wurde, etwas über meine Erfahrungen in der Staffrolle zu schreiben. Ich verstehe dies Gefühl als Ausdruck der Angst, der ›Vergangenheit in der Gegenwart‹ zu begegnen, d. h. der Angst, dass das, was ich als meine Kompetenz verstand, sich in etwas Destruktives verwandeln könnte.

In meiner Rolle als deutsche Verwalterin in der Konferenz in Bad Segeberg empfand ich mich zugleich ›erwählt‹ und unerwünscht, gebraucht und in meiner Fähigkeit entwertet, zur Arbeit beizutragen, indem ich meine Rolle ausfüllte. Während der Konferenz selbst fühlte ich mich überschwemmt von Gefühlen der Zerbrechlichkeit und Unfähigkeit. Zugleich erinnere ich mich, dass meine Kolleginnen und Kollegen mich deutlich anders erlebten, als ich mich selbst. Ich beziehe mich auf eine der Arbeitshypothesen von Eric Miller während der Konferenz, wenn ich meine Gefühle von Zerbrechlichkeit und Scheitern, meine paranoiden Ängste und die gelegentliche Bedrohung, mein Gefühl für mich selbst zu verlieren, als Ausdruck einer Abwehr verstehe: der Abwehr der Angst, dass meine Kompetenz und Stärke sich als destruktiv für meine israelischen Kolleginnen und Kollegen herausstellen könnte, dass ich eine vergiftende ›gewöhnliche Nazimutter‹ sein oder werden könnte.

Möglicherweise hatte meine Erfahrung, mich nicht ›auf sicherem Boden‹ zu fühlen, auch damit zu tun, dass ich – nach meinem Verständnis – ›die zweite Generation‹ im Staff repräsentierte: Alle anderen Kolleginnen und Kollegen waren bereits in der ersten Konferenz im Staff gewesen. Israelische und deutsche Staffmitglieder hatten viele Jahre hart gearbeitet, um diese erste Konferenz in Nazareth möglich zu machen, während ich an eben dieser Konferenz teilgenommen hatte.

Ich war zur Mitarbeit im Staff nicht aufgrund meines Engagements für den Dialog zwischen israelischen und deutschen Analytikerinnen und Analytikern gekommen, sondern war angefragt worden, aufgrund meiner professionellen Kompetenz in Group Relations und meiner Mitgliedschaft in der Deutschen Psychoanalytischen Gesellschaft. Jedoch war ich anfangs nicht wirklich autorisiert. Eine gewisse Vorwurfshaltung gegenüber meinen Kolleginnen und Kollegen der ›ersten Generation‹ vor und zu Beginn der Konferenz, meine Gefühle von Schwäche und Inkompetenz im Verlauf mögen einige derjenigen Gefühle gespiegelt haben, die deutsche Nachkriegs-Analytiker ihren psychoanalytischen Vätern gegenüber hatten, die in die Vertreibung ihrer jüdischen Kolleginnen und Kollegen aus Nazideutschland verwickelt gewesen waren. Sie anzuklagen erlaubte mir, mich nicht so schuldig verwickelt zu fühlen wie sie – so wie ich und viele meiner Generation sich gegenüber unseren Eltern verhalten hatten. Sie anzuklagen brachte vielleicht auch den enttäuschten Wunsch zum Ausdruck, mich identifizieren, ja, sie idealisieren zu können – damals: die Psychoanalyse; heute: den deutsch-israelischen Dialog, den die Konferenzen darstellen« (Veronika Grueneisen).

***

»In einer der Vollversammlungen in Bad Segeberg sagte ich über mich: ›I am milked with tears.‹ Ich bin in Palästina im Jahre 1944 geboren, ein richtiges Nachkriegskind meiner Eltern. Sie waren in den späten 20ern als junge Pioniere, als zionistische Idealisten aus Polen nach Palästina gekommen. Während die ganze Familie meines Vaters ihm nach Palästina folgte und gerettet wurde, wies die Familie meiner Mutter ihre dringenden Bitten, zu kommen, aus religiösen Gründen ab: der Messias sei noch nicht gekommen, es sei eine Sünde, in unser Gelobtes Land zurückzukehren. Sie sind alle von den Nazis in Polen ermordet worden, keiner hat überlebt.

Es war im Herbst 1944, als die Nachrichten von dem, was in Europa vorging, nach Palästina durchsickerten. Meine Mutter bekam Teile schrecklicher Nachrichten, setzte die Geschichte ihrer Familie zusammen und fiel in eine tiefe Depression, von der sie sich nie vollständig erholte. Sie lebte bis über meinen 50. Geburtstag ein volles und produktives Leben, das sie vor allem den Unterprivilegierten gewidmet hat.

Ich wurde mit dem Glück gestillt, dass sie mich hatte, gemischt mit den Tränen ihrer Trauer und Verzweiflung. Ich hatte die unbewusste Rolle, sie für das zu entschädigen, was sie verloren hatte. Ich sollte sie ›melken‹/stillen mit der Hoffnung und dem Gefühl von Leben.

Jede Erwähnung ihres verlorenen Vaters, ihrer Brüder, Schwestern und deren Kinder verursachten einen derartigen Schmerz, dass ich von ihnen nichts als die Namen erfuhr. Ich kenne die Namen hauptsächlich, weil sie alle Namen auf ihr Grab schrieb, während sie es für sich vorbereitete. Keiner von ihnen hat ein Grab, das ist wahr. Ich kenne nur ihre Namen, nichts sonst: nicht wo sie gelebt haben, was sie taten, was für Menschen sie waren. Wie alt jeder von ihnen war. Ich blieb zurück mit einigen Fotos und zwölf Namen.

Durch meine Adoleszenz hallte der Eichmann Prozess. Ich las alle erreichbaren Bücher über die Schoah. Der Demjanjuk Prozess begleitete mich zu meiner ersten Leicester Group-Relations-Konferenz. Psychoanalytikerin zu werden war ein natürlicher Schritt.

Die deutsch-israelische Arbeit zu tun, war es weniger. Sie ergab sich aus beruflichen Tagungen mit Deutschen, in denen ich, abgesehen von meiner Ambivalenz, das Bedürfnis der deutschen Kollegen realisierte, mich gebrauchen zu wollen, um die eigene Position durchzuarbeiten, während ich mein Bedürfnis realisierte, sie für den eigenen Mut zu gebrauchen, über den wortlosen Schmerz hinauszugehen« (Mira Erlich-Ginor).

***

»Ich möchte von der schärfsten Erfahrung berichten, die ich selbst während der drei Konferenzen mit mir gemacht habe. Es gehört zu den Ergebnissen der Konferenz, dass ich jetzt davon berichten kann, was ich in Bad Segeberg noch nicht über mich gebracht habe.

Die Staffmitglieder saßen an dem freien Abend der Konferenz zusammen im Restaurant. Wir wussten, dass wir in den vergangenen Tagen wirklich gearbeitet hatten und fühlten, dass wir gute Arbeit geleistet hatten. Ich saß am Ende eines langen Tisches, gegenüber von mir Jona Rosenfeld, ursprünglich aus Hamburg, neben ihm Karin Lüders, rechts von mir Rafael Moses, ursprünglich aus Berlin, einer der Väter dieser Konferenzen, ein Freund, dem ich eine ganze

Entwicklung verdanke. Er aß Hirschbraten mit Kronsbeeren, der Braten schien etwas zäh. Wir scherzten herum. Ich sagte zu ihm: ›Du musst die Kronsbeeren zum Fleisch essen. Es schmeckt sonst zu sehr nach Buchenwald.‹ Ich sah die Wälder meiner Heimat vor mir, und ich sagte Buchenwald. Mir wurde eiskalt, als ich hörte, was ich gesagt hatte, und ich blickte in einen Abgrund. Karin versuchte mich aufzufangen.

Jeder Mensch kann die Dimension dieser Fehlleistung ahnen. Ich wagte sie auf der Konferenz noch nicht zu veröffentlichen. Mir tut leid, was ich gesagt habe, ich kann gar nicht sagen, wie sehr. Aber die Hauptsache ist: Ich lerne mich aus der scharf enthüllenden Erfahrung kennen. Sie ist eine Wirkung der Konferenz. Sie gehört meiner Meinung nach zu dem Antisemitismus *nach* dem Holocaust, den ich noch mehr fürchte, als jenen, der den Holocaust gemacht hat. Die Fehlleistung besteht aus der Projektion einer deutschen Melancholie nach dem Holocaust, verbunden mit einer Rache an den Opfern, an einem Freund, für meine sich vertiefende, auch kollektiv viel stärker fühlbare Teilhabe und Verantwortung, die ich nicht immer wieder fühlen will« (Hermann Beland).

***

Keine Zusammenfassung, kein Abschluss möglich

Diese Collage kann weder zusammengefasst noch abgeschlossen werden. Sie ist nur eine Version der gesamten Erfahrung und muss offen enden. Trotzdem muss man hier ein Ende setzen. Ich wähle dafür zwei Beiträge, die mit der Frage zu tun haben: Identität und die Deutsch-Israelischen Konferenzen.

***

»Identität war tatsächlich ein zentrales und wesentliches Thema dieser Konferenz. Die ›gewöhnliche Nazimutter‹ ist das Bild für eine giftige Brust, die Boshaftigkeit und Tod von sich gibt, deren Opfer das Kind ist. Es war beeindruckend zu beobachten, welch ungemeine Bedeutung Essen in der Beziehung zu den Eltern und der jeweiligen Kultur hatte. Ein Deutscher hielt dem ärgerlich entgegen: ›In meiner Beziehung zu meiner Mutter ging es immer um ›frische Kartoffeln‹!‹ Essen, Geruch und Berührung sind einige der Elemente, aus denen sich das frühe Selbst- und Identitätsgefühl, das Gefühl von psychosomatischer Existenz und die kulturelle Verwurzelung bilden. Identität aber, das lebensbegleitende Gefühl von Selbstsein und Ichsein, wird mitgeformt von dem Bild des anderen, dem Nicht-Ich, das sie miteinschließt und gebraucht. Die deutsche Identität war belastet mit Scham und Schuld und wurde als Behinderung und unfähig machend erlebt. In der deutschen Identität nimmt der Jude als der andere einen besonderen Platz ein. Er oder sie werden betrachtet, als würden sie Lebendigkeit und Weisheit besitzen, was sie zu einem begehrten als auch neidisch attackierten Objekt macht. In die deutsche Identität scheint ein elementarer Bestandteil des Jüdischen als ein idealisierter, beneideter oder gehasster anderer eingebettet zu sein.

In der israelisch-jüdischen Identität wurden andere Aspekte deutlich. Der Anteil ›anderer‹ ist nicht eindeutig deutsch. Der andere kann für die Israelis verschiedene Gesichter haben – europäisch, arabisch oder alles Nichtjüdische. Teil der jüdischen Identität ist in der Tat, dass jeder die Rolle des Fremden und Verfolgers einnehmen kann. Bei dieser Konferenz jedoch war für die Israelis der nicht israelische Diasporajude der andere. Gefürchtet und abgelehnt, drohte sich der Ärger der Gruppe auf ihn zu konzentrieren und ihn zum Sündenbock zu machen. Bis zu einem gewissen Grad lag dies an seiner größeren Affinität zu den Deutschen. In anderer Hinsicht hatte dieser Hass auf den Diasporajuden damit zu tun, dass er als Negation und damit als Bedrohung der neu gewonnenen israelischen Identität angesehen wurde.

Diese Identitätsfragen werden natürlich noch drängender, wenn Identität einem Wandel unterworfen ist. Das veränderte Bild des anderen ist Grund, die Selbstwahrnehmung zu verändern. Bestimmt der andere in nicht einzuschätzender Weise die eigene Identität, erfordert eine veränderte Wahrnehmung des anderen eine persönliche und kollektive Identitätsveränderung. Ein solcher Wandel wird als ernste Bedrohung auf allen psychischen Ebenen erlebt: er erschüttert das Bild der Welt als einen geordneten, kohärenten und sinnvollen Ort. Er untergräbt die klare Trennungslinie zwischen guten und bösen Objekten. Dabei werden gewohnte Projektionsmuster umgestoßen, und es kommt zu einer verheerend ambivalenten Spaltung von Liebe und Hass. Zwar wird die frühe schizoid-paranoide Ordnung gestört, eine progressive Bewegung in Richtung depressiver Integration aber findet nicht statt. Am schlimmsten jedoch ist, dass die Bindungen und Wurzeln in der psychischen und sozialen

Realität untergraben werden. Die veränderte Sicht auf den anderen liegt im Widerstreit mit der gewohnten Sicht der Welt, die Teil der emotionalen Bindungen an die eigenen Eltern und die Familie war. Dies ist ein Angriff auf das Familien-Ego (Klein/Erlich 1976).

Im System Event entstanden solche Identitätsbedrohungen dadurch, dass Deutsche und Israelis in engen Kontakt kamen. Weil die Konferenz etablierte Identitätsmuster erschüttert hat, dadurch, dass sie den Blick auf einen selbst und den anderen veränderte, entstand Verwirrung, Spannung und die bereits beschriebene Erschütterung. Es ist schwer, vertraute Rollen wie die des Täters im Falle der Deutschen und die des Opfers im Falle der Israelis aufzugeben.

Veränderung wurde durch die alles beherrschende Furcht vor Verrat blockiert, Verrat an den Eltern, den Verwandten und an der Kultur – und die damit einhergehende Scham und Schuld« (H. Shmuel Erlich).

***

»Nicht immer bin ich mir sicher, ob ich die Erinnerung an die Vergangenheit nicht verrate. Es gibt auf der anderen Seite etwas an diesem Versuch, was mich fasziniert. Es ist wie eine Reise dorthin, wo niemand vor uns gewesen ist, mit den einzig möglichen Partnern, um dort sein zu können. Wir wählten den anderen nicht, er war da, und deshalb wurden wir Partner. Die Bilder unserer Eltern, ebenso diejenigen unserer Partner sind immer im Hintergrund. Ich habe keine Worte für das Ende; wenn man alles bedenkt, haben wir gerade erst angefangen« (Yoram Hazan).

***

Verfasser der Beiträge

Aus dem Staff
Beland, Hermann
Erlich, H. Shmuel
Erlich-Ginor, Mira
Grüneisen, Veronika
Miller, Eric

Aus Israel
Gotesfeld, Johana
Hazan, Yoram
Cohen, Daniela
Litvin, Ilana & Mendelson, Izhak
Melnick, Irene

Friedman, Robi
Wangh, Martin
Weisman Zahor, Pnina

Aus Deutschland
Biermann, Christoph
Dettbarn, Irmgard
Ehlers, Hella
Erdmann, Thomas
Kreuzer-Haustein, Ursula

Mack, Eva
Matzner-Eicke, Jutta
Nedelman, Carl
Pollmann, Armin
Salzmann, Irmgard
Staudinger, Eva-Maria
Schulte-Herbrüggen, Odo
Strauss, Laura Viviana
Wittmann, Thea
Zitzelsberger-Schlez, Angelika

V Zentrale Themen

H. Shmuel Erlich

V.1 Identitätsaspekte von Deutschen und Israelis, die auf den Holocaust bezogen sind

Das Nachdenken über die Begegnung von Israelis und Deutschen nach dem Holocaust führt zu hoch emotionalen Themen von großem Gewicht. Man kann für die eine Seite Hassgefühle und Wünsche nach tödlicher Rache erwarten und auf der anderen Vergeltungsangst, Schuldgefühle und Sehnsucht nach Vergebung und Verzeihen. Psychische Haltungen wie regressive Abwehr, Vermeidung und Verleugnung, Verachtung von Schwäche und Verletzlichkeit oder ein Bewusstsein moralischer Überlegenheit werden sich leicht mit jenen Haupteinstellungen verbinden.

Auf den Konferenzen konnte man die emotionale Sprengkraft solcher Gefühlseinstellungen reichlich beobachten. Dennoch ist es zweifelhaft, ob die erkenntnisreichsten und damit wertvollsten Konferenzergebnisse in den erwartbaren emotionalen Äußerungen zu sehen sind. Denken wir an die Konferenzergebnisse und ihre Bedeutung, dann werden die wichtigsten und beständigsten Wirkungen in jenen Mustern zu finden sein, die man am besten in Identitätsbegriffen beschreibt und weniger in Emotionen.

So geläufig der Identitätsbegriff geworden ist, ist seine psychologische Definition allerdings nach wie vor schwierig, von einer psychoanalytischen Definition ganz zu schweigen. Diese Schwierigkeit könnte allerdings genau mit dem zu tun haben, was den Identitätsbegriff im Zusammenhang der Konferenzen aktuell zu einem so wertvollen Konzept macht.

Identität hat eine doppelgesichtige Natur: sie wurzelt in den zwei Bereichen, die das Leben ausmachen. Auf der einen Seite ist sie nach außen gerichtet, gehört sie in die sozialen Kontexte und in das kulturelle Milieu, das unser Dasein als soziale Wesen definiert und uns in soziale Zusammenhänge stellt.

Aber auf der anderen Seite ist Identität genauso deutlich nach innen gerichtet. Sie hängt zusammen mit einer grundlegenden Fähigkeit der Person: über die Zeit hinweg das Gefühl aufrecht erhalten zu können, derselbe/dieselbe zu sein, man selber zu sein und dabei äußere Einflüsse beiseite schieben zu können (Kontinuität).

Das Identitätsdilemma ist daher mehr ein Dilemma des Verständnisses und der Definition als ein wirkliches Problem. Unsere janusköpfige Identität ist durchaus imstande, beide Funktionen, die interne wie die soziale, einheitlich zur Darstellung zu bringen. Mehr noch, wenn keine ungünstigen Schwierigkeiten auftauchen, integriert Identität beide Dimensionen ziemlich reibungslos. Diese Integration versieht uns mit der Evidenz, wer wir sind, ob wir als Teil unserer Gruppe wirklich dazu gehören, und lässt uns durch den Selbstvergleich vor und nach den Konferenzen eine Veränderung valide feststellen.

Identität war in der Tat ein wesentliches und zentrales Thema auf diesen Konferenzen. Es war, um ein Beispiel zu nennen, beeindruckend, die besondere Bedeutung des Essens in der Beziehung zu Eltern und Kultur zu sehen. In Bad Segeberg erlebten viele Israelis befremdliche Gefühlserinnerungen im Duft und Geschmack des Essens, Erinnerungen an frühe Vertrautheiten, die typisch für ihr Elternhaus und die häusliche Küche waren, die also Teil der primären Identität waren. Im Gegensatz dazu rief ein Deutscher in ärgerlichem Unglauben aus: Die Beziehung meiner Mutter zu mir drehte sich immer nur um »neue Kartoffeln«. Essen, Geruch und Berührung sind Elemente, aus denen sich das früheste Empfinden für Selbst und Identität, psychosomatische Existenz und das Verwurzeltsein in der eigenen Kultur bildet. Die »gewöhnliche Nazimutter« ist ein anderes Bild für eine primäre Identität, die die Kenntnis einer giftigen Brust enthält, die Gift und Tod absondert und deren Opfer das Kind ist.

Identität, der lebenslange Sinn für unser eigenes Selbst, für das Ich-Selbst-Sein, ist jedoch ebenso bestimmt durch das Bild des anderen, der Nicht-Ich ist, der introjiziert und gebraucht wird. Die deutsche Identität war belastet von Scham und Schuld. Sie wurde als beeinträchtigt erlebt, sie machte inkompetent. In der deutschen Identität besetzen Juden als die anderen einen besonderen Platz. Sie werden ambivalent betrachtet als solche, die über Lebendigkeit und Weisheit verfügen. Sie werden also zu einem Objekt, auf das Wünsche und neidische Attacken gerichtet sind. In die deutsche Identität scheint eine wesentliche jüdische Komponente eingebettet zu sein, die eines idealisierten, beneideten, gehassten anderen.

Derartige Vorstellungen und Wünsche dürften jedoch nur sichtbare Schwierigkeiten bezeichnen. Sobald sich die Konferenzdynamik entfaltete, wurden jene Themenbereiche durch wachsende Betroffenheit, durch Unglücklichsein und schmerzhaften Kummer ersetzt. Ein überraschender Befund bei den deutschen Teilnehmern war deren ausgedehnt gleichartige Erfahrung des Familienmilieus. Viele sind in Familien aufgewachsen, in denen sie sich – in weitem Umfang – als Opfer von überaus anständigen, jedoch »stumpfen« Eltern erlebten. Die Eltern sorgten zwar körperlich für die Kinder, waren emotional jedoch unaufmerksam. Dieser Riss mit seinen unangenehmen Folgen – auf der einen Seite eine materielle Versorgung, an der nichts auszusetzen war, aber auf der anderen Seite eine emotionale Vernachlässigung wie im Kommentar über die »neuen Kartoffeln« – sorgt für ein verrückt machendes Dilemma und bewirkt eine Spaltung in Selbstbild und Ich-Ideal. Zur gleichen Zeit behindert es ernsthaft die Fähigkeit des Ichs, eine volle, emotionale Beziehung zu Objekten zu haben. Meistens war die doppelte Erfahrung auf die Mütter bezogen, wie sie sich in dem markanten Ausspruch einer deutschen Teilnehmerin ausdrückte: »Ich bin mit einer gewöhnlichen Nazimutter groß geworden.« In der Tat waren einige der Geschichten, die deutsche Teilnehmer von ihren Müttern erzählten, erschütternd, was den Mangel an emotionalem Kontakt betraf. Der Mangel war verbunden mit dauernden Anstrengungen, alles glatt, normal und völlig angemessen erscheinen zu lassen. Das Gefühl der Nichtdeutschen, besonders der Juden, war oft dieses, dass die deutschen Teilnehmer als Kinder Opfer von schwerem emotionalem Missbrauch gewesen sein müssten.

Die Berichte von emotionaler Deprivation wiederholten sich auf den Konferenzen und stammten von immer neuen Teilnehmern. Dieser Befund scheint einen fundamentalen Aspekt von Eltern-Kind-Beziehungen in deutschen Familien während der Kriegszeit und in den folgenden Jahrzehnten zu enthüllen. Man kann sich nur wundern und fragen, ob es sich um eine entscheidende Wahrheit handelt, die die feineren und dunkleren Bereiche in den Erfahrungen früher Objektbeziehungen deutscher Kinder und Kleinkinder enthüllt. Dasselbe gilt für die möglichen Auswirkungen auf die deutsche Gesellschaft und ihre Geschichte. Mir ist bewusst, dass ich mit dem Beschriebenen eine ziemlich weitreichende These formuliert habe. Aber man konnte tatsächlich bei deutschen Teilnehmern einige Charakterzüge unmittelbar beobachten, die verständlich wurden, wenn man sie mit den erwähnten Belastungen verbunden sah.

Eine Manifestation desselben Phänomens war die Art und Weise, wie Aggressionen gehandhabt und ausgedrückt wurden. Zwei Formen wurden in diesem Zusammenhang besonders deutlich. Sie wurden mehr oder weniger klar von zwei unterschiedlichen Persönlichkeitstypen repräsentiert. Einen Typus können wir charakterisieren als ausgedehnte Reaktionsbildung. Dieser Personentypus ist so »gut«, dass er völlig unfähig ist, negative Gefühle zu haben. Er ist immer verständnisvoll, sympathisch, hilfsbereit und geneigt, den Standpunkt des anderen wichtiger zu finden. Dieser Personentypus wird als angenehm, kultiviert, vielleicht als intellektuell und immer als sehr beherrscht erlebt. Dennoch ist es sehr schwierig, eine wirkliche oder offene Beziehung zu ihm aufzunehmen. Die Unterhaltung scheint ins Leere zu gehen und aus einem Mangel an »Sauerstoff« zu sterben. Ein anderer Typus macht ärgerlich: Es ist eine Person, die oberflächlich zwar angenehm, aber überhaupt nicht gegen eigene Aggressionen geschützt ist. Eine solche Persönlichkeit ist voll bewusster aggressiver und perverser Fantasien, hat jedoch keine Verbindung zu deren Quellen oder zu dem zugehörigen Objekt. Sie ist tief verstört. Dieser Charakter drückt die eigenen aggressiven Gefühle und rachsüchtigen Fantasien sehr offen und selbstbewusst aus, gewöhnlich in einer emotional flachen Weise. Er/sie ist ziemlich überrascht, wenn die anderen mit Furcht, Schock und Rückzug reagieren. Es ist für diesen Typus nicht leicht, zu verstehen, dass der freie Ausdruck von aggressiven Vorstellungen nicht genuin ist, etwa das emotional auszudrücken, was behauptet wird, der Fall zu sein. In Wirklichkeit ist es ein Schrei nach Hilfe und ein Ausdruck von Einsamkeit und Qual, der im Allgemeinen nicht bewusst ist.

Was wir bis hierher beschrieben haben, sind individuelle Weisen der Bewältigung von emotionaler Distanz, gekoppelt mit korrekter äußerer Sorgfalt und Behandlung. Es gibt andere Bereiche solcher Zusammenhänge, die nur auf der Gruppenebene sichtbar werden. Die Gruppe der Deutschen schien ihre Richtung unter verschiedenen Modi von Aktion und Reaktion zu verlieren. Ihr bevorzugter Modus bestand im Gelähmtsein aus Furcht vor offener Konfrontation, Kampf und Streit, also vor Aggression. Stattdessen wurde der Modus endloser »zivilisierter« Diskussionen und Debatten bevorzugt, die in ordentlichster und demokratischer Weise durchgeführt wurden. Das Ergebnis war jedoch, dass die Gruppe paralysiert wurde und unfähig war, zeitbezogen zu handeln. Schließlich wurde sie unproduktiv. Eine andere Manifestation desselben Phänomens zeigte sich in effizienten und aufgabenorientierten Überlegungen, führte dann jedoch zu Handlungen, die die Gefühle und Anliegen der anderen nicht bemerkten oder rücksichtslos missachteten.

Ein weiterer Ausdruck derselben Schwierigkeit äußerte sich in Schamgefühlen, mit denen die deutschen Teilnehmer zu kämpfen hatten. In Großgruppen war zu bemerken, dass die Zunge der Deutschen gelähmt schien. Sie waren schüchtern und schämten sich, zu sprechen, weil ihr Englisch zu schlecht wäre. (In multinationalen Konferenzen wird Englisch verwendet.) Obwohl die meisten Nichtdeutschen dieselben Ausdrucksschwierigkeiten hatten, schienen sie weniger beeinträchtigt zu sein. Das hatte den Effekt, dass die Deutschen ihre offensichtlich überragenden Fähigkeiten, zu denken und zu reflektieren, häufig überhaupt nicht realisierten. Meistens fanden sie sich gegenüber Israelis und Juden denkgehemmt und unterlegen. Es war sehr deutlich, dass es Scham und Schuld war, was sie einschränkte.

Alle erwähnten Haltungen und Gefühle zielen direkt auf das Thema Identität. Verschiedene Aspekte sind bei diesem Thema relevant: psychoanalytische, nationale, soziologische wie persönliche. Die Konferenzen untersuchen das ganze Ausmaß gegenseitiger Verwicklungen und Verbindungen. Was in diesen Konferenzen zuallererst herauskam, war, dass die psychoanalytische Identität der Deutschen tendenziell unsicher und konflikthaft zu sein schien. Es mag das an der Belastung liegen, sich mit Freud, einer jüdischen Vaterfigur, identifizieren zu müssen; es mag ebenso an den Erinnerungen an die eigenen jüdischen Kollegen liegen, an den Vater- und Brudermord während des Naziregimes. Dies sind schmerzhafte Tatsachen, die man schwerlich leugnen kann, und die für immer das Gewissen der deutschen Psychoanalytiker peinigen können. Darüber hinaus mag der Schmerz und die Isolation, die deutsche Analytiker seit ihrer Kindheit mit sich getragen haben, eine Rolle bei ihrer Berufswahl gespielt haben. Die Berufswahl eines Psychoanalytikers ist immer durch die persönliche Konfliktgeschichte motiviert, durch die Erfahrung von Schmerzen, durch den Wunsch nach Wiedergutmachung, vielleicht sogar nach Erlösung. Jede Kultur hat ihre eigenen Objektbeziehungsmuster, die das Elternverhalten und die frühkindliche Erfahrungen in besonderer Weise bestimmen. Vielleicht sollten diese Zusammenhänge sorgfältiger erforscht und untersucht werden. Die Erfahrungen der Konferenzen weisen jedenfalls auf einen schweren

Konflikt und ein mögliches Defizit in den frühen Objektbeziehungen hin, die sich auf deutsche Kinder auswirkten und vielleicht entsprechend auf deutsche Psychoanalytiker. Alle erwähnten Faktoren gehören zur deutschen psychoanalytischen Identität und begründen Selbstsuche, Unbehagen und Unruhe. Sie führen konsequenterweise zu Versuchen, dem Problem durch Überbetonung guter Professionalität entgegenzuwirken. Dennoch mag diese Professionalität tief sitzende Gefühle von Distanzerfahrung wiederholen und ebenso den Schmerz, nicht gänzlich verstanden zu werden und nicht ganz bezogen sein zu können.

Die persönlichen, institutionellen und nationalen Aspekte des Identitätsdilemmas werden sogar noch schmerzlicher sichtbar in der Gegenwart von jüdischen Psychoanalytikerkollegen, die in Deutschland leben und arbeiten. Deren Identitäten sind verständlicherweise äußerst widersprüchlich und davon belastet, einen eigenen rechtmäßigen und lebensfreundlichen Platz finden zu wollen. Ihre besonderen Probleme dienen zur Untermalung eines allgemeineren Problems deutscher Psychoanalytiker, als erfolgreiche Mehrheit zuweilen dazu zu tendieren, sich als kritisch betrachtete und unsichere Minderheit zu erleben.

Dieser letzte Punkt hat sich auf den Konferenzen in höchst verblüffender Weise gezeigt, in Neidzuständen, die die Deutschen gegenüber den israelisch-jüdischen Teilnehmern offen zu fühlen behaupteten. Obwohl die Deutschen eindeutig die größte Gruppe waren, nahmen sie die Israelis als die Starken wahr und idealisierten sie als kraftvoller, zusammengehöriger und im Besitz eines deutlichen Bewusstseins für die eigene Identität als Gruppe wie als Einzelne. Es sieht so aus, als hätten die Deutschen die Israelis am meisten um ihre Vitalität beneidet und darum, wie diese Vitalität ihre Beziehungen bestimmt und färbt. Die stärker zurückgezogenen und isolierten sozialen Beziehungen der Deutschen standen dazu im Kontrast.

Ein weiteres Konferenzergebnis wird dadurch verständlicher: Das Ausmaß, in dem die deutschen Mitglieder die Abwesenheit und das Verschwinden »ihrer« Juden betrauerten. Es ist, als hätte die tief verwurzelte Ambivalenz der Deutschen ein geliebtes und gleichzeitig gehasstes Objekt erfolgreich verloren. Es wird zugleich vermisst und ersehnt.

In den israelisch-jüdischen Identitätsspannungen wurden mehrere Themen sichtbar. Der Part der »anderen« ist nicht nur für die Deutschen reserviert. Der »andere« kann für die Israelis verschiedene Gesichter annehmen – Europäer,

Araber oder die weiteren Gruppen der Nichtjuden. Es ist in der Tat Teil der jüdischen Identität, dass jeder Nichtjude die Rolle des Fremden und des Verfolgers übernehmen kann. In der dritten Konferenz wurden die Juden der Diaspora für die Israelis zu anderen. Man fürchtete sie und grollte ihnen. Der Ärger der Gruppe würde sich vielleicht auf sie richten und sie zum Sündenbock machen wollen. In gewissem Ausmaß hatte das mit der größeren Nähe der Diasporajuden zu den Deutschen zu tun. In anderer Hinsicht repräsentierte der Ärger einen Hass auf die Diasporajuden, weil sie als Negativ zu der neu erworbenen »israelischen Identität« erlebt und deshalb zur Bedrohung wurden. In gewissem Ausmaß rekapituliert das Phänomen die moderne jüdische und zionistische Geschichte: In der vorstaatlichen Ära der Besiedlung durch die Zionisten und später im neu geschaffenen Staat Israel gab es eine mächtige Ablehnung der Diasporajuden sowohl in der Zeit vor dem Holocaust und stärker noch nach dem Holocaust. Diese Ablehnung offenbarte sich zuerst und prinzipiell auf der Ebene der Identitätsbildung, wo alles, was an Diasporajuden erinnerte, abgestoßen und unterdrückt wurde: Religion, Geschichte, Sprache, kulturelle Wurzeln und körperliche Eigenschaften.

So präsentierten sich die Israelis zuerst selbstsicher, stark und angstfrei, zugleich als sympathische und bereitwillige Zuhörer. Zumindest am Beginn schien sie eine eigenartige Mischung aus Frechheit und Sensitivität auszuzeichnen. Mit der Zeit und der sich entwickelnden Konferenzdynamik wurden andere Züge deutlich. Es waren hintergründige und unterdrückte Züge, die schmerzhaft waren und ärgerlich machten. Die Selbstsicherheit hatte die Verwirrung durch den »anderen« und die Ignoranz in Bezug auf sein Leben verborgen. Man lebte in Israel von diesem anderen getrennt, wie man durch das isolierte und bedrohte Leben in Israel vor ihm geschützt war.

Der Holocaust und seine Folgen sind ein wichtiger Bestandteil der israelischen Identität. Die offen geäußerte Ambivalenz gegenüber der Identität von Diasporajuden ist eindeutig eine Abwehrreaktion gegen den eigenen Diaspora-Anteil der neuen israelischen Identität. Es ist eine Abwehr von Verleugnung und Verschiebung. Die ständige Spannung, die aus den diametral entgegengesetzten Positionen des Opfers und des Helden, ja sogar des Superhelden resultiert, ist ein weiterer wichtiger Aspekt in diesem Zusammenhang. Folge dieser Spannung ist der Rückfall in einen paranoiden Zustand, in dem man sich von der ganzen Welt attackiert fühlt. Man sieht sich zur Opferexistenz bestimmt, nur weil man Israeli ist.

In der Konferenz waren Machtkämpfe in der israelischen Gruppe das auffälligste und am stärksten beunruhigende Ergebnis. Sie bekamen, wie es einige formulierten, schnell den Charakter von »faschistischen« Übergriffen. Es schien angesichts divergenter Ansichten und Widersprüchlichkeiten in der Gruppe, nur eine sehr schmale Grenzlinie zwischen kraftvoller Stärke und unverhüllter Aggression zu geben. Es kam zu einem offenen Machtanspruch auf Dominanz. Man könnte von der ersten Konferenz in Nazareth, in der sich die Israelis als verfolgte Minderheit erlebten, bis zur dritten Konferenz in Bad Segeberg, als diese Aggressionen innerhalb der Gruppe ausbrachen, eine subtile Identitätsbewegung bei den Israelis ausmachen. Vielleicht wurde dieses Phänomen durch den jeweiligen Konferenzort ausgelöst. Die Identität »belagert in Israel« wandelte sich in eine faschistische in Deutschland, wo sich die Israelis bedrohter fühlten und zur Identifizierung mit dem Aggressor genötigt sahen.

Für beide, Deutsche wie Israelis, wurde das schwierige Thema Identität noch problematischer, sobald die Identitäten sich wandelten. Veränderte sich das Bild der einen, veränderte sich auch die Selbstwahrnehmung der anderen. Ist der andere ein bestimmender Teil der eigenen Identität, wird sich die persönliche wie die kollektive Identität wandeln, sobald das Bild des anderen sich verändert. Diese Veränderung wird auf allen psychischen Ebenen als ernsthafte Bedrohung erlebt. Sie destabilisiert die Sicht auf die Welt als einen organisierten, kohärenten und berechenbaren Ort. Sie verwischt die klare Unterscheidung von guten und bösen Objekten, bringt übliche Projektionen durcheinander. Ambivalente Spaltungen zwischen Liebe und Hass schaffen Chaos. Die primitive schizoid-paranoide Ordnung wird zwar aufgeweckt, aber sie entwickelt sich nicht in einer progressiven Bewegung zur depressiven Integration. Das Schlimmste jedoch ist, dass die eigenen Verbindungen und Wurzeln in der psychischen und sozialen Realität untergraben werden. Die Wahrnehmung eines veränderten anderen stemmt sich gegen die Sicht der Welt, die Teil der emotionalen Bindung an die eigenen Eltern und die Familie war. Es ist ein Anschlag auf das Familien-Ich (Klein/Erlich 1976).

Die Identitätsverwirrungen entstanden im System Event durch den enger werdenden Kontakt zwischen Deutschen und Israelis. Die Konferenzen erschütterten die gewohnten Identitätsmuster, weil die Vorstellung von mir selbst und den anderen sich veränderte. So entstand die beschriebene Verwirrung, Spannung und Aufregung. Es ist schwierig, gewohnte Rollen aufzugeben, für die Deutschen die Rolle des Verfolgers und für die Israelis die Rolle des

Opfers. Eine neue soziale Ordnung ist verunsichernd, noch schwankend und wird als Gefahr gefühlt.

Zusätzlich blockierte eine weitere Gefahr den Wandel: die Furcht vor Verrat an den Eltern, den Verwandten und der Kultur. Sie ist begleitet von Scham und Schuldgefühlen. Es ist, als ob die engsten Vertrauten den Sinneswandel niemals verstehen würden, sich im Stich gelassen und verraten fühlen und deshalb ihre Liebe und Unterstützung entziehen müssten. Identitätsveränderungen sind so nicht nur von Scham und Schuldgefühlen begleitet, sondern auch von der Fantasie, die eigenen Verankerungen in einer sicheren Welt nicht mehr festhalten zu können, vielmehr ausgestoßen der Ablehnung und Einsamkeit ausgesetzt zu werden.

Die Haupthindernisse einer Identitätsveränderung liegen in diesen und ähnlichen Fantasien.

V.2 Besonderes Trauma – Besondere Beziehungen

Trauma ist ein Schlüsselkonzept der psychodynamischen Einstellung und Theorie. Die schädigenden Auswirkungen von Traumen werden üblicherweise in quantitativen und dynamischen Begriffen verstanden: die normalen Fähigkeiten, einen schädlichen Angriff zu steuern und ihn verarbeiten zu können, werden überwältigt. Die gewohnten Verarbeitungsmechanismen brechen zusammen.

Sind derartige Erklärungsmuster überhaupt auf die Holocausttraumen anwendbar? Ist es möglich – man könnte sogar fragen, ist es erlaubt –, den Holocaust und seine Auswirkungen in Traumabegriffe zu fassen? Wo und wann muss unser übliches Verständnis von Trauma den Weg für eine andere Art von Verstehen freigeben?

Über diese Fragen ist in der Fachliteratur, Belletristik und Poesie viel geschrieben worden. Es ist nicht unsere Absicht, diese riesige Literatur zu rezensieren oder gar zu ergänzen. Aber dieses Begriffsproblem ist ein kategorialer Teil der Holocaustforschung, und er berührt den Untergrund der Konferenzen. Es ist nicht so sehr die Frage, wie jemand in der Lage war, zu überleben, andere hingegen nicht, vielmehr die Frage nach der Narbe, die der Holocaust bei einem immer größer werdenden Kreis von Menschen hinterlassen hat, deren Leben davon betroffen ist. Wir gingen von Anfang an davon aus, dass das Trauma des Holocaust einzigartig ist. Dieses Trauma berührt den innersten Kern der besonderen Beziehung zwischen Deutschen und Juden.

In der Einleitung der Konferenzbroschüre wird genau diese Annahme herausgestellt:

> »Es gibt eine bemerkenswerte Unterströmung in der *besonderen Beziehung* von Deutschen und (Israelis) Juden. Diese besondere Beziehung besteht in der Beteiligung beider Völker auf jeweils entgegengesetzter Seite an der schrecklichen Abfolge der Ereignisse zwischen 1933 und 1945. Die Besonderheit beruht auf der verkettenden Wirkung der Vergangenheit, einer Unfähigkeit, ihre verheerenden Auswirkungen zu betrauern und mit deren andauernden dunklen Gegenwart umzugehen. Deutsche und Israelis haben viele Wege gesucht, mit dieser gemeinsamen Vergangenheit umzugehen [...]«

Diese Präambel benennt das spezielle Band zwischen Deutschen und Israelis/Juden. Sie sind untrennbare Partner in einem zerstörerischen Geschehen von apokalyptischen Ausmaßen – als Opfer und als Verfolger. Es gibt keinen Zweifel an der Genauigkeit und Gültigkeit dieser Einschätzung. Die Arbeit der Konferenzen ermöglichte jedoch eine noch komplexere Einsicht in die Verbindung dieses Paares: Eine emotionale Tiefenströmung von Ambivalenz, von Liebe und Hass, durchzieht alle Epochen seiner geschichtlichen Beziehung.

Auf der Konferenz gab es genügend Anhaltspunkte für eine Ambivalenz der Deutschen. Die Juden wurden idealisiert und in den Himmel gehoben, wurden schmerzlich vermisst und herbeigesehnt, als ob sie ein hoch bedeutsamer Anteil des/der Deutschen wären, der vertrieben wurde und für immer verloren ist. Für die Juden waren mörderische Wut und Rachsucht offensichtlicher, aber sie spürten auch tiefen Neid und sogar den geheimen Wunsch, sich mit den Deutschen zu identifizieren.

Es war nicht leicht, sich diese ambivalenten Gefühle einzugestehen und sie anzuerkennen. Die beiden Gruppen – Deutsche und israelische Juden – sind in vielerlei Hinsicht sehr verschieden. Eine »besondere Beziehung« anzunehmen stieß bei beiden auf großen Widerstand. Und dennoch hilft diese Annahme, viele Dinge zu beleuchten und zu erklären, so etwa die gegenwärtige politische Lage. Auf den Konferenzen erklärt sie die nicht nachlassende Bereitschaft, diese Konferenzen zu besuchen und dadurch sicherzustellen, dass die Arbeit trotz vieler Schwierigkeiten fortgeführt wird.

Die Idee einer speziellen Beziehung ist direkt verbunden mit dem eben festgestellten Begriffsproblem des Holocaust als speziellem Trauma. Für den speziellen, einmaligen Stellenwert, den der Holocaust in der Geschichte und in der gegenwärtigen Kultur und Gesellschaft hat, können viele Gründe angeführt werden. Aus Sicht der Konferenzen lässt sich sagen, dass die Besonderheit des Holocausttraumas sich direkt wiederfand in der besonderen Beziehung von Deutschen und Juden. Angesichts der Verwobenheit – bewusst und unbewusst – der jüdischen und der deutschen Kultur und Geschichte wurde der mörderische Wunsch nach Ausrottung, der unfassliche Verrat und die Ablehnung, die die Opfer erleiden mussten, über alle Maßen fürchterlich.

Die Gegenwart des anderen

Die Konferenzen gründeten auf der Annahme, dass die notwendige Arbeit – sowohl der Individuen als auch der Gruppe – nur dadurch wirksam werden könne, wenn sie in Gegenwart des anderen erfolgt, dem Gegenstück der eigenen Belastung. Diese Annahme erwies sich als überaus wirkungsvoll und fördernd.

Psychoanalytische Arbeit verlangt immer auch die Gegenwart des anderen. Es gibt jedoch einen bedeutenden Unterschied zwischen der therapeutischen Präsenz und derjenigen in der Konferenz. In das psychoanalytische und psychotherapeutische Setting ist der andere einbezogen und real, er ist jedoch keine Person der eigenen Vergangenheit und Lebensgeschichte. Es ist diese therapeutische Gegenwart – involviert, verfügbar zu sein, jedoch nicht als tatsächlicher Partner des eigenen Lebens –, die Raum für Fantasien und Übertragungsbeziehungen gewährt und jene Interpretationen möglich macht, die Einsicht und Veränderung ermöglichen.

Im Gegensatz dazu ist der andere in der Konferenz der Mitbeteiligte an eigenem Leid und Schmerz und an der eigenen Schuld und Scham. In diesem Sinne ist er ein teilnehmender und sich kümmernder anderer und nicht ein (therapeutisch) zurückgezogener und neutraler. In der Konferenz gibt es keinen anderen, der nicht beteiligt ist. Jeder – sogar derjenige, der nicht direkt betroffen ist oder weder Deutscher noch Jude ist – wird von der Wucht des Holocaust und von seinem Vermächtnis getroffen.

Wenn wir mit den Folgen des Holocaust bei Deutschen und Juden umgehen wollen, müssen wir uns auch damit befassen, was in den Begegnungen entsteht. Es macht einen wesentlichen Unterschied, ob die Arbeit ausschließlich auf der Ebene der inneren Fantasien geleistet wird oder in der tatsächlichen Gegenwart des anderen, der die psychische und historische Realität repräsentiert.

Methode und Arbeitsweise der Konferenz sind allerdings weder konfrontativ noch versöhnend. Die Arbeit *an* dem anderen ist nicht entscheidend, vielmehr ist es die Arbeit *in Gegenwart* des anderen, die, sei es individuell oder in der Gruppe, zur inneren Arbeit befähigt.

Diese Prämisse erwies sich als wichtig und nützlich, denn basierend auf dieser Annahme wurde das übliche und naheliegende Ziel des »Herausarbeitens von Schwierigkeiten« zwischen den Gruppen vermieden. Solche Ziele sind üblicherweise verbunden mit Verstehen, Versöhnung und Vergebung. Nicht so auf diesen Konferenzen, obwohl auch in ihnen ein größeres Verständnis für den anderen entsteht. Versöhnung und Vergebung sind durchaus nicht erklärte Konferenzziele, die aktiv verfolgt würden. Die Arbeit wurde dadurch eindrücklicher, weniger eingeschränkt, aber auch weniger vorhersagbar. Sie wurde wirkungsvoller, wie auch immer die Wirkung zu bewerten ist.

Die Prämisse der für die Arbeit *notwendigen Gegenwart des anderen* widerlegt auch einen besonderen Widerstand von jüdisch-israelischer Seite. Indem sie die Konferenzen als ein offenes oder verstecktes Ringen um Versöhnung und Sühne für die Deutschen versteht, widersetzt sich diese Richtung stark, sogar vehement einer Teilnahme. So verständlich diese Sichtweise sein mag, begreift sie überhaupt nicht, dass die Konferenzarbeit auch für die Israelis/Juden hilfreich ist, mit eigenen, auf den Holocaust bezogenen Problemen umzugehen. Das gilt unabhängig davon, was diese Arbeit für andere bedeutet. Aber auch diese Richtigstellung hat bisher wenig zur Überwindung des erwähnten Widerstands beigetragen. Das kann wohl nur durch die Teilnahme und die Arbeit auf den Konferenzen geschehen. Derartige Widerstände können eben nicht *vor* der Konferenz überwunden werden.

V.3 Veränderung und Transformation – die Last des Verrats

Die Primary Task der Konferenz zielt auf Exploration und Lernen aus Erfahrung, der eigenen und die der anderen.

Genau gesagt: »Den Teilnehmern soll die Möglichkeit geben werden, zu untersuchen, wie Gefühle und Fantasien über ›Deutschsein‹ und ›Israelischsein‹ die Beziehungen innerhalb der eigenen und zwischen den beiden Gruppen in der Konferenz beeinflussen.«

Lernen umfasst Veränderung und Transformation: Man sieht Dinge anders, man wird auf Gefühle aufmerksam und versteht Fantasien und Dynamiken, die man bisher nicht wahrgenommen hat oder die bisher nicht durchschaubar waren. Dies bewirkt innere Veränderungen und Transformationen. Gleichzeitig werden dadurch Widerstände überwunden, abgeschwächt oder zurückgenommen. Ohne Veränderung der Widerstände kann neues Lernen nicht stattfinden.

Um diese Art der Exploration, die die Konferenz anstrebt, möglich zu machen, muss ein allgemeiner Lernwiderstand überwunden werden. Für diesen notwendigen Prozess sind gerade ihre Methode, Struktur und Design sehr hilfreich, verringern sie doch allgemein den Grad der gewohnten sozialen Abwehrbereitschaft. Aber das ist nicht alles. Die psychoanalytische Behandlung lehrt uns, Abwehr kann auch der Königsweg zum Unbewussten sein; sie zeigt den Weg zu allem, was verdeckt bleiben will, verdrängt, eben allgemein abgewehrt werden muss. Deswegen überrascht es nicht, dass eine weitere mächtige Abwehrquelle offengelegt werden konnte, die allein durch die Konferenzarbeit herauszufinden und erfahrbar ist. Diese spezielle Abwehr hat mit *Verrat* zu tun.

Die Gefahr, die alles, was in diesen Konferenzen hochkommt, nichtig werden lässt und sich als stärkste Blockade gegen Veränderungen erweist, ist die Angst vor Verrat – an den Eltern, Verwandten, der Kultur – und die damit einhergehende Scham und Schuld. Dieses Verratsgefühl ist, wie bereits erwähnt, verknüpft mit der eigenen Identität und den frühen (primären) Identifizierungen. Besonders für die Nachfahren der Opfer ist bereits die Teilnahme an dieser Konferenz eine Form von Verrat. Die Erinnerung an Verwandte, die umgebracht wurden, an Leid, Verfolgung und Erniedrigung wirkt als Verpflichtung: »Vergesst nie und vergebt nie!« Schon die bloße Tatsache, zu der Konferenz gekommen zu sein, »mit Deutschen im selben Raum zu sitzen«, wie ein Kollege es formulierte, ist ein undenkbarer Verrat an diese Erinnerungen und Gefühlsbindungen. Für viele Angehörige der zweiten und dritten Generation der Opfer, ob sie nun direkt betroffen sind oder nicht, fällt so etwas unter dasselbe Verbot, wie deutschen Boden zu betreten. Es ist dieses Gefühl des Verrats, das als größter Widerstand gegen die Teilnahme an der Konferenz arbeitet.

Aber selbst diejenigen, die sich entschlossen haben teilzunehmen, kämpfen während der gesamten Zeit mit der Gefahr des Verrats. Die Verratsbedeutung stellte sich fundamental sogar jedem direkten Kontakt mit deutschen Teilnehmern und Kollegen entgegen, als sei bereits die Kenntnisnahme ihrer Anwesenheit Verrat. In dem Ausmaß, in dem die Gesichter, Stimmen, fremde Namen und Gesten vertrauter und menschlicher wurden, wurde eine tiefe Spaltung spürbar: Man sieht die Menschlichkeit, die Existenz des anderen und fühlt sich gleichzeitig »verpflichtet«, ihn weiterhin als Täter zu sehen, der vielleicht selbst Gräueltaten begangen hat oder Sohn oder Tochter der Täter ist. Diese Verpflichtung wird beinahe als ein religiöser Akt der Loyalität und Bewahrung empfunden, als etwas, das man den toten Familienangehörigen schuldet. Er ist religiös in dem Sinne, dass man rational um die Absurdität dieser Projektionen weiß, sie aber nicht aufgeben kann, weil man damit das eigene Identitätsgefühl und die Gruppenzugehörigkeit untergraben würde.

Obwohl dieses Gefühl von den Deutschen vielleicht weniger ausgeprägt zum Ausdruck gebracht wurde, war es dennoch vorhanden und hatte Auswirkungen. Die Zugehörigkeit stellte sich hier über kollektive Schuld und Scham her, und auch über die eigene Gefühlserfahrung in der Gegenwart anderer, was Deutschsein überhaupt bedeute, wie über die Frage, ob man damit leben kann oder in diesem besonderen Fall eben nicht.

Die psychologischen Mechanismen, denen diese Angst vor Betrug unterliegt, wurzeln tief in den Familien und den Großgruppenzugehörigkeiten. Es ist klar, dass es nicht nur nahezu unmöglich ist, dieses Zughörigkeitsgefühl abzulegen und aufzugeben; dies wäre sogar gefährlich. Die Gefahr mag ihre frühen Wurzeln in unserem Bedürfnis nach Sicherheit und Überleben haben, das phylogenetisch verankert ist. Auch Evolution und Entwicklung haben dieses Bedürfnis nicht weniger basal oder entbehrlich werden lassen.

Das Bedürfnis nach Zugehörigkeit, danach, Teil einer größeren Gemeinschaft zu sein, bleibt ungeheuer mächtig. Eine der unmittelbaren Konsequenzen ist sein negatives Gegenstück: diejenigen zu identifizieren, die nicht Teil der Familie oder des Stammes sind, und sie als tatsächliche oder mögliche Feinde auszumachen. Seit dem Holocaust ist klar, wo und wie die Feindeslinie zu ziehen ist und wie unterstützend und notwendig diese ist, um die eigene Identität und eine soziale Zugehörigkeit aufrechtzuerhalten. So betrachtet, war die Konferenz eine Bedrohung von Identität und Zugehörigkeit. Diese Grenzlinie zu überschreiten wurde als Verrat an der eigenen Gruppe empfunden, als Überlaufen ins feindliche Lager.

Ein treffendes Beispiel findet sich in dem Bericht eines Israelis, dessen Mutter ihn davor gewarnt hatte – tatsächlich hatte sie es ihm auferlegt –, mit deutschen Freunden zu reisen: »Geh nicht mit ihnen! Sie haben deine Großeltern umgebracht!«

Es ist schwer, etwas darüber zu sagen, wie dieser mächtige Widerstand von Angst vor Verrat überwunden werden konnte, obwohl genau das eine der Errungenschaften der Konferenz für diejenigen bleibt, die daran teilnahmen. Vielleicht hat es mit der Struktur und Methode der Konferenzen zu tun, die dabei halfen, das Gefühl von Verrat zu entschärfen. Man ist versucht zu behaupten, dass ein solches Wagnis, Grenzlinien zu überschreiten, tatsächlich zu einer erneuerten und tieferen Bindung zur eigenen Gruppenidentität führt, jedoch aus einer neu gewonnenen Position und Perspektive.

Ergebnisse und Folgerungen der Konferenzen

Was kann über das Ergebnis der Konferenzen gesagt werden? Dies ist natürlich eine berechtigte Frage, eine Antwort kann dennoch nicht rundheraus gegeben werden. Es gibt viele Gründe und Erklärungen für diese Schwierigkeit: Ergebnisse können nur an der Aufgabe (Primary Task) bemessen und bewertet werden. Die Primary Task dieser Konferenz ist das *Explorieren*, besser gesagt das Explorieren der Fantasien, Gefühle und emotionalen Erfahrungen. Während dies eine greifbare und machbare Tätigkeit ist, wird die Bewertung der Erfahrung erschwert durch das private, subjektive und zugleich wechselnde und vorübergehende Erleben. Dies ist die Eigentümlichkeit jeder Erfahrung und jedes Prozessgeschehens im Hier und Jetzt, wie auch in jeder Psychoanalyse oder Psychotherapie – immer ist es besonders schwierig, wenn nicht sogar unmöglich, die spezifischen Faktoren herauszufinden, die Veränderung bewirken oder feststellen, welche emotionalen Erfahrungen bedeutsam waren. Das heißt jedoch nicht, dass wegen dieser besonderen Schwierigkeit keine Veränderungen oder Weiterentwicklungen stattgefunden hätten. Obwohl die Konferenz weitgehend auf Gruppen und Gruppenereignisse fokussiert ist, ist es immer der Einzelne, der Veränderungen erlebt. In diesem Sinn kann man sagen, jeder Teilnehmer hatte seine eigene Konferenz. Dies kann nicht zu Verallgemeinerungen über »Konferenzerfahrung« führen.

Dennoch können und müssen einige allgemeine Feststellungen getroffen werden. Ganz offensichtlich machen die Teilnehmer im Verlauf der Konferenz höchst herausfordernde emotionale Erfahrungen, die für sie persönlich sehr bedeutsam sind. Sie müssen aber nicht allgemeingültig und für alle gleich sein; sie sind subjektiv und persönlich, werden jedoch öffentlich geäußert.

Vielleicht ist das wichtigste und sprechendste Zeichen, wie hochgeschätzt die Konferenzerfahrung ist, die Bereitschaft, sich in dieser Arbeit überhaupt zu engagieren und die Erfahrung sogar zu wiederholen. Eine große Zahl von Teilnehmern besuchte mehrere Konferenzen, was die Vermutung nahelegt, dass sie aus den Erfahrungen gelernt haben und dieses »Lernen aus Erfahrung« wertvoll fanden. Schließlich muss man sehen, dass auch die Staffgruppe sich dieser Konferenz verschrieben hat. Auch dies ist ein äußerst beachtenswertes Zeugnis für die Hochschätzung der Arbeit. (Dazu später mehr.)

Ergeben sich aus den Konferenzen weitere Folgen, die über ihre engen Grenzen hinausweisen? Mehrere internationale Themen tauchen auf. Sie alle drängen auf Überlegungen für weitere Anwendungen. Die engste Verflechtung besteht mit dem Ort und der Bedeutung des Holocaust: die große, offene Wunde, die nicht vernarben will und mit der man sich nicht abfinden kann. Die Schatten des Holocaust liegen auf der Geschichte, auf Vergangenheit und Gegenwart, und betreffen Gruppen an ganz verschiedenen Orten der Welt, nicht nur Deutsche, Juden und Israelis. Der Holocaust kann und darf nicht verdrängt und verschwiegen werden, ungeachtet aller Versuche, dies zu tun. Falls wir je ein Leben frei von diesen Schatten führen wollen, müssen wir uns damit beschäftigen und dürfen nicht ausweichen.

Ein wichtiges Ergebnis der Konferenzen hat mit ihrer Methode zu tun: Wir haben in diesen Konferenzen eine wirksame Methode gefunden und weiterentwickelt, die mit akuten Feindschaften zwischen nationalen Gruppen umgehen kann und die die durch Geschichtsprozesse entstehenden Kämpfe und Spannungen aufnehmen könnte. Obwohl sicherlich weder Massenerlösung noch Allheilmittel, könnte dieses Verfahren durchaus in ähnlich gefährlichen Konfliktsituationen und ihren Folgen effektiv werden.

Ein wichtiger Punkt im Kontext der Wertschätzung dieser Methode bezieht sich aus der Diskussion der derzeit vorherrschenden Konfliktlösungsmodelle.

Eine derzeit weitverbreitete Auffassung schlägt vor, rivalisierende Parteien oder verfeindeter Gruppen unter einem Dach zusammenzubringen und ihnen zu helfen, miteinander in Dialog zu treten. Es könnte naheliegen, die Erfahrungen, die in diesen Konferenzen gewonnen wurden, als übermäßig optimistisch eingefärbt und oberflächlich anzusehen. Aber dort, wo sich ein Dialog entwickelt, sind beide Seiten reif für gemeinsames Arbeiten und sehen sich nicht mehr als Feinde.

Die Herangehensweise in diesen Konferenzen war jedoch eine ganz andere. Anstatt den Dialog anzustreben, wurde den Gruppen die Aufgabe gestellt, in Gegenwart der jeweils anderen zu arbeiten. Der Fokus war nicht auf den Dialog, sondern auf das Geschehen in der Gruppe (infra wie inter) gerichtet, wodurch Projektionen der eigenen Gruppe und die der anderen Gruppe exploriert und überprüft werden konnten.

Diese Herangehensweise erwies sich, wie oben bereits gesagt, als weitaus wirksamer und vermied typische Fallstricke wie die Verleugnung von Aggression und die Herausbildung einer falschen und unterwürfigen Haltung. Dialog setzt die Anerkennung der Andersartigkeit des anderen voraus und auch sein Recht, so zu sein, wie er ist. Dies kann aber als Ziel nicht direkt angestrebt werden. Es kann nur als Nebenprodukt eines Prozesses entstehen, der selbst nicht notwendigerweise dialogisch sein muss und es auch noch nicht ist.

VI   Nach der Konferenz
H. Shmuel Erlich

VI.1   Vorträge, Diskussionen, Wirkungen

Die Einzigartigkeit jeder Group Relations Conference entzieht sich grundsätzlich jeglicher öffentlichen Präsentation. Es ist schwierig, wenn nicht sogar unmöglich, die Erfahrungen, die derart subjektiv, privat und gleichzeitig so vielschichtig, sich verändernd und komplex sind, in Form eines mündlichen oder schriftlichen Berichts wiederzugeben. Sie öffentlich zu machen scheint auch nicht notwendig: jeder Teilnehmer nimmt mit, was er gelernt hat oder welche Schlüsse er aus der Konferenz gezogen hat, häufig geht die innere Verarbeitung (processing) noch lange nach dem Ende weiter. Gewöhnlich gibt der Direktor den Sponsoren (Institutionen, die die Schirmherrschaft übernommen hatten) einen Bericht, der allgemeine Daten enthält – Anzahl der Teilnehmer, Rekrutierung der Teilnehmer, Finanzreport etc. – zu den eigentlichen Inhalten, Verlauf und Lernerfahrungen macht er nur wenige allgemeine Bemerkungen.

Es ist vielleicht nicht erstaunlich, dass dies bei diesen Konferenzen nicht der Fall war. Die Idee zu diesem Buch z. B. entstand sehr frühzeitig. Gleichzeitig stellte sich heraus, dass diese Idee nicht so leicht umzusetzen sein würde, die Länge der Zeit, die es brauchte, das Material für dieses Buch zusammenzustellen, bestätigte es. Die Idee zum Buch kam von den Initiatoren und Organisatoren der Konferenz, die auch Staffmitglieder waren. Deshalb ist es bemerkenswert, dass, unabhängig von den Organisatoren, es einzelnen Teilnehmern sehr wichtig war, ihre Erfahrungen mit Kollegen auszutauschen. Sie taten dies mit Vorträgen in verschiedenen psychoanalytischen Instituten in Deutschland. Die Schwierigkeit bei diesen Präsentationen bestand darin, den

Zuhörern Struktur und Design der Konferenz verständlich zu machen. Der Fokus hierbei lag zumeist auf dem System Event als der beeindruckendsten Erfahrung der Konferenz. Sowohl Teilnehmer als auch Autoren dieses Buches standen vor der Herausforderung, Zuhörern, die keine Konferenzerfahrung hatten, eine Erfahrung mitzuteilen, die einerseits sehr persönlich ist, aber gleichzeitig eng mit dem Setting und der Struktur verknüpft ist.

Das Unterfangen war mutig, das Resultat bemerkenswert: die Konferenzen wurden in der deutschen psychoanalytischen Gemeinschaft sehr bekannt.

Eine offizielle Anerkennung der Bedeutung der Konferenz und des Austragungsortes geschah im Jahr 2000, als die Deutsche Psychoanalytische Vereinigung (DPV) ihr 50-jähriges Bestehen feierte und es ein Panel gab, das dem Holocaust, Trauma, kollektivem Gedächtnis und Geschichtsbewusstsein gewidmet war (Bohleber/Drews 2001). Die Deutsch-Israelische Konferenz wurde hier von einem deutschen Mitglied des Staff (H. Beland) und einem israelischen (H. S. Erlich) vorgestellt. Hierdurch erfuhr die Arbeit zum ersten Mal nationale und internationale Aufmerksamkeit.

In den folgenden Jahren gab es noch häufiger Präsentationen in verschiedenen Foren. 2001 gab es eine Präsentation im Austen Riggs Center in Stockbridge, Massachusetts, 2007 im IPTAR (Institute for Psychoanalytic Training and Research) in New York. Die wichtigste Präsentation war zweifellos auf dem Kongress der Internationalen Psychoanalytischen Vereinigung (IPA) 2007 in Berlin. Ein ganzes Panel mit vier Vorträgen war der Konferenz gewidmet – zwei israelischen und zwei deutschen. Jeder dieser Vorträge hatte eine große, sehr aufnahmebereite/interessierte Zuhörerschaft.

Ein weiteres erwähnenswertes Ereignis fand ebenfalls auf dem IPA Kongress statt. Weil Berlin als Tagungsort eine besondere emotionale Bedeutung hatte, bat uns das Programmkomitee, ein spezielles Forum (»experiential event«) zum Austausch einzurichten. Wir führten ein offenes Large Group Event – »*Being in Berlin*« – durch, welches an jedem der drei Kongresstage stattfand und an welchem Hunderte von Menschen teilnahmen. Es war ein bewegendes und bedeutungsvolles Ereignis, viele Besucher beschrieben es als das Herz und den Höhepunkt des Kongresses. Dies alles wäre nicht möglich gewesen ohne unsere Konferenzerfahrung und steht für eine direkte Auswirkung und Anwendung unserer Konferenzarbeit.

Was man als Negativ oder als Kehrseite beschreiben könnte: Im Gegensatz zu der sehr positiven Bewertung unserer Arbeit in Deutschland und anderswo, war dies nicht so in Israel. Mit wenigen Ausnahmen hat keiner der israelischen Teilnehmer etwas geschrieben oder die Arbeit in der Israelischen Psychoanalytischen Gesellschaft vorgestellt. Die Ausnahme war eine Präsentation während eines »day's meeting« zum Thema »Die Gesellschaft in der Gesellschaft«, in dem verschiedene Anwendungen der psychoanalytischen Arbeit vorgestellt wurden. Dieses relative Schweigen passt zu dem oben beschriebenen Widerstand. Dieser war auch evident in der Veranstaltung *Being in Berlin*, von der sich die israelischen Kongressteilnehmer völlig fernhielten.

Dieses Negativphänomen ist umso bemerkenswerter, wenn man an die hervorragende Stellung des Holocaust und seiner Folgen in der israelischen Öffentlichkeit auf allen formellen wie informellen Ebenen denkt. Vielleicht ist aber gerade die Tatsache, dass der Holocaust so sehr ein integraler Bestandteil des israelischen Lebens ist, verantwortlich dafür, dass es so schwierig ist, mit Deutschen zusammenzuarbeiten, selbst wenn es sich um Berufskollegen handelt. Umgekehrt war die Antwort jener Israelis, die an der Konferenz teilnahmen, entschieden positiv, tief beteiligt und dankbar.

VII Nachwort
H. Shmuel Erlich

VII.1 Wohin führt der weitere Weg?

Die Zukunft dieser Konferenz erscheint gleichermaßen ungewiss wie gewiss zu sein. Im Bewusstsein sowohl der israelischen als auch der deutschen Psychoanalytiker und Psychotherapeuten ist sie zweifellos zu einer lebendigen Instanz geworden. Dass die DPV auf ihrer Jubiläumstagung zum 50-jährigen Bestehen Berichte über die Konferenz in ihr Programm aufnahm, ist ein Beweis dafür. In diesem Sinn hat und wird die Konferenz eine Zukunft haben.

Nach Bad Segeberg errichteten wir eine Website für die Konferenz, inklusive eines offenen Forums für Kommunikation. Interesse und Nachfrage waren groß. Das Forum wurde rasch für eine lebhafte Diskussion und Austausch genutzt. Es war für Konferenzteilnehmer wie für Staffmitglieder gedacht. Nach etwa zwei Jahren wurde das Forum wieder geschlossen. Es gab zwei Gründe: Aufgrund fehlenden Schutzes war das Forum zur Zielscheibe feindseliger Angriffe geworden; außerdem wirkte sich die Dominanz einiger Autoren nachteilig auf alle anderen aus.

Die ungewisse Zukunft der Konferenzen lag jedoch in etwas anderem. Für einige Teilnehmer bedeutete die Entscheidung, die dritte Konferenz auf deutschem Boden abzuhalten, so etwas wie das symbolische Schließen eines Kreises. Die beiden ersten Konferenzen in Nazareth ermöglichten es israelischen Teilnehmern, das Wagnis einzugehen, nach Deutschland zu kommen. Für einige bedeutete dies genügend Veränderung, als ob das Kommen nach Deutschland die Arbeit bereits zum Abschluss gebracht hätte; für andere bedeutete es eine Veränderung der Zielsetzung und des Fokus der Konferenz.

Es wurde vorgeschlagen, den Fokus der Konferenz über den deutsch-israelisch-jüdischen Konflikt auf blutige Konflikte in anderen Regionen auszuweiten. Hier könnte angewandt werden, was in den Konferenzen gelernt worden war. Dies ist in der Tat eine lohnende Zielsetzung, aller Unterstützung und Anstrengung wert.

VII.2 Wer braucht solche Konferenzen?

Die beschriebenen unterschiedlichen Ansichten über die zukünftige Ausrichtung der Konferenzen bestanden auch innerhalb der Gruppe derer, die die Konferenzen gegründet und organisiert hatten. Der Tod von Eric Miller und Rafael Moses im Jahre 2002 markierte das Ende einer Ära in der Geschichte der Konferenzen. Die Gruppe wandte sich an Anton Obholzer, den ehemaligen Direktor der Tavistock-Klinik, einen Mann mit reichen Erfahrungen auf dem Gebiet der Group-Relations-Konferenzen, mit der Bitte, die Rolle des Direktors in den Nazarethkonferenzen zu übernehmen. Neben seiner bewährten Erfahrung enthielt die Nominierung von Anton Obholzer noch zwei weitere Aspekte: zuerst die Organisationsnotwendigkeit wie zuvor, als Direktor einen Dritten zu haben, der weder deutsch noch israelisch/jüdisch ist (the other); und zum anderen einen Direktor zu haben, der die Möglichkeit offenhielt, Ziel und Definition der Konferenz über das Bestehende hinaus zu erweitern.

In der Zwischenzeit, obwohl nicht ausführlich in diesem Buch behandelt, gab es eine Weiterentwicklung, die kurz skizziert werden soll. Die erste Entscheidung war die, grundsätzlich mit der gesetzten Aufgabe und dem gesetzten Ziel der Konferenz fortzufahren, einige geringfügige Veränderungen eingeschlossen. So wurde der bisherige Titel der Konferenz, »Deutsche und Israelis: Die Vergangenheit in der Gegenwart« in zweierlei Hinsicht signifikant modifiziert: Statt von Israelis wurde nun offen von Juden gesprochen, um Juden aus der Diaspora nicht auszuschließen; und die Konferenz richtete sich an »andere« (»others«) aus allen Nationen, die in irgendeiner Form vom Holocaust betroffen waren. Der geänderte Titel lautete nun: »Shaping the Future by Confronting the Past: Germans, Jews and Affected Others.« (Zukunft verändern, indem man sich der Vergangenheit stellt: Deutsche, Juden und betroffene andere.)

Eine weitere wichtige Veränderung betraf den Austragungsort der Konferenz: Sie fand in Zypern statt, einem Ort, der, obwohl nicht völlig »neutral«, weder deutsch noch israelisch war und der seinerseits eine Geschichte der Feindschaft sich bekämpfender nationaler Gruppen kennt. Zwei Konferenzen haben unter der neuen Flagge, Austragungsort und Direktor – 2004 und 2006 – stattgefunden. Sie waren gut besucht, lebhaft und anregend.

Nach der letzten Konferenz 2006 entschied die Staffgruppe, die alleine das Unterfangen lebendig hielt und für die Organisation verantwortlich war, sich selbst eine gemeinnützige Organisationsform zu geben namens »Partners in Confronting Collective Atrocities«, abgekürzt PCCA.

Der Verein ist in Deutschland eingetragen (e. V.) und hat eine Website: http://www.p-cca.org/.

Der Name, den sich der Verein gegeben hat, spiegelt den als notwendig empfundenen Entschluss, über das besondere deutsch-jüdisch/israelische Thema hinauszugehen und den »Rest der Welt« einzubeziehen. Die Zielveränderung beruht auf der Erkenntnis, dass sich die Konferenzmethode als höchst relevant erwiesen hat und anwendbar auf zahlreiche andere Situationen und Bedingungen sein müsse, in denen nationale und ethnische Gruppen in kriegerische Gewalt und Gräueltaten verwickelt sind. Es gibt in der gegenwärtigen Weltlage zahlreiche blutige Konfliktsituationen. Wir sind überzeugt, dass die hier beschriebene Arbeitsweise für Völker im Konflikt von großem Wert und Nutzen sein könnte. Ein direktes Beispiel ist die von PCCA organisierte Konferenz (September 2008), die eine Weiterführung und Weiterentwicklung der beiden vorangegangenen Zypernkonferenzen war und den israelisch-palästinensischen Konflikt einbezog. Dieses Mal hieß der Titel: »Repeating, Reflecting, Moving On: Germans, Jews, Israelis, Palestinians and Others Today«.

Auch wenn Horizont und Fokus ausgedehnt wurden, ist sich die PCCA Gruppe dessen bewusst, dass der Holocaust ein einzigartiges Geschehen war und seine Nachwirkungen ihr zentrales Anliegen bleiben müssen. Sie handelt in der Grundüberzeugung, dass der Holocaust in seinem gesamten Umfang eine verheerende, irreparable Auswirkung auf die Gegenwart hat und dass sein radioaktiver Fallout Regionen erreicht, die weit entfernt vom Ort des Katastrophengeschehens liegen. Hieraus ergibt sich nicht nur die Frage, was bereits getan wurde, sondern was dringend noch getan werden muss.

Das Buch ist dieser Überzeugung gewidmet.

Literatur

Beland, H. et al. (1984): Psychoanalyse unter Hitler – Psychoanalyse heute. Podiumsdiskussion. Psyche – Z psychoanal 40, 423–427.
Beland, H. (2001): Gestillt mit Tränen – Vergiftet mit Milch. Bericht von den Nazareth-Gruppenkonferenzen »Germans and Israelis – The Past in the Present«. In: Bohleber, W., Drews, S. (Hg.): Die Gegenwart der Psychoanalyse – die Psychoanalyse der Gegenwart. Stuttgart (Klett-Cotta), S. 120–128.
Bion, W.R. (1948–51): Experiences in Groups. I–VII. Human Relations, 1–4.
Bion, W.R. (1952): Group dynamics: a re-view. I. J. Psycho-Anal. 33, 235–247.
Bion, W.R. (1961): Experiences in Groups and Other Papers. London (Tavistock Publications).
Bion, W.R. (2001): Erfahrungen in Gruppen und andere Schriften. Mit einem Vorwort von H. Beland. 3. Aufl. Stuttgart (Klett-Cotta).
Bohleber, W.; Drews, S. (Hg.) (2001): Die Gegenwart der Psychoanalyse – die Psychoanalyse der Gegenwart. Stuttgart (Klett-Cotta).
Brainin, E.; Kaminer, I.J. (1982): Psychoanalyse und Nationalsozialismus. Psyche – Z psychoanal 36, 989–1012.
Dahmer, H. (1983): Kapitulation vor der Weltanschauung. Zu einem Beitrag von Carl Müller-Braunschweig aus dem Herbst 1933. Psyche – Z psychoanal 37, 1116–1135.
Erlich, H.S. (1997): On Discourse with an Enemy. In: Shapiro, E.R. (Hg.): The Inner World in the Outer World: Psychoanalytic Perspectives. New Haven (Yale University Press), S. 123–142.
Erlich, H.S. (1999): The Plight of Jews in Germany. An open letter. Psyche – Z psychoanal 53(11), 1188–1190.
Erlich, H.S. (2001a): Enemies Within and Without: Paranoia and Regression in Groups and Organisations. In: Gould, L.J.; Stapley, L.F.; Stein, M. (Hg.): The Systems Psychodynamics of Organisations. London (Karnac), S. 115–131.
Erlich, H.S. (2001b): Milch, Gift, Tränen. Bericht von den Nazareth-Gruppenkonferenzen »Germans and Israelis – The Past in the Present«. In: Bohleber, W.; Drews, S. (Hg.): Die Gegenwart der Psychoanalyse – die Psychoanalyse der Gegenwart. Stuttgart (Klett-Cotta), S. 128–139.
Freud, S. (1935a): Nachschrift zur Selbstdarstellung. G.W. XVI, S. 31.
GIC Open Forum: URL: http://atar.mscc.huji.ac.il/~gic/.
Klein, H. (1986): Von Schuld zur Verantwortung. In: Luft, H.; Maas, G. (Hg.): Psychoanalytische Psychosomatik und aktuelle Probleme der Psychoanalyse. Hofheim (DER Congress), S. 245–252.

Klein, H.; Erlich, H.S. (1976): Some Psychoanalytic Structural Aspects of Family Function and Growth. Adolescent Psychiat. 6, 171–194.
Klein, M. (1959): Our Adult World and its Roots in Infancy. Human Relations 12, 291–303. Auch in: Klein, M. (1963): Our Adult World and Other Essays. London (Heinemann), S. 1–22. Dt.: Die Welt der Erwachsenen und ihre Wurzeln im Kindesalter. In: Klein, M. (2000): Ges. Schriften, Bd. III. Stuttgart/Bad Cannstatt (frommann-holzboog), S. 387–412.
Lohmann, H.M.; Rosenkötter, L. (1982): Psychoanalyse in Hitlerdeutschland. Wie war es wirklich? Psyche – Z psychoanal 36, 961–988.
Miller, E.J. (1989): The »Leicester« Model: Experiential Study of Group and Organizational Processes. Occasional Paper Nr. 10. Tavistock Institute of Human Relations.
Miller, E.J.; Rice, A.K. (1967): Systems of Organization: Task and Sentient Systems and their Boundary Control. London (Tavistock Publications).
Moses, R.; Moses-Hrushovski, R. (1986): A Form of Denial at the Hamburg Congress. Intern. Rev. Psychoanal. 13, 175–180.
Rice, A.K. (1958): Productivity and Social Organization: The Ahmedabad Experiment. London (Tavistock Publications). Neuaufl.: New York/London (Garland Publishing), 1987.
Rice, A.K. (1963): The Enterprise and its Environment. London (Tavistock Publications).
Rice, A.K. (1965): Learning for Leadership. London (Tavistock Publications).
Rossier, N. (1986): Bamberg – Erinnerungen an eine Arbeitstagung. In: Henseler, H.; Kuchenbuch, A. (Hg.): Die Wiederkehr von Krieg und Verfolgung in Psychoanalysen. Ulm (DPV), S. 84–86.
Rüsen, J. (2001): Holocaust-Erfahrung und deutsche Identität. Ideen zu einer Typologie der Generationen. In: Bohleber, W.; Drews, S. (Hg.): Die Gegenwart der Psychoanalyse – die Psychoanalyse der Gegenwart. Stuttgart (Klett-Cotta), S. 95–107.
Vogt, R. (1986): Psychoanalyse unter Hitler – Psychoanalyse heute. In: Beland, H. et al.: Podiumsdiskussion. Psyche – Z psychoanal 40, 435–436.

2006 · 310 Seiten · Broschur
ISBN 978-3-89806-555-9

2006 · 300 Seiten · Broschur
ISBN 978-3-89806-504-7

In der modernen NS-Täterforschung sind die tiefenpsychologischen Strukturen der NS-Täter bisher vernachlässigt worden und somit auch die Frage, welche innerfamiliären, psychologischen Folgen NS-Täterschaft auf die nachfolgenden Generationen hat. Nele Releaux untersucht diese Wirkungsmacht von Destruktivitätspotenzialen und das Zusammenwirken der sozialen, politischen und psychischen Dimensionen.

Anhand von Zeitdokumenten rekonstruiert die Autorin die Geschichte ihres Vaters und seiner Familie. Sie will verstehen, warum sich dieser so bedingungslos den Nazis anschloss und noch am letzten Kriegstag einen unfassbaren Mord beging, für den er nie die Verantwortung übernahm.

Mit dieser hintergründigen und persönlichen Untersuchung liefert Ute Althaus ein differenziertes Psychogramm eines faschistischen Mitläufers und Nazitäters.

P🕮V
Psychosozial-Verlag

Goethestr. 29 · 35390 Gießen · Tel. 0641/9716903 · Fax 77742
bestellung@psychosozial-verlag.de
www.psychosozial-verlag.de

2007 · 444 Seiten · broschiert
ISBN 978-3-89806-801-7

2007 · 256 Seiten · broschiert
ISBN 978-3-89806-923-6

Sandra Konrad hat in Europa, Israel und den USA Interviews mit weiblichen jüdischen Holocaust-Überlebenden, deren Töchtern und Enkeltöchtern geführt. Im Rahmen von neun Familienportraits stellt sie die Persönlichkeiten und die Lebenswege der jüdischen Frauen dar und diskutiert die individuellen und transgenerationalen Auswirkungen des Holocaust.

Eine anschauliche und scharfsinnige Beschreibung des psychologischen Schicksals der Kinder von Überlebenden von Auschwitz und anderen NS-Konzentrationslagern. Kogan macht uns so aufmerksam auf die langandauernden Auswirkungen von schweren Traumata und deren Weitergabe von einer Generation an die nächste.

P❦V
Psychosozial-Verlag

Goethestr. 29 · 35390 Gießen · Tel. 0641/9716903 · Fax 77742
bestellung@psychosozial-verlag.de
www.psychosozial-verlag.de

2004 · 455 Seiten · Broschur
ISBN 978-3-89806-936-6

2004 · 553 Seiten · Broschur
ISBN 978-3-89806-229-9

... wer dieses Buch zur Hand nimmt, und darin liest, wird auf 450 Seiten Gelegenheit haben, vom Leben der Jeckes zu erfahren, mehr als jemals zwischen zwei Buchdeckeln zusammengefaßt worden ist.

Michael Augustin, Radio Bremen, 14.10.1995

Dieses umfangreiche Nachschlagewerk beinhaltet 210 Kurzbiographien und Werkübersichten. Wall stellt neben berühmten Autorinnen wie Nelly Sachs und Anna Seghers auch unbekannte, unerforschte Schriftstellerinnen vor und bewahrt sie so vor dem Vergessen.

Das Buch einen Interviewband zu nennen, griffe zu kurz. Es ist der kollektive Roman einer außergewöhnlichen Generation, spannend nicht nur wegen der Einzelschicksale, sondern auch wegen der Variabilität des sprachlichen Ausdrucks und der individuellen Temperamente, die zu Wort kommen.

Anna Mitgutsch, Der Standard, 29.1.1996

PV
Psychosozial-Verlag

Goethestr. 29 · 35390 Gießen · Tel. 0641/9716903 · Fax 77742
bestellung@psychosozial-verlag.de
www.psychosozial-verlag.de

2004 · 143 Seiten · Broschur
ISBN 978-3-89806-934-2

2005 · 464 Seiten · Broschur
ISBN 978-3-89806-456-9

Jedes Jahr zum Pessachfest erzählte Anna Ornstein ihren Verwandten eine Geschichte über ihre Erlebnisse während des Holocaust. In diesem Buch werden 30 Pessachgeschichten von 13 Radierungen des Künstlers Stewart Goldman begleitet.

Hans Keilson analysiert die massiv-kumulative Traumatisierung bei Kindern am Beispiel der jüdischen Kriegswaisen in den Niederlanden in je einem deskriptiv-klinischen und einem quantifizierend-statistischen Untersuchungsgang. Zugleich überprüft er damit die Hypothesen der altersspezifischen Traumatisierung sowie einen Teil der psychoanalytischen Theorie der Traumatisierungsintensität.

P❦V
Psychosozial-Verlag

Goethestr. 29 · 35390 Gießen · Tel. 06 41/ 9716903 · Fax 77742
bestellung@psychosozial-verlag.de
www.psychosozial-verlag.de

www.ingramcontent.com/pod-product-compliance
Lightning Source LLC
LaVergne TN
LVHW041702060526
838201LV00043B/545